武士的女兒

少女們的明治維新之旅

Janice P. Nimura 著
鄭佩嵐 譯

目錄

PART 3

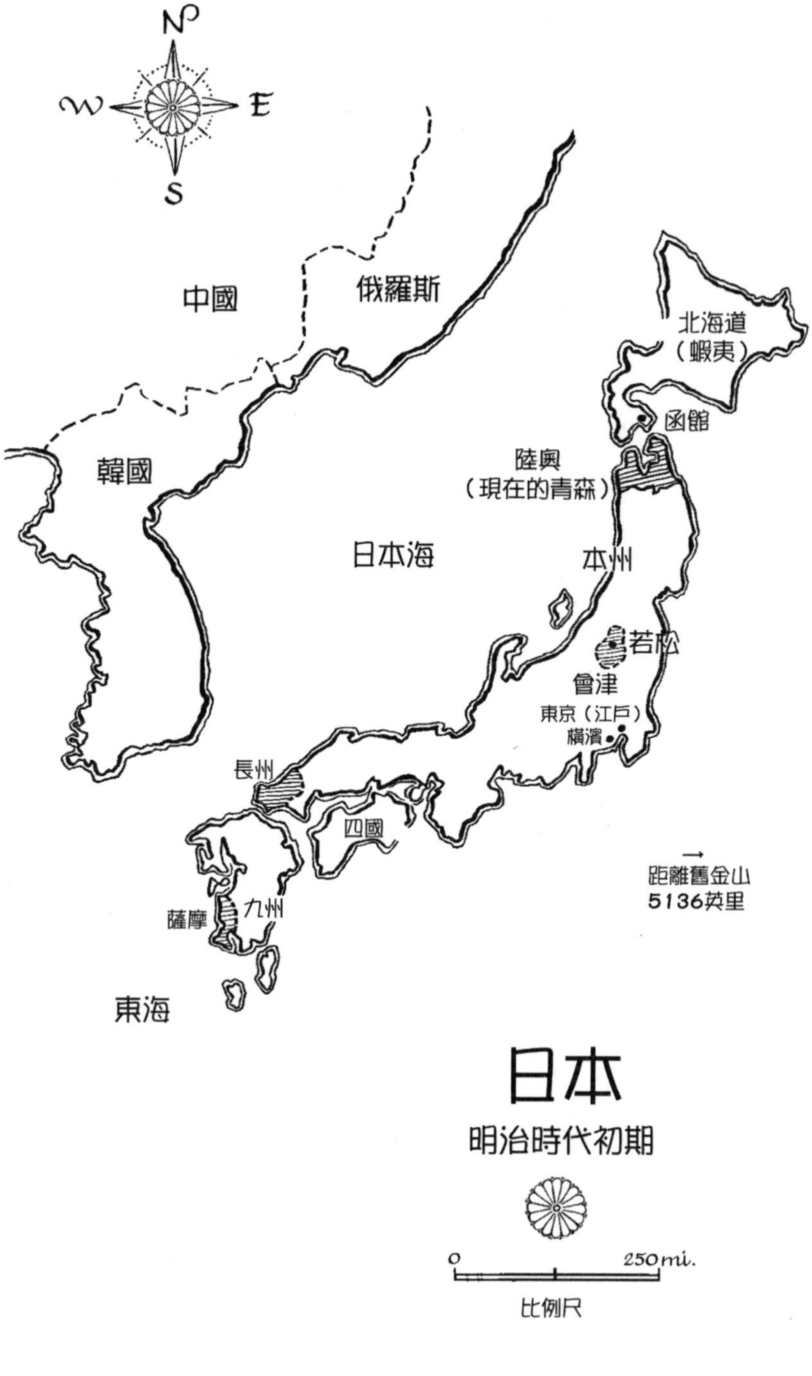
N
W
E
S
中國
俄羅斯
北海道
（蝦夷）
函館
韓國
陸奧
（現在的青森）
日本海
本州
若松
會津
東京（江戶）
橫濱
長州
四國
距離舊金山
5136英里
薩摩
九州
東海
日本
明治時代初期
0
250mi.
比例尺

小孫女，除非那些粗暴的野蠻人和太陽帝國的子嗣們能學習了解彼此的心，否則就算船隻航行得再遠，也無法讓兩地居民的心意彼此相通。

——杉本鉞子，《武士的女兒》（*A Daughter of the Samurai*, 1926）

作者序

這是一個關於三位女孩的故事。她們雖然出生於某地，卻在不可抗拒的外力下被迫到另一個世界長大成人。就像所有的小孩一樣，她們迅速地吸收了環境所給的一切。雖然她們每個人都是血統純正的武士後代，但卻因時勢變化的緣故成為了混血兒。十年後，她們才再度回到那個已全然陌生的祖國。

我自己是在同一個城市出生及成長的，就和我的雙親及祖父母一樣。但後來我的人生與這三個女孩的故事出現了交集。上大學的第一天，我遇見了一位出生於日本的男孩。當他年紀還很小時，全家就離開了東京搬往西雅圖居住。但當他十六歲時，家人們卻決定要返回「家鄉」。然而對他而言，美國就是家鄉。因此他選擇了留下來。

畢業後兩年（也是我們結婚兩個月後），我們倆也搬到了東京。就許多方面而言，我在日本的生活比丈夫輕鬆很多。隨著日文不停的進步，大家都開始稱讚我的口音和禮儀，也很高興我能欣賞海膽及醃梅子的味道。因著西方臉孔的緣故，我做不好之處都可以被原諒——畢竟我是個外國人。但丈夫就沒有受到如此寬容的對待。他看起來像日本人，聽起來也像日本人——那為什麼不能在各方面也表現得更像個日本人呢？

三年後，我們回到了紐約。我攻讀了東亞研究所，並因而愛上了日本的明治時期。那時，這個太陽帝國終於願意將眼光轉離過去，並開始注目於西方的工業文明。某天，在一間古老圖書館的地下室裡，我發現了一本薄薄的書，有著綠色封面。這本書叫做《日本回憶錄》（*A Japanese Interior*），作者是艾麗絲．梅柏．培根（Alice Mabel Bacon），她是一位康乃迪克州的教師。這是她於一八八〇年代晚期在東京旅居一年的回憶錄。書中描述她當時與「日本朋友住在一起，而且這些人是她在美國時就已熟識的親密好友」。這聽起來非常奇怪，因為在十九世紀美國婦女不太可能認識什麼日本朋友，更遑論是在美國遇見的。

艾麗絲是紐哈芬人，而紐哈芬正是我就讀大學的地方。後來她搬到東京旅居一年，不是和外國人住在一起，而是住在一個日本家庭裡，就和我一樣。她曾在日本的第一間女子學校教書，而該學校創建的年分，只比我在紐約就讀的學校的創建年分早一年。她坦率風趣的文筆，會讓我聯想到自己的老師，她們也同樣是直言不諱的女學者。在艾麗絲的帶領下，我漸漸發現了三位日本女性的故事。大山（山川）捨松曾寄居在艾麗絲家裡與她情同姊妹，同時也是日本第一位獲得大學學位的女性。津田梅建立了一所打破傳統的女子學校，並且深受捨松與艾麗絲的幫助。瓜生

（永井）繁在生養七個小孩的同時，還能兼顧繁忙的教學工作，是現代「職業婦女」的先驅。

在這些女性身上，我看到了自己的影子。我知道在語言不通的狀況下來到日本是什麼感覺，還有那種亟欲融入日本家庭的心情。我也知道面對日本對待女性的態度時，那種有點牴觸的心境。我的丈夫不會用日本人的角度去看待這個世界，雖然他的家人從沒想過要撫養出一個美國小孩。今天，「全球化」和「多元文化」已成為每間公司及所有學校的目標，但早在一百年前，這三位日本女孩就已橫跨了極遠的距離，並同時融入了兩個不同的世界中——她們與他人如此不同，只能彼此惺惺相惜。而我將永遠無法忘懷她們的故事。

PART 1

武士所受過的訓練，將能讓他面對未來任何挑戰。

——杉本鉞子，《武士的女兒》（*A Daughter of the Samurai*, 1926）

五位女孩觀見皇后時的模樣。由左到右：上田悌、永井繁、山川捨松、津田梅以及吉益亮。（圖片來源：津田塾大學檔案室）

序章

一八七一年十一月九日

圍繞在皇宮周圍的狹窄街道上，有許多當時最新穎的人力車奔跑於巷弄間，他們穿過了商家那掛著靛藍色暖簾的通道，通過了寺廟前豔紅色的鳥居，還經過了武士宅邸的白色圍牆。手握拉車把柄的車伕們身上滿是汗水，並吆喝著叫擋路的行人讓開。他們的乘客大多是男人，而儘管鐵圈的車輪讓車身如此顛簸，他們卻是面無表情地坐在車上。路邊的商店內販賣著白米或是草鞋，有些則陳列著手錶和角框眼鏡。士兵們在街上閒晃著，他們頭戴有舌的帽子，腳踏木屐，身穿一種短版外套，下半身則是絲綢的寬褲。此時，在他們眼前突然出現一輛由多人共抬的轎子，士兵們不禁納悶裡面坐的是誰？會是某位穿著正式服裝的官員嗎？[1]還是哪位家臣的妻子要前往附近的寺廟呢？只見有幾位穿著藍色棉布衣、袖子挽起的女侍穿梭在這行列中。

在皇宮外圍的巨大路堤旁，出現了五個女孩小小的身影。其中兩位是青少女，其他三位則年紀更小，最小的不超過六歲。她們都穿著絲綢的衣服，年紀較長的三位衣服是較淺色的，上面繡滿了葉子、藤蔓、櫻花與牡丹。另外三位穿的是較深色的衣服，上面有羽毛的圖案。女孩們的頭髮全都高高的盤起，並插著梳子和別針固定。她們小心翼翼地走著，就好像怕精心打理的髮髻會讓自己重心不穩一樣。她們嘴唇上抹著鮮豔的紅色，與塗了粉而蒼白的臉頰形成對比。此時，只有眼神透露了她們慌張的心情。

宏偉的木造大門為她們開啟，又緩緩的闔上。門內是個寂靜無聲的世界。在碉堡與花園形成的迷宮裡，時間的流逝似乎特別緩慢。從守衛的行動到飄動的紅色楓葉，所有東西的一舉一動彷彿都是經過精心設計的。女孩們來到了彎彎曲曲的長廊，她們踩著細碎的步伐，身穿華麗的新和服（是她們曾擁有過最好的），腰間繫著色彩鮮豔對比的寬腰帶。宮廷的女侍帶領著她們前進，小聲提醒她們待會該如何做：覲見時必須將視線定睛於白色分趾襪前的地板上，雙手要平放在大腿前，拇指收攏在四指後面。然後，只聽到地板細微的震動與絲綢衣服摩擦的聲音。門一拉開後，空氣中傳來了淡淡薰香的味道。當她們忍不住偷偷一瞥時，映入眼簾的是一幅屏風，上面畫著鶴與烏龜，還有松樹和菊花。門楣過梁上則雕刻著龍與老虎，以及紫藤與瀑布。那些金色與紫色的繪畫筆觸，讓圖案顯得栩栩如生。終於，她們來到了位於深處的內廳。雖然不敢抬頭看，但她們知道在那裡掛著一個厚重的竹簾。而竹簾的背後，正坐著日本的皇后。五個女孩們跪了下來，將雙手放在榻榻米地板上，深深的鞠躬直到額頭碰到手指為止。

如果將屏風移開，女孩們有勇氣抬頭看的話，她們將會看到一位嬌小的二十二歲女性。她全身都被衣服覆蓋著，頭是唯一能看到的部位。這套圓筒狀的服裝是日本的正式禮服，裡面是一件純白和服，外面則是一件華麗的錦緞外衣，上頭還鑲著金邊。下半身則是一件鮮紅色的絲綢寬褲。雖然她手上拿著一把繫著長絲線的扇子，但手卻是藏在袖子裡面的。抹了油的頭髮盤在鵝蛋形的臉旁，然後在後面繫成一條幾乎長達地板的馬尾，並用細細的白紙帶纏繞在上面。[2]她有強烈的下巴線條，而突出的耳朵則讓人聯想到西方的精靈。她臉上擦著白粉，眉毛被修掉了，取而代之的是額頭上兩小團用煤炭塗黑的痕跡。她的牙齒也是塗黑的（塗黑用的染料是將鐵粉融在茶和酒裡，並與五倍子的粉末調和），這是日本已婚女性應有的打扮。[3]雖然她的丈夫不久前才第一次穿上了西式服裝，不過宮廷裡的女性打扮則尚未改變，仍沿襲過去幾百年來的傳統。

此時，女孩們的面前出現了一個上漆的盤子，放在低矮的小桌子上。上面有紅色與白色的縐綢（象徵吉利的顏色），還有精緻的茶和糕點，同樣也是紅白色的。這些女孩鞠躬之後再鞠躬，重覆了好幾次，眼睛只能盯著手旁的榻榻米紋路看。她們並沒有享用那些茶點。[4]之後，一位宮廷女侍出現了，她手上拿著一幅卷軸。當她展開那幅卷軸時，手指看起來既潔白又優雅。她用極為清楚的聲音念出了卷軸上的字，用語非常的正式，讓女孩們幾乎難以理解。這些是皇后親筆寫下的字句，也是過去歷代的皇后們不曾想像過的內容。

「身為女孩的你們能夠願意出國留學，這樣的心意是值得讚許的。」她朗誦道[5]。女孩、出國念書——這些字眼聽起來如此奇異。日本從來沒有女孩曾出國留學過。實際上，在日本念過許多書的女孩也不是很多。

這響亮的聲音繼續說道：「當女子學校建立之後，你們將成為女性同胞的模範，因為到那時你們已經完成了在國外的學業。」這些話語聽起來一點也不真實。當時，日本根本就沒有所謂的女子學校。而當她們返回祖國的時候（如果真的回來的話），又會成為怎樣的模範呢？

女侍就快把卷軸上的文字念完了。「請你們將這些話謹記於心，」她說道，「並要日夜努力的學習。」關於這點，女孩們可以做得到。因為順從和紀律是她們從小就非常熟悉的。無論如何，她們已經沒有其他選擇了。天皇是神的後裔，而這件事是來自於他妻子的命令。對這些女孩而言，這等於是一位女神對她們下達了指令（雖然看不清她的真面貌，也不是她本人在說話）。

覲見的儀式結束了。女孩們退出了皇后那充滿薰香的內廳，再次經過彎彎曲曲的走道，然後回到了圍牆外喧囂的世界。此時，她們都覺得鬆了一口氣。之後，她們帶著皇后賜與的禮物回到住宿處。這些禮物包括：每人一匹鮮紅色的絲綢，以及包裝精美的宮廷糕點。聽說這些糕點非常珍貴，只要吃一口就能醫治所有的疾病。或許這些女孩是已經被選上的人，即將成為啟蒙女性的先鋒，不過她們的家人們仍不敢輕忽這份高貴的恩典。他們把一部分的糕點分送給了許多親朋好友。

在這之後的一個月內，女孩們即將搭船前往美國。而等到她們回國時，她們都已將是成人了——如果一切如計畫般實現的話。

第一章 武士的女兒

五位前往美國的女孩中，年齡正好居中的是山川捨松，她也是跋涉了最遠距離的那位（無論是實質上的距離，還是記憶中的距離）。一八六〇年二月二十四日，山川捨松出生於一個武士家庭，此時的日本是平靜無戰亂的。她的父親山川重固是會津藩的首席家老，而她則是家中最小的孩子。捨松小時候被叫做咲子，意思是「像花朵般盛開的孩子」。在這充滿山峰峻嶺和梯田的北方山谷中，與她差不多同齡的武士後代們，後來也成為了仍保有日本武士儀文習俗的最後那一代。

鶴城建立於一座山坡之上，有閃閃發光的白色城牆和層疊而降的飛簷。它是若松城的重心，也是會津藩領袖的居所。內護城河包圍著城堡本身，而外護城河則圍繞著一塊約五百英畝大的土地。在這片土地上有穀倉、畜棚以及最高階層武士們的居所。建築群聳立在內側的河岸上，周圍共有十六道門守護著。

山川家位於鶴城北方的城門附近，占地好幾英畝。[1]這種傳統的武家屋敷（武士居住的寓所），就像是由蜿蜒的牆壁圍繞成的迷宮。它們全都是一層樓的建築，還有各式庭院，是武士家族世世代代的居所。這個大宅院裡，新建的部分是備用的，裡面有許多優雅的房間，房間內鋪著帶有乾草香的榻榻米墊子，除了些備用的東西之外，基本上什麼都沒有：只有坐墊及塗漆的低矮飯桌，晚上睡覺蓋的厚重被子，以及木製的硬枕頭（他們不用軟枕頭，以免睡覺時壓垮了精心梳好的髮型）。唯一的裝飾是放置在壁龕中（日文稱為「床の間」），在這壁龕中可能會掛著適合當季的古董書畫，或是將從花園裡摘來的花朵插在陶製花瓶裡。

雖然室內擺設較為單調，但花園中卻有不少景致。隱於地裡的泉水流出來形成了小瀑布往下湍流，匯集成一個小湖，湖中則有金魚穿梭於粉色與白色的蓮花叢中。另外還有細心堆造的幾座小山圍繞著湖水，更讓這些景致增添了些許富貴之氣。木造的橋橫跨過小河，通往一間茶屋。當氣候較為溫暖時，他們會拉開主建築外圍的格狀紙製拉門（日文稱為障子），讓微風吹進每個房間，並讓屋中人可欣賞花園中精緻的美景。

這些景色或許看起來寧靜又優雅，但這畢竟還是武士的居所。首先，這座大宅院的大門，本身就是個頗為壯觀的建築，而且隨時都有人看守。它有瓦磚蓋成的屋頂，和厚實木材的牆垣。隱藏在牆後的是一間候見室，也是隨時都有人警守著。廁所的屋頂是由沒有支撐的瓦磚蓋成的，如果有入侵者想要趁人之危襲擊如廁者，將會從屋頂掉落到地面。

對於捨松這樣的小女孩而言，這個大宅院的牆壁就是世界的盡頭。她認識的每個人都住在這裡面：不論是母親、祖父、兄弟姊妹和嫂嫂，或是管家、女傭、男侍、園丁、守門人和奶媽（奶媽在庭院裡有間自己的小屋。）這些僕人就像是家人一樣，其中很多人也是從小在這宅院裡長大的。

每當建造了新房子時，較舊的屋子就會被擱置不用。初來乍到的訪客很有可能會在這裡面迷路，而孩子們的想像力也可以在這裡面無限漫遊。捨松和其他小孩會在入夜後，聚集在一間被擱置的空屋裡玩百物語遊戲。他們會坐在破舊的榻榻米地板上，聚集在一盞燈前，每個孩子輪流講怪談（過去流傳下來的恐怖故事）：如狐屋敷、雪女、食人鬼等等。每當說完一個故事，就會將燈弄暗一點，直到燈完全熄滅為止，而孩子們雖然在黑暗中怕到發抖，卻因為想保持武士精神而努力忍住。

日本的武士是一種世襲的戰士階級，雖然在捨松那個時代，戰爭幾乎已經過去了，然而武士精神仍然傳承了下來，這是個以勇敢、服從、克己以及英勇無畏為中心情操的文化。在當時的日本，武士約占了三千萬總人口的百分之七，但他們不從事與日本經濟相關的工作。他們主要負責管理公共生活，以及鑽研藝術（包括戰亂與和平時期）——例如詩詞、書法及學術研究。他們的薪餉由該地藩主供應，而武士則對他們的主人絕對忠誠。由於武士們全心全意專注於培養自身崇高的忠貞信念及各項品格，因此日常生活中的製造或貿易等工作就留給平民們去處理了。

根據日本神話的說法，第一位天皇是兩千多年前日本天照大神的後裔。然而幾百年來，實權早已落在將軍的身上。將軍是由天皇所直接指派，擁有軍事大權的獨裁者，而天皇則僅是神格與地位上的象徵。德川家康是德川家族第一位將軍，他在十六世紀末將自己的權力中心設置於江戶地區（即現在的東京）。那時，德川家統一了幾百位大名（各地的軍閥），並掌握大權；而天皇則只是日本神性傳承的象徵，並無實質上的權力。日本天皇不常出現在公眾場合，而是和幾位廷臣居住在與世隔絕、如「雲端之上」一般平靜的京都地區（日文以「雲上」一詞來表示地位高貴或宮中貴族）。將軍則在距離京都東北方約三百公里處的江戶，掌握實權統治整個國家。

在獲得統一大權之後，當時德川家族的首要任務就是要鞏固自己的地位。因此他們精心策劃了一種管理制度，以維持位於江戶的將軍和幾百位大名之間微妙的平衡。這些大名位處日本各地，每位大名都有自己的領土、城池以及忠於自己的武士家臣。大名可以自由收稅、制定自己的律法和建立自己的軍隊，只要他願意進獻金錢和人力給德川家，並參與各種公路、採礦及宮殿等建造工程即可。將軍的注意力主要放在國際事務上，因此留給大名許多自主的空間。

雖然給予許多自主空間，但並不表示完全放任自由。他們有個精心設計的管理制度叫做「參勤交代」。根據此制度，將軍要求每位大名在江戶必須建造第二處居所，並強制每隔一年就必須到江戶居住一年。雖然每隔一年大名就可以回到自己的領地，但是妻子和孩子則必須留在江戶，待在將軍可掌控之處。

參勤交代基本上就是個精心設計的人質制度，而且還有其附加功用：這制度非常的耗費貲財。每位大名不只要在江戶保有一棟居所，並維持裡面的各種人員及所有裝備，以顯示自己的地位；此外，每當往返於江戶及自己領地之間時，沿路的住宿及交通也是一大筆開銷——因為這是展現自己權勢和尊榮的機會。而這也正是此制度的用意之一：當這些渴求權力的大名將錢財都花費於參勤交代的相關事務上時，他們就沒有錢用來發展軍事和武力。

此制度還有許多意料外的好處。當大名及其數量龐大的隨行人員往返於江戶時，不僅需要建設良好的道路，也為沿途的旅館和茶屋帶來許多商機。各種消息、意見及流行的事物，也不停的從熱鬧的江戶傳播到遙遠的各城各鄉。而且每位大名的子嗣都可以在熱鬧的江戶長大（無論他的先祖原本是住在多偏遠的鄉下），並與日本各地的菁英分子們分享各種資訊。

捨松的家鄉會津位於本州稍北邊，同時遠離了京都的傳統優雅與江戶的熱鬧煩囂，在氣候與文化方面都顯得較為嚴峻粗糙。而因為被群山包圍，會津的地勢顯得極為孤立，這種特別的地形讓交通和資訊交流都變得特別困難。進出會津地區必須攀爬過高山峻嶺，這些山路上野鹿和猴子的蹤影比人跡還多，出沒的大熊與野豬比盜賊還可怕。也因為它是塊如此被隔絕之地，當地的方言對偶爾經過的旅人來說特別難以理解。

松平家是德川家族的一個旁系，而會津正是松平家的領地。德川家到一八六〇年為止已經統治了日本長達兩個世紀半左右，是一段相對而言平靜的日子。當時，各個藩國常常彼此爭競比較武力權勢，而會津正是以其英勇善戰的特質、堅固的常備軍、無論軍階一視同仁的規條，以及其對德川幕府的忠心耿耿而聞名。會津家訓第一條就指出：「當以一心不二之忠侍奉將軍，不可以他國之例為標準。」[2]松平家與德川家同樣以三葉葵為其家紋，並以若松城為其據點，就在江戶北邊約一百英里處。這裡也是日本本州島東北邊五條道路的會合之處，因此具有戰略性的地位，讓德川家的要塞能夠和（地理及政治距離都）偏遠的北方地區銜接起來。

就像若松城俯視著這塊土地般，會津的家訓也規範著領地內武士家庭們的生活。除了有儒家思想的規範（例如男尊女卑、孝順父母、仁君忠臣等）外，也有軍隊般的階級制度。會津家訓中寫著：「不得怠惰武軍裝備；不得混亂上下分際；必須尊敬兄長愛護幼弟。違反法規者不得寬容。」身為會津家臣，不論是護送主君前往江戶時，或是待在藩內處理國內事務，都必須拋開一切個人私務，時時遵守規定並為了服事大名而盡心盡力。另外還有一條家訓是：「婦人女子所言，皆不可聽從。」

每當新的一年開始，所有家臣都會聚集在主君面前，並由藩校首長宣讀會津家訓。會津的藩校是「日新館」，位於城的西邊。會津武士的子弟從十歲起（包括捨松的兄弟）就會進入日新館就讀，並學習中國古典文學、戰術，以及數學、醫學及天文學。這些學問在當時是很先進的，並與當時的西方學術知識相通（這些知識是從位於南方的長崎港傳進日本的，它也是當時日本唯一的荷蘭通商港口）。在德川幕府時代，每個藩國都建立了自己的藩學校。而擁有兩層樓校舍以及天文台的日新館，是這當中最好的學校之一。

進入日新館學習的孩童，基本上都會加入一個稱為「什」的小團體。這是一個被官方認可的集團，他們宣示對彼此忠心，並對其他「什」的小團體抱有競爭之意，基本上就是日本藩國政治形態的縮影。每個團體的領袖會在早上聚集所有成員，然後一起出發到學校，並指揮成員們於上課期間將其刀劍放置於刀劍架上。放學後，領袖又會帶領大家回家。就算在校外，大家仍然要嚴格遵守規範，而領袖也會時常大聲誦念「什之規」——這就像是會津家訓的少年版，也是會津人世世代代流傳下來的。[3]

1. 不得違反長者之言
2. 必須對長者遵行禮儀
3. 不得說謊
4. 不得表露怯懦之態
5. 不得欺負弱小
6. 不得在戶外飲食

7.不得在戶外與女子交談

此時，男孩們會異口同聲的回答：「不可為的事就是不可為！」然後就可以解散了。[4]之後，他們會去彼此家中玩，或是去湯川裡游泳，或是墊著空米袋往長滿松木的山坡滑下去。那些違反規範的人通常會被排擠或遭受一頓責打。

女孩們的管教雖然較不公開，但並沒有因此而被輕忽。有一套包含十七條規則的「幼童守則」，[5]要求所有孩童必須早起洗漱，並且在父母動筷之前不可用膳，在長輩面前打呵欠也是被嚴格禁止的。雖然會津武士家庭也鼓勵女孩們藉由讀書培養品格，但是她們必須在家中學習讀寫。因此和兄長不同的是，捨松的活動範圍很少超越大門以外。

用過早餐之後，大人們會聚集在捨松母親的房間喝茶。當大人們聊天時，小孩有時會拿到種叫做「金平糖」*的糖果。這是一種表面有許多凸起的糖果，是當時上層社會常吃的甜食。接著女孩和年幼的男孩就會前往學堂，那裡有老師正在等候他們。

男孩們會背誦《孝經》裡的文章，而女孩們所學習課程則包括一套十八世紀的著作《女大學》，此書教導女子如何在日常生活中遵循儒家思想的規範。書中寫道：「有益於女子的品德就是順從、貞節、寬容以及嫻靜。」也就是將對父母、丈夫及公婆的順從列為第一重要。然而順從並不表示柔弱。會津女子出嫁時會收到一支匕首當作嫁妝，而她的母親也會教導她知道如何使用這支匕首：它不只是用來自衛而已，在名節可能遭受威脅時也可用來自盡。

平時，捨松和她姊姊會一起大聲背誦：「對女人而言，最糟糕的五種缺失是不順從、不滿足、造謠、嫉妒和愚蠢。」其中愚蠢也包含虛榮，因此「婦人應該維持自身及穿著的整齊清潔，且不該過度惹人注目。」[6]至於練習書寫的部分，女孩們會把剛剛才背過的章節抄寫下來，並把它當作真理深深的烙印在心裡，即使她們可能會因為年紀太小而無法完全了解其意。

在漫長的課堂時間裡，孩子們會規矩的跪坐在榻榻米上，他們只被允許能動手和嘴唇。當天氣寒冷時，即使紙門內的室溫降到和戶外一樣低，也不能在火缽內點燃木炭禦寒，而且也沒有人敢將手伸進和服內側取暖。而當夏日豔陽將和室烘烤得像火爐般炎熱時，也沒有人伸手搧扇子。因為磨練身體就是鍛鍊心靈。

然而，也不是所有的傳統規矩都如此嚴苛。在每個武士家庭內，世世代代女兒們都會從母親那裡繼承一套珍貴的人偶娃娃，這些人偶身穿精緻的衣服，其模樣正是宮廷人物的縮小版。山川家所收藏的人偶超過一百多個，因此需要一整個房間來放置它們。這個房間平常是女孩玩耍的地方，她們可以在這裡和最喜愛的人偶一起玩或是辦家家酒，且不擔心受到兄弟的打擾。然而到了

---

*註：「金平糖」是一種源自於葡萄牙的糖果（confeito），是在十六世紀時由葡萄牙傳教士引進日本的。就和許多由外國引進的事物一樣（如佛教禪宗或是天婦羅），金平糖已經完全融入日本生活當中，因此人們常會忘記它其實是源自於外國。

每年第三個月的第三天，就是令人興奮的「雛祭」，也就是女兒節。這一天人偶會被放在鋪著紅布的階梯形擺座上，然後被安置在會客室裡最顯眼的位置。最上層是天皇和皇后，接下來擺放的是大臣、奏樂者和衛士等等，其中還有一層擺放的是迷你的家具、轎子和許多裝著真實佳餚的小碟子。既然這些人偶本身無法品嘗美食，那麼只好由站在旁邊的小女孩們代勞了。

會津的生活就是如此依循著節奏和儀式，井井有條且遵循禮節，因此他們幾乎無法想像其他種生活方式。然而在經過兩個世紀半左右的太平日子之後，一場宛如地震般激烈的政治改革即將衝擊當時的日本。

在德川幕府的統治下，日本一直維持著平靜的日子。到了一六〇六年，第一代德川幕府將軍德川家康正式宣布禁止基督教。因為基督教要求教徒將對神的忠誠放在首位，這對重視階級的儒家思想來說是一項威脅，而且當時德川家康的政權仍然脆弱，就更難容許基督教的存在了。此外，基督教宣教士也有可能成為替歐洲開拓殖民地的先鋒，就像在菲律賓所發生的狀況一樣。

因此，德川幕府也開始驅逐從一五五〇年代就來到日本傳教的葡萄牙及西班牙宣教士。他們還大幅縮減與歐洲的貿易，甚至最後只剩下一艘荷蘭船隻每年能在長崎港的出島（這是一座人工建立的小島，且受到極嚴密的防衛）靠岸。此外，在之後的四十年間，有好幾萬改信基督教的日本人遭受處決。

之後，德川幕府反對外國勢力的傾向變得越來越劇烈。在一六三〇年，德川幕府通過法律禁止人民坐船出國或從海外歸國。因此若有倒楣的漁夫出海捕魚時不小心遇到暴風浪，並被沖到異國的海岸觸礁，當他好不容易回到祖國時，將會立刻被逮捕。日本雖然一直和中國及韓國有貿易往來，而且每年荷蘭也會將歐洲的消息帶到日本一次，但基本上日本仍然重視自己國家的安全更甚於貿易利潤以及與世界交流的魅力。在經過了好幾世紀的領土爭奪內戰後，德川家終於能統一日本，並維持一段長時間的和平。

然而，到了十九世紀初期，即使是日本也越來越難以忽視這廣大世界帶來的影響。當時俄羅斯亟欲獲得日本北部蝦夷地區（即今日的北海道）豐富的漁獲及木材。而英國和美國的捕鯨船也已將範圍擴展到太平洋區域，他們有時會出現在日本的港口欲尋求補給，且不希望吃到閉門羹。當一八四〇年代中國在鴉片戰爭中戰敗的消息傳出後，西方國家武力侵略的威脅也變得越來越真實。

捨松的家鄉會津位在遙遠的內陸，因此似乎離這些事情很遠，但會津武士們並沒有置身事外。早在一八〇六年，幕府就曾派遣了幾百名會津武士駐守於沿海地區長達好幾年時間，這些駐守地點往北遠至蝦夷，往南則延伸到江戶地區。而且會津藩主必須自行負擔這些派駐費用，因此除了必須向藩國內的商人借取重金之外，還必須刪減武士們的薪餉。

隨著時間過去，德川幕府的專制統治開始漸漸失去其強大的勢力，平靜的日子也開始出現裂痕，舊的社會體制逐漸傾倒毀壞。為了支付武士的薪餉，平民必須負擔沉重的稅金壓力，但商人們卻在此時開始積攢大量財富，甚至可以用金錢買得武士的身分。傳統的武士家庭則因薪餉被刪減，因而再也無力負擔與自己地位相稱的衣飾或場面。這群從小就無需為金錢擔憂的男人，現在卻發現自己必須借錢過活，或甚至得出外賺錢。因此那些原本就對德川幕府忠誠度較低的外圍藩國，逐漸開始擁有自己的意見而不願順服於將軍。當諸藩國發現外國船隻出現在國境周圍的海面上時，他們開始對所謂的「蘭學」產生興趣，特別是其中關於西方軍事技術的知識。

從十八世紀中期開始，日本的知識及改革分子開始對「蘭學」（指從荷蘭傳進來的西方學問與知識）產生極大的興趣。雖然幕府一直對外國人抱持著很大的戒心，但是西方書籍（包括天文學、地理學、醫藥學及各種科技書籍，但基督教相關書籍除外）卻很受到歡迎，並且被妥善的收集與保存著。當時日本一些最優秀的學者開始將他們的學習對象從中國改成荷蘭，不僅取了荷蘭文綽號，學習荷蘭文，甚至還畫出點綴著風車的荷蘭風景畫。[7]雖然當時的日本在名義上仍然不開放與西方的通商，然而許多菁英分子其實都對西方知識相當了解。只是在大部分日本人民的心裡，他們仍然認為外國人就像是天狗的遠親，有著長鼻子和醜陋的臉孔，而且住在森林與深山裡。

然而，在一八五三年七月八日那天，情勢有了改變。當天美國海軍准將馬修・培里（Matthew Perry）率領了由四艘「黑船」組成的艦隊進駐江戶港，並代表美國要求日本開放與美國的貿易。這其中兩艘船是蒸氣驅逐艦，它們的煙囪噴著大量的煤煙，彷彿在向日本挑釁著。這四艘船全都配備多具大砲，包括最新式的海軍軍備匹希斯炮（Paixhans gun）。這種武器可以發射爆破榴彈，而非海軍戰事以前常用的笨重砲彈。這不僅武力上的展示，也是科技優越的表現。

相對的，日本這個島國在當時連一艘海軍船艦都沒有，而且設置於海岸線的砲台也都過時殘舊了。武士刀仍然是武士們的代表性武器，也是他們英勇與榮譽的化身。這是約一個世紀前，由幕府所做出的決定。事實上，早在一五四三年葡萄牙第一次將槍砲武器引進日本時，日本的金屬工匠很快就接受了這項新技術，他們也開始製造高品質的火繩槍及大砲。然而對日本而言，槍砲是一種冷漠、不優雅且不適合英雄式近身對戰的武器。而且像槍這樣的武器，無論對高貴大名或粗鄙野夫都同樣具致命的威脅。一個武藝不特別高強的無名小卒只要手握火繩槍，就能從遠方射擊高貴的劍客，這能稱得上是武士之道嗎？因此在幕府接管了槍砲與火藥的製造之後，在十七世紀就漸漸減少了槍砲彈藥的製造量——一方面也是因為在德川幕府的統治下，戰事發生的機率很低。日本漸漸不再需要製造槍砲的工匠，因此武士們也仍舊以刀劍作為武器。

因此在當時，用來防禦江戶的大砲大多都已超過兩百多年歷史了，而且只能發射六到八磅重的砲彈。但培里的槍砲卻可以發射六十四磅的爆彈。他的一位軍官甚至曾吹噓說，美國可以把日本發射過來的小砲彈裝進槍裡，然後發射回去給它們的主人。[8]

在培里抵達江戶的那天晚上，一顆極為少見的流星出現在江戶的夜空，為港口水面染上一抹詭異的藍光，也讓江戶人民感到一股戰慄（相反的，對培里而言則像是勝利的預兆）。[9]九天之後，培里呈上一封來自美國總統米勒德．菲爾莫爾（Millard Fillmore）的信，並再次發射一輪示威性的砲火之後，才終於率領艦隊離開了江戶，並宣告隔年春天將會再度造訪日本。

幕府因此陷入了混亂，此外將軍德川家慶又在培里停留日本的那個月內過世。繼承其位的德川家定雖然已二十九歲，卻在情緒與智力上仍如同孩童般幼稚。顯然以往的鎖國政策已經再難維持下去，但以日本當時如此弱勢的處境，又如何能與西方強國進行交涉呢？有沒有什麼方法可以吸收西方的知識技術，但卻不需要向那些野蠻人低聲下氣呢？史無前例地，朝廷的高官們開始向各國藩主大名尋求建議，但這等於是朝廷承認了自己的軟弱無能。各國大名大多不願意開放與美國通商，但也只有少數人贊成開戰。因此這些意見對實際情況沒有太大的幫助。

當培里於一八五四年二月帶著兩倍數量的船隻來到日本，幕府終於妥協。他們勉強答應為美國開放兩個通商口岸，並賦予他們在日本建立領事館的權利。如此一來，一向緊閉的大門終於出現了裂縫，而西方亟欲與日本進行貿易的諸國也開始奮力開啟這扇大門：在接下來的五年內，幕府陸續與法國、英國、俄羅斯和荷蘭等國簽訂條約，開放了更多港口、只徵收極低的進口稅，還給予外國人士境外豁免權。

這些不平等條約不僅令日本感到羞辱，還嚴重打擊了幕府的政權。過去的做法已經無法應付如今所面對的狀況，然而未來應該如何處理卻也不甚明朗。「歷史學者教誨我們要遵守規範，跟隨祖先腳步且不可改變一切傳統，」一位江戶的資深大老如此告知當時美國領事館的新秘書亨利．休斯肯（Henry Heusken）。「如果你照著做，就能興盛成功；如果你不照著做，就會衰敗滅亡。這個觀念影響我們如此之深，因此若先人叫你繞一條遠路到達某處，你就必須照著做。即使你知道了其他更快速的捷徑，也不可以改變走法。我們永遠都必須遵從先人的做法。」[10]然而現在外國人帶著槍砲出現了，迫使幕府必須改變。

很快的，日本的木板畫匠們也開始將培里及各大使到訪日本的情景刻畫出來，在成千上萬的大紙上印出怪物般的黑船、長鼻子且毛髮濃密的水手、以及（與和服比較起來）緊緊包覆著西方人手臂與長腿的西式怪異穿著。另外還有那走起路來喀喀作響的高跟靴子。莫非那些西方野蠻人天生沒有腳跟嗎？否則為什麼需要穿這種鞋子呢？

當這些畫像伴隨著簽約的消息傳遍整個日本時，人們開始出現反對江戶幕府讓步西方人的聲浪。除了許多外圍藩國的大名表示不贊同之外，對此不滿的低階層武士也開始聚集，對幕府產生了威脅。他們稱自己為「志士」，並且有許多人拋棄了對自己藩國的忠誠（脫藩），轉而支持隱身於京都的天皇，視其為繼承日本神聖主權的象徵。他們提出了「尊王攘夷」的口號，意指尊崇天皇，排除蠻夷（外國人）。因為他們崇尚英雄主義更勝於外交手腕，所以常會採取激進的仇外恐怖手段。他們會攻擊幕府官員以及與外國貿易的日本商人，有時候甚至直接攻擊外國人。

捨松從來沒看過外國人。除了藩學校裡能看到的天文台、矗立在通商港口附近供外國商人居住的西式洋房，還有日本知識分子對軍事科技與西方語言的興趣，以及不滿的武士們偶爾爆發的武力攻擊之外，在日本各處的城鄉村落，日子還是和以往一樣，沒什麼改變——對於地理位置偏遠的會津而言，更是如此。

直至一八六〇年代左右，日本掌權者內並沒有人真正對於西方世界有詳細的了解。一小部分人士曾經去過美國、英國和歐洲大陸，其中有些是被幕府正式派遣前往，有些則是由具改革心志的大名偷偷派去的。然而他們那短暫的旅居經驗，除了只證明日本當務之急是必須加緊學習新知之外，整體而言並沒有太大的幫助。即使是最熱心鑽研「蘭學」的分子，也只對美國或歐洲的真實生活景況擁有非常模糊的概念而已。

第二章 龍年之戰

從南方傳來的消息，總是很久才會到達會津，而其中大多是些令人不安的消息。捨松的兄長們會用非常嚴肅的神情討論這些消息，雖然捨松無法參與這些討論，但是日本和室的紙門是無法掩藏任何隱私的。從他們談話的聲調中，捨松可以聽出那種緊張的情緒，還有一些她無法了解的字眼。例如「公武合體」，意指希望朝廷與幕府和解並共同治理國家。然而捨松不懂的是，朝廷天皇和幕府將軍不是本來就站在同一邊的嗎？難道會津的武士們不是向來發誓要效忠將軍的嗎？而將軍的權力不是本來就從天皇授權而來的嗎？為什麼她的兄長們會看起來如此嚴肅，表情又如此凶狠呢？

德川慶喜是德川幕府最後一位將軍，他是位極有遠見的人，然而卻志不能伸。他熱愛薩摩豬肉、西式馬術及肖像攝影，因此和那些只希望將外國人全部趕走的保守派格格不入。在一八六七年大政奉還後，德川慶喜開始寄望能夠有所改革：例如採用西式內閣幕僚取代傳統事奉將軍的家老大臣，或是訓練一支配備現代化武器的專業常備軍隊，並希望由新的稅賦制度資助這支軍隊。另外他還希望能發展工業。但是以當時的情勢而言，要說服南方各藩國來支持他，似乎為時已晚。

雖然對幕府心存不滿的人到處都有，不過大部分集中在繁榮的南部藩國，例如薩摩（位於九州島上）和長州（位於日本本州的西南邊）等地。此兩藩國在歷史上本是世仇，但他們於一八六六年結成了祕密聯盟，宣示要擁護由天皇領導的新政府，取代將軍幕府的勢力。比起幕府方的聯軍，這些南方盟國有較佳的武力裝備和組織，而且他們還巧妙的舉出代表天皇正統地位的「錦旗」，因此使幕府聯軍理所當然的淪為叛軍的處境。[1]

諷刺的是，這看似彼此敵對的兩方，在某方面卻似乎開始抱持相同看法。因為這幾年來經歷過幾次和西方正面交鋒之後，那些當初保守仇外的志士們，也逐漸看清了現實。這兩方現在都開始確信，只有當日本內部統一，並將傳統儒家思想與西方武器和工業科技結合時，才能處理當前的內憂外患。不過薩摩及長州那些性急的年輕改革派人士，卻已下定決心要把纏繞幕府多年的龐大官僚體系一舉掃除。

正當擁護天皇的勢力開始聚集於南方時，德川幕府方面卻讓步了。與其掀起一場涉及日本全國的內戰，德川慶喜選擇了「大政奉還」。此舉雖讓他忠心的部下們感到氣憤與不解，但是卻顯示德川慶喜對當時政局有較清楚的認識，也因此避免了一場血腥的戰爭。在一八六八年一月，擁護天皇的新政府方勢力占領江戶城並廢除了幕府，且擁護年僅十五歲的睦仁成為新任天皇，即為明治天皇。日本的新時代因此誕生。

然而對北方諸藩國而言，舊時代好像仍然持續著。雖然德川幕府已經結束，但是當初事奉幕府的頑強家臣們，卻還沒準備好要屈服於那些占盡優勢的南方人。後來在與配備優良的新政府軍對抗的一連串戰事中，北方聯盟（捨松的家鄉會津位於北方聯盟五國的中心）節節敗退，這就是發生於一八六八年龍年的戊辰戰爭。

因著遵從會津家規之故，會津武士們決定繼續奮戰（即使戰爭目的已經消失），並宣示要為自己洗除叛賊污名。至少他們是如此說服自己的。因為直到最後都堅守「武士之道」，會比面對混亂的政治現況容易得多。事實上，會津的大名松平容保是一位極有能力及決心的人，為了日本將來的發展，他願意賭上會津的存亡，甚至他本來可能有機會獲得將軍政權。然而因為武力不足的緣故，無法達成此願，而南方的敵人們也開始進行猛烈的報復。

南方新政府軍因為早就體認到西方武器的威力，加上他們擁有更充裕的資金可運用，因此南方大名們從好幾年前開始，就已直接向外國商人購入米尼步槍及砲彈大砲。另一方面，會津因為沒有太多新式武器，只能匆忙製作木製大砲，並用竹子做的箍環加強。這種大砲雖然可以發射石塊，但發射幾輪砲彈之後就可能會解體。會津藩的大名最後只好向外國商人購買武器，但是購得的武器數量不多，且與南方訓練精良的軍隊比較起來，會津藩的軍隊顯得訓練不足。儘管如此，新政府軍精銳優良的武力並沒有改變會津對他們的看法：在會津武士的眼中，薩摩人只不過是一群「番薯武士」罷了（日文裡的番薯叫做薩摩芋）。[2]

那年春天當女兒節到來時，捨松和姊姊們再次把人偶拿出來擺放在階台上，但她們的母親卻用陰鬱的眼神看著那個天皇娃娃。這位天皇現在已經成為他們會津的敵人首領了。當夏天來到時，大砲聲開始像雷鳴般在山谷中回響著。會津武士階層的女孩們將寬大的袖子綁起，並用白色的帶子將頭髮繫住，她們開始練習揮舞薙刀以便守護家園。[3]薙刀的手柄是一枝非常長的木竿，最前端則有略呈彎月形的刀刃。這種武器的長度讓女人在使用時，可以和敵人保持一定的距離，以便保護她們在身高和體重上的劣勢。對捨松而言，這種武器並不陌生，因為它們經常被掛在山川家守衛室的架子上。那些長長的薙刀排列在牆上時，看起來就好像一列梯子。不過她只看過人們用薙刀來做練習。男孩現在都必須留在家裡，因為學校暫時停課了，而日新館則成為收容傷兵的臨時醫院。會津已經準備好了：他們要誓死保護幕府到最後——即使幕府早已不存在。

鶴城雖然外表精細優雅，有著像羽翼般的飛簷，但其內部的防禦工事卻非常強大。護城河上矗立著厚達二十英尺左右的城牆，每塊巨型磚頭上都留著一百年前工人們苦心打鑿並將之搬運到此處的痕跡。飄浮著青苔的護城河上矗立著的厚實城牆，有些部分甚至高達五十英尺左右。此外，城牆內部則像是由石頭階梯構成的迷宮，有些樓梯寬闊處可以容納十五個人一起往上攀爬，較狹窄之處則只能容納一個人，就這樣在內部形成了上下蜿蜒的通道。事實上，鶴城本身就是坐落於一個約兩層樓高的石造地基上。

圍繞鶴城的城牆一角，有一座鐘塔。這座鐘塔是在石基上，搭建了由飾釘木板蓋城的低矮方形瞭望台，其上方則逐漸收攏成圓錐狀的瓦片屋頂。在一八六八年八月二十三日這天，鐘塔的鐘聲急促的響了起來，催促所有聽見這聲音的會津人民盡快躲進城內。因為擁護天皇的三萬大軍已經攻進會津。捨松的母親山川豔（雅號唐衣）將她四個較為年幼的孩子（兩個較年長的兄長已前往參戰）及媳婦聚集在一起，然後連忙趕往城內。

一切都非常的混亂：那些尋求庇護的百姓們慌忙穿梭於槍林彈雨中。因為下雨的緣故，被雨淋濕的木造房子難以起火燃燒，只是冒出了陣陣濃煙，慌亂的群眾擠滿了街道。再過幾個小時，城門就會關上，因為已經沒有空間再容納更多的人。心急如焚的逃難人民聚集在城門前，而敵人的子彈就在上空呼嘯而過。此時，山川家的女子們已經順利躲進城內了。

當戰爭的鐘聲響起時，也有許多人選擇留在家中。為了不成為會津的累贅，他們選擇另一種方式逃離戰火。他們穿上象徵死者的白袍，並由妻子幫助家中的長者和小孩依序切腹自盡（因為丈夫都已經前往戰場），最後才輪到她們自己。在某位家老（西鄉賴母）家中，他年邁的母親、兩位姊姊、妻子還有五個女兒即都選擇了自盡。兩位尚未滿二十歲的女兒寫下了這樣的字句：[4]

手牽手，我們就不會迷路

所以讓我們出發前往死亡之峰

敵人的砲彈聲在環抱若松城的群山間轟轟作響，好像連空氣都在震動著。來福槍發出的射擊聲帶著韻律，聽在孩童耳裡就像是在鍋上跳動的豆子所發出的聲響。[5]

此時，捨松的二哥健次郎才剛要滿十四歲，他加入了白虎隊。這是一群由十幾歲青少年組成的預備軍。但是因為健次郎還不夠強壯，沒辦法使用來福槍，所以他很快就和其他年幼的孩子一起被送回城內，幫忙守護家園。[6]健次郎是幸運的。在八月二十三日，一群二十人的白虎隊因為失去指揮官而與其他同袍走散。第二天早上，當他們從附近的山上看到城內冒著白煙時，誤以為事態已發展至最糟的結果：城池已被攻下、主君已被殺害，而國家已經被打敗。因此他們跪倒在絕望中，集體自盡了。二十人中只有一個人存活下來，而這個故事至今仍然流傳被歌頌著。我們至今仍可以在教科書、旅遊手冊或漫畫中看到這個代表武士精神的傳奇故事。[7]

捨松的大哥山川浩為二十三歲，在當時的會津是一位受尊敬的指揮官（若年寄）。當會津被圍攻時，浩正在外地的藤原作戰。然而等到圍城消息傳到浩的耳裡時，要突破敵人包圍進入會津已經是非常困難的事。於是浩想到了一個特別的辦法：他讓士兵都打扮成一般農民，並讓走在前方的人穿上羽毛衣服，吹著笛子和打鼓，打扮成表演「彼岸獅子」（一種會津的傳統技藝）的藝人。就因為打扮成表演者，使他們在光天化日之下能順利進入會津城。會津大名因此對山川浩刮目相看，並立刻派他負責抵抗敵人的工作。

在城內的男人約有三千多名，而婦女和小孩則有一千五百人。這些婦女和小孩被分配了許多不同的工作，有人負責煮炊，有人負責整理日漸髒亂的環境，有些人則負責照顧傷兵，還有些人負責製作槍用的彈藥。捨松當時八歲，是個眼神銳利、身手敏捷的小孩，她忙著將鉛彈丸從倉庫裡拿出來，然後再將裝填好的彈藥放到另一個地方。

她的姊姊當時也一起幫忙填充彈藥。[8]但是因為一心想要幫忙更重要的工作，因此她找來了一些廢棄的盔甲，把頭髮剪短，並且在臉上擺出如武士般嚴肅的表情，宣稱她也要加入戰爭。然而除了武士精神之外，會津的家規「服從」也深深根植於她心中，因此當她母親禁止她出城時，她只能乖乖待在城內。

經歷一個月左右的圍城戰後，在最後幾天，新政府軍的六十支大砲更是持續不斷的攻擊著會津城。不過，山川豔卻在此時讓捨松與其他女孩一起去放風箏，並讓風箏高高的飄在城上的天空，彷彿這是一個悠閒的假日。「我們還在這裡！」這些風箏彷彿如此宣稱著，「而且我們不怕你們。」當大砲落下時，城內的婦女會趕快用浸濕的布將落在地上的砲彈蓋住，以防止它爆炸。然而，就在浩的妻子登勢跑向某顆落下的砲彈時，它突然爆炸了。砲彈的碎片只擦過了捨松的脖子，但卻射進了她嫂嫂的胸口。登勢的傷口開始惡化，她要求婆婆幫助她完成武士的職責：讓她死得痛快。

「婆婆，婆婆，殺了我吧！」她哭泣道。「您的勇氣在哪呢？請記得您是武士之妻啊。」

雖然山川豔腰間掛有鋒利的短刀（這是屬於她階級的女子都會配帶的），但她卻無法下手殺了媳婦。畢竟當初她所選擇的就是逃往城內，而非自盡一途。後來登勢在痛苦中死去。

在九月二十二日，會津藩主終於不甘心的投降了。飄揚在會津城上方的是城內的女人縫製的白旗。在經歷一個多月來不停歇的砲彈襲擊後，突然而來的平靜反而讓他們感覺詭異。在較外圍護城河內的房子，幾乎都被燃燒殆盡了。捨松童年記憶中，那些優雅的房間和精美的庭園都已經成了廢墟。鶴城的白色牆壁現在是滿目瘡痍，美麗的藍色磚瓦屋簷也布滿彈孔。

在戊辰戰爭中，雙方的傷亡人數總共將近六千多人，其中會津就占了約一半。雖然新政府軍有了決定性的勝利，但是他們仍然不敢大意，因為會津大名松平容保英勇過人。在他投降的那晚，他們將他關在一間寺廟內，並且用六支大砲瞄準房門口。[9]

戰敗後，捨松和媽媽及姊姊一起離開了廢墟般的若松城，前往位於幾英里外的戰俘收容所。她不僅覺得渾身髒亂、非常飢餓而且身上還有蝨子。她以前所熟悉的世界已經不復存在了。

一年後，明治政府決定了戰敗會津人們的命運：將他們放逐到新建的省分，那塊土地位於本州的北邊，是一塊貧瘠且杳無人煙的地方。明治政府特許美國船隻將他們載到那裡。一八七〇年春天，山川家的女人搭上了停泊在新潟的明輪船洋西號（Yancy），這是她們第一次看到大海。[10]美國水手給了她們一些餅乾，因此她們一邊吃著這新奇的食物，一邊靠在欄杆上望著寬闊的海洋。然而新鮮感很快就消失了，當船隻慢慢航向北方時，她們開始有很多時間感到疑惑和沮喪，而暈船的不適感則讓她們覺得更加無助。

山川家的長男山川浩現在成為會津的領袖之一，也是新藩地的首長，必須負責一萬一千名會津難民的生計。當疲倦的會津武士終於能再度與妻小團聚時，一時之間他們的狀況似乎獲得不錯的改善。但是因為那時候是夏天，而新藩地也比戰俘收容所要乾淨和寬闊許多，而且還可以採集蘑菇和捕魚作為食物。但是，這些被放逐的會津武士畢竟並非農民，所以當天氣變冷後，他們才看清所面臨的狀況：他們沒有足夠的米，沒有足夠的居所也沒有足夠的衣物。薪柴開始短缺了，鍋裡的粥也全部凍結了。這些新來的移民只好在雪地裡試圖挖取蕨叢的樹根，或是收集被海水沖上岸的海藻，並試圖讓僅存的大豆和馬鈴薯可以盡量吃久一點。幸運的人則有狗肉可以吃。

然而，山川浩的地位對山川家的景況並沒有任何幫助。相反的，他選擇以身作則，將自己家人的需要放在最後。最後，為了餵飽自己的母親和妹妹們，他偷偷的跑去和當地賣豆腐的販子商討買豆渣（這是製造豆腐的過程中出現的副產品，通常用來餵食動物）。[11]當其他武士知道了這狀況時，他們逼迫山川浩放棄這個計畫，因為身為會津的武士絕對不能吃飼料。山川浩還曾做了一首詩暗喻他的無奈：[12]

若有人問到北方的斗南藩
請告訴他們
這是一塊史前的蠻荒地

武士所受的訓練，雖然不包括如何讓自己在貧瘠的嚴寒之地生存，但卻有一項技能派得上用場：忍耐，而這也是會津家規之一。然而這樣的個性卻使他們的處境更加艱難。「如果讓薩摩和長州的那些混蛋知道會津武士竟然死於飢餓，一定會引來他們的嘲笑。」一位父親這樣對兒子說。「我們將會淪為別人的笑柄。這是一場戰爭，你聽到了嗎？這將是一場戰爭，直到能洗刷會津污名為止。」[13]

儘管飢寒交迫，這些被放逐的武士卻很快就為自己的子弟們建立起學校，只是新的課程在方向性上有很大的改變。男孩們現在開始閱讀福澤諭吉的作品，他是一位教育改革家，也是首先提議向西方學習的人。[14]此外，學生們也開始背誦世界地理與歷史，取代以前儒家思想的課程。福澤諭吉在翻譯西方著作時得到了一些靈感，他將世界上的國家加以分類：包括蒙昧國家、落後國家、半文明國家及文明國家。「雖然現在歐洲無疑是世界上最文明及開化的一片大陸，」他寫道「但是以前也曾經處於混亂和無知的狀態。」[15]日本現在或許不及歐洲文明那麼開化，但至少不是像非洲那樣的蒙昧國家。假以時日，一定能夠有所進步的。

西方科技曾經幫助新政府軍獲得勝利，這也讓會津領袖清楚了解到他們的子弟今後應該要學習什麼。然而書本無法填飽飢餓的肚子。這些流亡者開始出現營養失調、腸部寄生蟲和貧血的狀況。當時捨松正要滿十一歲，每天都忙著將糞肥澆在田地上，並到處尋找貝類食物以幫助家裡的生計。

戰爭停止之後，年輕的明治天皇和他的群臣在位於「東邊的首都」開始建立新氣象。城裡的人現在必須稱自己的城市為「東京」，而不再是江戶。捨松的二哥健次郎當時已經十六歲，他想辦法偷跑到了東京（在會津戰俘收容所時，他假扮成寺廟的沙彌並在一位僧侶的保護下逃了出來）。他過人的學習天分很快就獲得長州領袖的同情與贊助。第二年，在化名身分掩蓋下他開始能夠上學念書，只是礙於逃犯身分，仍必須躲躲藏藏。雖然最後終於能在東京安頓下來，但是他的真實身分仍然是個攔阻，也使他沒辦法進入最好的學校就讀。此外，雖然東京的雪量不如斗南藩那麼多，但是健次郎卻仍和他流亡中的家人們一樣，經常覺得飢腸轆轆。

事實上，在明治政府剛成立的前幾年，覺得生活困難的並不只有會津人。這個新的元號「明治」，展現了日本新領袖的意圖：即「文明的治理」。一群有活力、思想前衛且年紀尚輕的男人們嶄露頭角，成為新政府的領導人，並聲稱他們的所作所為是來自「剛恢復地位的」天皇的旨意。有了天皇殿下的背書，他們很快就開始著手改變現況。

德川幕府被推翻之後，其剩下的勢力是一群只對自己藩國忠誠的人。對他們而言，「日本」

只是一個抽象的詞彙，而每個藩國仍算是各自獨立的國家。當共同的敵人被打倒後，各國之間的舊恩怨似乎又要再次爆發了。雖然薩摩的「番薯武士」和長州一起打倒了德川幕府並剷除其勢力，但是他們兩國以及其他所有藩國仍然是獨立的，且仍然保有屬於自己的軍隊。

在一八七一年八月，天皇召集各藩君主前往東京聚集，正式宣布廢除藩國。各國多年來的邊界都將被取消，改實行分縣制度，並由東京指派各省首長。雖然大家早有預感，但還是感到震驚。不過，原本的大名將會收到政府慷慨的金錢補助，並被賦予新的頭銜，而他們的債務也完全由政府負擔，因此眾大名沒有產生太大的反抗。但是另一方面，位階較低的武士們（甚至是那些支持新政府軍的武士）則失去了薪餉、職位以及他們原本熟悉的社會地位。態度較積極的武士們開始轉往政商方面尋求發展，其他人則打開宅院裡祖傳的倉庫，賣掉所有能賣的東西，成為虛有其表的新貧階級。外國訪客來到日本時，總是很開心能在市場看到這些珍寶。「在幾個月前，武士們寧願犧牲生命也不願離身的武士刀，現在卻成堆的陳列在珍品鋪裡等著出售。」某本受歡迎的旅遊導覽書籍這樣寫道。[16]

山川家的男人們——包括能幹的山川浩和聰明的健次郎——則是屬於態度積極的那方。山川家或許已失去了過去安穩的地位，以及因著與德川幕府的深切關係而享有的聲望，不過他們身為會津武士的驕傲仍然存在。他們決心要恢復自己的榮耀。然而他們從沒想過，捨松這個小妹妹竟然會在這過程中，扮演了一個重要角色。

第三章　酵母的力量

山川家兩個男人的命運，有部分深受黑田清隆的影響。黑田清隆是個寬臉粗脖的男人，他出身於薩摩，原本與山川家應該算是世仇。黑田也是個熱血的男人，除了熱愛飲酒之外，也熱中於推動國家發展。在他的幫助下，使明治政府有極大的改革和進步。大約十年前，當黑田與眾多隨從與薩摩藩主一同前往江戶的路上時，他很驚訝地看到幾位騎在馬背上的英國旅客（包括一位女人）竟毫不掩飾的盯著薩摩藩主所乘坐的精美轎子，及轎子兩旁身穿薩摩家紋服裝的侍從看。這些外國人沒注意到城裡的人早就都俯伏跪拜在地上，他們卻毫無顧忌地在附近的路上徘徊和閒談。結果一名騎在馬上的薩摩隨從拔出刀來，殺了其中一個英國男人，砍傷另外兩個男人，還把女士的帽子揮到地上，甚至不小心砍掉了一些頭髮。這就是發生於一八六二年的生麥事件（因發生於當時的武藏國橘樹郡生麥村，故有此名。又稱理察遜事件，理察遜為被害者之名）。此事件導致英國在一年後轟炸了薩摩所在的鹿兒島。而英國所顯示的強大武力，也讓薩摩深刻了解「攘夷」這件事或許並不是件容易的事。

幾年後，當初那位佩帶雙刀、穿著絲質袍子，滿心想要攻擊外國人的武士黑田，已經成為一位留著鬍鬚，身穿合身西式軍服的明治政府官僚。為了向西方文明學習，他遠赴美國參觀了煤礦山、木材廠和釀造廠。[1]他還觀察了美國農業和礦業的技巧，並邀請美國專家給予新成立的北海道殖民委員會（Hokkaido Colonization Board）建議。這個委員會的任務是要加強對日本北方地區的管理，因為鄰近的俄羅斯正對該地區虎視眈眈。北海道擁有豐富的森林和漁業資源，不過當時卻只有以採獵維生的原住民愛奴族（他們還崇拜熊）住在那裡。黑田認為，還有什麼地方比北海道更適合這些失去地位、內心不滿又資金短缺的殘存武士們呢？

回到日本之後，黑田招募了一些年輕有為的青年前往海外留學，以便幫助實現他自己的理想。在這些人當中，也有捨松的哥哥健次郎。當時健次郎還在東京念書，景況仍然有點落魄。他身為會津人的身分雖然尷尬，但卻也是他被選上的原因。雖然會津戰敗的恥辱尚未洗清，但沒人會懷疑會津武士的毅力和決心，而且美國寒冷的天氣也很適合為去北海道準備。在一八七一年，十六歲的健次郎動身前往美國，他身上穿著日本製的西服（看起來其實比較像和服），腳上還穿著大了好幾號的白色二手鞋子。

黑田在美國所觀察的，不只有商人而已。在這趟旅程中，他對美國婦女也留下極深刻的印象。在他的家鄉，與他同階層的女人很少出現在男人面前。她們被禁止進入茶房或是會客室等男人談生意的地方。武士的太太負責服侍丈夫，為丈夫縫補衣服、生養小孩及管理家務；丈夫則會在閒暇時間前往娛樂地區，在那裡享受另外一種女人的陪伴。那些女人精通音樂、跳舞和趣味的談話，而非家務工作。總之，女人的任務就是服從或提供娛樂，除此之外她們一點也不重要。

但是這些美國女人！她們竟然有自己的意見，而且毫不遲疑的表達出來，重點是男人竟然還會傾聽。她們會加入丈夫的社交場合及公開活動，而且還是餐桌上的主角。男人會讓位給女人、脫帽向她們致意、在路上讓路給她們，還會為她們拿東西和聽候差遣。而且都是在公眾場合裡！顯然的，美國女人的生活比日本女人的快樂許多。為什麼會這樣呢？

黑田認為答案是教育。社會地位較高的美國婦女都是知識豐富且閱讀群書的，雖然她們不會想要從事商業或軍事活動，但卻能成為丈夫或兒子的良伴。而丈夫和兒子不僅在實際生活面仰賴她們，也需要她們在情感上或心靈上提供的慰藉。這種豐富的家庭生活，正是美國男人之所以能在工業與商業上有驚人成就的原因。到了華盛頓之後，黑田遇到了他的友人森有禮（是年輕有為的日本代辦，即大使館的代理辦事人員）。黑田分享了他的看法，甚至敦促森有禮可以為自己找一個美國妻子。森有禮再次重申自己的愛國心後，禮貌地拒絕了。

黑田回日本後，就寫了一份報告給明治政府。報告中提到，若想管理荒蠻的北海道地區，派遣一些沒有訓練過的人去北方是無法完成任務的。首要任務應該是要教育日本婦女，因為下一代子孫前十年的生活，深受她們影響。受過教育的母親可以啟蒙她們的兒子，而他們長大後就可以領導日本，「就像一點點酵母就能發起一整團麵包」。[2]另外，有一點雖然沒明寫出來，卻給了些許暗示：如果日本繼續讓他們的女性身處於無知中，西方將不會承認日本是個文明國家。

很多像山川健次郎這樣的年輕人早已出發到外國留學，也有不少人已經帶回了許多有價值的知識和技術。現在應該要派遣一些年輕女性加入他們。等到這些婦女回國後，她們將可以在女子學校教書。這些都是黑田的構想。而當日本政治家踏上國際舞台時，這些婦女將可以成為他們最完美的好太太。

黑田提出的想法被欣然接受了，因為這構想與決心改革的明治政府的目標相當一致。當他們獲得政權之後，首項行動之一就是起草了明治政府的基本方針〈御誓文〉。這是明治天皇在一八六八年即位時所宣布的。這份誓文的內容展現了新政府積極革新的意圖：包括全面修訂日本的政治、經濟和社會機構，以及引導國家朝向與西方平等的地位前進。「應破除舊來陋習，並以天地公道為基。」誓文中如此寫道。此外還有「應向世界尋求智慧，並振興天皇之基」等等。過去兩百五十多年來的鎖國舊習，在轉眼之間就被改變了。

對黑田來說，這個時機也是非常完美的。在一八七一年秋天，原本是朝廷大臣的岩倉具視成為了新任的外務卿，他宣布要帶領使節團前往曾與日本簽訂條約的諸國探訪，而第一站就是美國。如今差不多是時候實行〈御誓文〉的內容，並前往全世界尋求知識的時候了。這些代表們不但能第一手觀察西方的各種制度與科技，還能將新上任的日本領袖介紹給外國政府認識。此外，他們還想藉此與外國討論那些十幾年前由昏昧的幕府所簽下的不平等條約。此行將會有許多學生跟著使節團一起出國，那麼多加幾個女孩進來又有何不可呢？

在美國海軍准將培里派遣黑船到日本示威之後，日本曾經派過幾次官方使節團出國，結果則是成敗皆有。第一次是在一八六〇年的美國之行，其目的主要是形式上的：此行讓幕府在簽訂第一次不平等條約之後，能夠有機會重振其威嚴，是做給日本人看同時也做給美國人看。這個使節團的成員大多是中階地位、身分複雜的人，而且他們對外國只有很模糊的概念。很多人只是因為願意出國就被選上了。也因為這群人缺乏經驗、精神緊張且防備心非常重，因此他們只想盡快完成應盡的外交任務交差了事，這期間他們拒絕了許多邀約並下定決心只想盡快回到日本。

另一方面，美國則是因為日本首先選擇拜訪他們而感到高興，因此以極大的熱情來歡迎這些從日本來的「王子們」。在一八六〇年七月十六日，好幾十萬的觀眾聚集在紐約，觀看百老匯大道上使節團的遊行隊伍，還派遣了七千人的軍隊護送他們。這場面被華特・惠特曼寫在他的詩〈身負重任者〉[3]裡：

飄洋過海，從日本而來

有禮貌的亞洲王子們，黝黑臉頰的王子們
初來乍到，此地作客，佩帶雙刀的王子們
教育眾人，仰靠在他們敞篷的四輪大馬車上
露出光潔的額頭，表情冷漠
在這天他們乘車經過曼哈頓

但在這些冷漠的表情背後，隱藏的其實是迷惑和不安。福澤諭吉是位多產的日本作家和教育家，他的作品日後也將啟蒙會津的流亡子弟們。當他二十五歲時，也曾是這首次使節團的成員之一。雖然曾多年在荷蘭和英國讀書，他發現自己仍然對許多新鮮的事物感到困惑，包括華麗的馬車、冰塊和大廳舞會。甚至連抽根菸都是個挑戰：因為找不到可以當菸灰缸的物品，所以他把菸斗裡的菸灰包進一團紙中，然後放進袖子裡。沒想到過不久他的袍子開始冒出煙。「我以為已經熄滅的菸竟然讓我身上著起火來！」[4]

雖然全球媒體對於一八六〇年使節團的報導，大多都表達了尊敬之意，但是一般美國民眾的行為卻並非總是如此。當這些使節抵達美國時，許多民眾聚集在他們的馬車周圍，目瞪口呆的觀看著。「某位魁梧的美國男人叫囂著說，他們只要再穿上一件硬布裙子，看起來就是個體面的黑人姑娘了。」一位記者這樣寫道。[5]

不過，岩倉具視在一八七一年帶領的使節團就令人印象深刻許多。距上次惠特曼所描寫的日本王子美國行之後，已經過了十一年了。現在日本不只有了新的政府，這些新上任政治人物也有新的態度：積極、好奇、有決心，並更願意接受改變。岩倉所招攬的這些人，有許多早就已經出國留學過，也有幾個人能說流利的英語。這個由四十六人所組成的使節團，其平均年齡是三十二歲。

在這些人當中，有好幾位都是當時極受矚目的政治新星，包括親自寫下〈御誓文〉的男人。其中許多人後來成為了日本家喻戶曉的名人：木戶孝允是資深參議，伊藤博文是工部卿，大久保利通是大藏卿（財務部長），久米邦武是儒家學者，也是此使節團的記錄官，他寫的《特命全權大使米歐回覽實記》共有五冊，銷售了好幾千本。

既然這使節團已經有為數不少的男學生跟著一起去，那麼再加上幾個女孩也不會是什麼問題。美國駐日大使查爾斯·迪隆（Charles DeLong）將會與使節團一起同行，而他的太太艾莉達·敏雅·迪隆（Elida Vineyard DeLong）則可以幫忙照顧女孩們。因為黑田是北海道殖民委員會的副主席，所以他開始為自己的得意計畫招募人才。他提出的獎勵非常優渥：被選上的人將可在美國待十年，一切花費都由政府支付，此外每年還有八百美元的津貼——這對任何人來說都是驚人的數字，更何況是那些稚嫩的年輕女孩呢？

但是，卻沒有人報名。畢竟誰會願意把自己年紀尚小且能幫忙家務的女兒送出國呢？而且當她回到日本時就已經錯過婚期了（如果真的有人願意娶完全沒受過日本新娘教育的太太的話）。而且還是把人送到美國，那些講話大聲、體味濃重、黃髮藍眼的野蠻人會把骯髒的鞋子穿進家裡，而且每餐都大啖動物肉飽腹。基本上那些地位夠高以至於能看到這份招募通知的家庭，是不可能做出這樣的決定的。隨著岩倉使節團出發日期漸漸逼近，黑田不得不發出第二次招募通知。這次他收到了幾個人的報名，而她們全都被選上了。

捨松對這件事一點也不知情。在一八七一年春天，會津流亡之眾在斗南度過第一個飢寒交迫的嚴冬之後，捨松的哥哥山川浩將捨松送到函館（位於越過津輕海峽另一端的北海道）。捨松本來就已經遠離家鄉了，現在她又必須孤身離開家人，不過至少這樣一來她能夠有飯吃。與荒涼的斗南相比，函館簡直是座熱鬧的綠洲。在一八五四年經過海軍准將培里的協商之後，函館是第一批開放外國通商的港口之一，現在已經是外交官、傳教士和商人經常出入的地方。捨松被送去與澤邊琢磨（他是日本第一位改信俄羅斯東正教者）同住，之後又搬去一個法國傳教士的家裡。這個城鎮的港口經常有許多外國船隻停靠，非常熱鬧。這裡還有許多西式的房子供九個國家的外國使節及其相關人員居住。這些房子的窗戶有窗框而且是往上打開的，不像日式的窗門是左右拉開，他們的牆壁是白色隔板牆而非無漆的木牆，屋頂是單片式的而非磚瓦或是茅草屋頂，圍欄是鐵製的而非灰泥牆。捨松從來沒看過沒有榻榻米地板和紙糊拉門的房子。對捨松而言，函館讓捨松首次體驗了西式風情。

在黑田發布招募通知時，捨松的二哥健次郎早已在美國了。而大哥山川浩當時是被流放的會津人的領袖，他認為妹妹應該也能勝任這種海外留學的日子。畢竟無論是在若松城被圍攻的時候，或是在戰俘營及斗南藩的日子，捨松都證明了自己的毅力。山川浩認為她也有潛力成為一個好學生，並且能夠順利接受外國留學的挑戰，就像她面對這三年來流離失所的困境時一樣。而且，如果她能夠出國的話，山川浩就少了一張嘴要養。誰知道呢？如果捨松哪天真的學成歸國的話，到時候她不但已經適應了美國文化，而且應該能講一口流利的英文，或許她還能對日本的現代化作出一些貢獻，並且幫助山川家重建名聲。

在一八七一年十月，山川浩前往函館告知捨松必須立刻動身前往東京。然後她將會搭船前往美國，並由政府提供公費在美國留學十年。捨松當時完全不了解哥哥在說什麼，聽起來就好像得立刻搬去月球一樣。但是因著在會津所受的訓練，讓她只能選擇順服。她立刻就打理好行李準備前往東京。

在捨松前往東京的路上，她到斗南稍作停留與母親道別。山川豔被這個決定嚇壞了，然而現在山川浩是一家之主，他所說的都必須遵守。當她們分別時，山川豔為她的小女兒取了一個新名字，這也是當時日本的知識階級在面對人生新里程碑時，常會做的儀式。從此之後，過去的咲子要改名叫捨松，這在日本是個少見的名字。「松」這個字除了感念會津藩主松平容保之外，也代表捨松的出身地若松城，而「捨」這個字則代表她必須捨棄過去這令人驕傲的家系血脈。是時候該拋開過去的一切了。此外，「松」這個字的發音又和「待」的發音一樣都是「matsu」，暗喻等待。也就是說，這個女孩因為環境的緣故而被犧牲，如同被捨棄一般必須前往陌生的國度，但也期許她能像穩固的松柏般堅忍不拔。而她的母親也會殷殷期盼她歸鄉的日子到來。

在一般狀況下，十一歲的女孩正處於有點尷尬的年紀：若要讓她玩娃娃或家家酒已經太大了，然而雖然她急著想要擔負「真正的」責任，但卻不夠成熟無法獨當一面。但是捨松已經比大部分的成人見過更多殘酷的現實：在鶴城被攻陷後，那些成堆無人埋葬的屍首；她嫂子的死亡；在斗南藩因為飢寒交迫而垂死的會津同胞，以及必須與家人分離前往函館等等。那些每年春天會津城裡擺設在紅毯階梯上的漂亮玩偶，現在已經模糊得像是別人的回憶。她的家已經不存在了，她也已經和母親道別。現在，只會說日文的她必須離開日本。山川浩也不停催促她前往東京，因為北海道殖民委員會和教育部已經在等待。在那裡還有四個女孩，每個看起來都像捨松一樣困惑無助。

四個女孩中，有兩個已經算是年輕女子了：吉益亮和上田悌都是十四歲。另外兩個則都比捨松小，這讓捨松鬆了一口氣。永井繁是十歲，有著圓臉和笑眼，個子比較矮胖。而秀氣漂亮的津田梅只有六歲。吉益和上田很自然的就開始照顧捨松，因為她離鄉背井，且在東京沒有親人照顧她。而向來是排行最小的捨松，現在則突然多出永井和津田兩個妹妹。

在經歷了一番流離失所之後，她們或許也能算得上是一個新家庭。因為五個人都是武士的女兒，而且都是屬於戰敗的那方。因為沒有其他人前來應徵，所以她們就被選上了。事情進展得很快，雖然這些女孩的加入才剛決定不久，但岩倉使節團的出發已經迫在眉睫了。

無論是在遙遠的會津或是熱鬧的東京，武士的女兒們的生活範圍通常都只局限於家族的宅院內。但她們現在每天卻都在外面東奔西跑。至今為止，日本人移動都是靠走路，或是乘坐「駕籠」。這是一種籃狀的轎子，由好幾個人用竹竿扛在肩上抬著走。雖然轎子的座位上有放著墊子，但是因為路途上滿是灰塵及一路搖晃，對乘坐者來說並不舒適。不過在當時，東京的駕籠已經被更平穩且移動更方便的人力車取代。這是一種有篷的輕便兩輪車，由精瘦的車夫拉著穿梭於東京的大街小巷。這些車伕腳上穿著綁腿，頭上戴著寬大的竹編帽遮陽。到了一八七一年，人力車發明兩年後，東京已經有兩萬五千輛左右的人力車，那匆忙的車輪與有精神的吆喝聲，讓原本就繁忙的都市更加的熱鬧。

雖然搭乘人力車已經夠新鮮了，不過這些女孩還受邀搭乘剛建好的火車鐵路，從東京前往橫濱（共十七哩遠）。[6]這鐵路是由英國出資建立的，而且因為剛蓋好，所以尚未對一般民眾開放。建造這鐵路的日本承包商在這之前也未曾見過鐵路，因此建造過程都由外國人嚴密監督。車上除了有一位英國的工程師長官之外，全部的工作人員也都是外國人。而最讓這些女孩驚訝的是，火車竟然自己會動。

出國前，她們有許多任務要執行，都由高級官員來主導。因此她們沒時間製作西式的服裝。不過如果是和服的話，因為都是由固定尺寸的布下去縫製的，就不需要量身定做了。她們急需一些華麗的服飾，而且政府將會資助。也因為她們是第一批出國接受教育的女孩，為了紀念這特別的一刻，她們將成為第一批能夠謁見皇后本人的武士階級女孩。

皇后一条美子當時才剛成為日本的第一夫人。[7]她是京都貴族（這是一種古老的世襲階級，和武士不同）的後裔，而且是一位天才。三歲時就能識字，五歲能作詩，七歲開始學書法，十二歲能彈琴。此外，她還擅長茶道、花道等傳統技藝。日本天皇的配偶都是固定從五個貴族家庭中選出，而她的家庭就是其中之一。雖然沒有人會質疑她是否適合當皇后，但卻有一個小缺點：她比天皇還要年長。這件事情本身並沒有太大的問題，因為以前也曾有天皇與較年長的女性結婚。問題是美子皇后和天皇相差三歲，這是個不吉利的數字。但是沒有關係，這個女孩的生辰年分很快就被改晚了一年，在一八六九年，皇室舉行了婚禮，天皇當時是十六歲，而新娘的公開年齡是十八歲。

在結婚以前，美子皇后的生活和她的前輩們一樣，都局限於貴族的禮節規條和皇宮的範圍內。婚後那年，她和明治天皇就搬到東京了。在這之後的兩年，日本又陸續出現了許多變化。那時，掌握明治政府政權的領袖們決定，過去掌握京都天皇宮中所有生活細節的「嬌貴又柔弱的貴族」，應該被「具男子氣概又清廉的武士」取代，讓他們成為待在天皇身邊的親密輔佐者。[8]這些輔佐者有新的責任：他們必須教導年少的天皇關於國內外的歷史和時事知識。過去天皇們一直是被孤立的，因為過去是由將軍掌握實權，所以天皇們對這個世界的事情並不清楚。例如明治天皇的父親，他所知道關於美國海軍准將培里於一八五三年來到日本的事情，全部都是從江戶木版畫匠的作品中得知的。現在，他們想要改變這樣的狀況，現任年少的天皇從今以後必須學習所有與世界相關的知識。

另外，更令人驚訝的是，皇后和她的隨從女侍們也將一起參與這些課程，並且要專心學習。現在皇后不再僅只是日本地位最高的女人，她還必須是學識最豐富的女性。過去天皇的妻子只須為天皇生養後裔，因此皇后的生活一直是隱藏於幕後，能見到她的只有女侍。然而美子皇后將會成為一位現代的天皇配偶，她會經常出現在天皇身旁輔佐他，一起為日本現代化努力，並向世界展現日本的團結。

在一八七一年十一月九日早晨，美子皇后仍尚未踏上世界的舞台，而這些在她面前屈膝晉見的女孩們，也沒想過自己有一天將會在日本歷史中扮演重要的角色。

因著能夠晉見皇后，這些女孩在日本歷史上留下了一頁。而為了紀念這歷史性的一刻，她們隨後又前往攝影棚拍照留念。

雖然早在一八四〇年代，就有荷蘭商人經由長崎港將照片首次引進日本，但是專業的攝影師卻是在一八六〇年代才出現，此時日本正面臨改變，而攝影術正好能為傳統的日本保留一些影像。一開始，當日本人發現照片能夠如此真實的複製影像時，就出現了許多迷信。「只要拍過一次照片，你的影子就會變薄，」有人這樣說，「只要拍過兩次照片，壽命會縮短。」還有人說，「如果三個人一起拍照，中間那個人會早夭」。[9] 然而在幾年內，照相技術就成了「七大文明與啟蒙工具」之一，其他六項分別是報紙、郵政制度、瓦斯燈、蒸汽引擎、國際展覽與可駕駛的飛船。[10] 到了一八七一年，能夠拍上一張正式的照片更是頗值得自豪的事，不過這特權只屬於少數人，通常不包括婦女，更遑論少不更事的少女。

因為彼此都還是陌生人，所以這些女孩或許就像照片所呈現出來的一般，感到非常不自在吧。上田悌和吉益亮兩個人分別坐在兩邊，就像兩片書擋那般僵硬，腳尖合攏而腳跟則分開。攝影師讓她們兩個人面對著彼此，她們都穿著同款式的白色絲綢和服，同樣都有繁複的水果和花朵刺繡圖案，空洞眼神則望著彼此的耳朵。上田悌還端莊的把手指收在袖子裡。在她們中間，其他三個女孩的姿勢就顯得比較隨意。捨松坐在中間，手指緊握著放在膝上的花，嘴唇微微的噘起，頭髮梳攏得高高的彷彿蝴蝶翅膀。永井繁站在捨松右邊，她暗色的和服相較之下顯得略為樸素，兩個女孩都眼神空洞的望著這具對她們來說非常陌生的攝影機器。津田梅站在捨松的另外一邊，她似乎被鏡頭外的某個東西所吸引，而複雜的髮型則讓她的五官顯得更不清楚。吉益亮握著津田梅的手，或許是想要穩住她吧。雖然那時候日本的攝影師已經漸漸掌握了濕版攝影的技巧（即讓曝光時間從原本的幾分鐘縮短到幾秒），不過要一個六歲小女孩完全靜止不動仍然是件困難的事。

精心打扮且面無表情，這些女孩看起來就像娃娃一樣。這張照片遺漏了很多也訴說了很多：從這張照片看不出才剛結束不久的戰亂不安，也看不到女孩面對未來所懷抱的不安和極深的恐懼。這五位屬於戰敗方的女孩，被包裝成新日本即將擁抱的勝利形象，而她們自身的感覺到底如何，則是一點也不重要。

當天晚上，女孩們被邀請至薩摩藩士大久保利通的家裡共進晚餐。四十一歲的大久保利通此時已晉升為大藏卿，是當時使節團中身分最高的成員。大久保的五官輪廓分明，眼神表情極為豐富，他旁分的捲髮頗為新潮，已經毫無過去武士髮髻的痕跡，整個人是極為時髦新潮的形象。好幾年之後，女孩們偶爾仍然會記起那天晚上在鋪有長榻榻米的房間裡，滿屋的男人喝著酒，藝伎們則彈奏著音樂、跳著舞，以及忙著將空杯子斟滿酒。在當時未婚女孩是很少出現在這種政客的晚餐場合的。

不僅如此，女孩也鮮少會是當時報章雜誌的主角。雖然當時日本的新聞媒體產業才剛起步，不過木戶孝允（岩倉使節團的另一位領袖，也是〈御誓文〉的作者之一）卻已將之視為能幫助日本現代化的重要關鍵。當時他所創辦的報紙《新聞雜誌》才剛發行沒幾個月，該報的目的是要教育人民了解新政府的目標，並「幫助他們邁向現代化」。這份報紙也報導了五位女孩的故事。「五個年輕女孩即將前往美國留學」這就是當時所下的標題。這時距美國海軍准將培里第一次來到江戶港的日子，還未滿二十年的時間。

第四章　使節團遠征

在使節團出發前的一場正式晚餐會上，天皇對他的群臣以及岩倉使節團領袖們發表了非常坦白的談話。「如果我們希望那些先進國家的各項實用技藝、科學與社會狀況，能有助於日本發展的話，」天皇說，「那麼我們就必須在國內努力學習，或是得派遣一群能夠為我們學習新知的務實觀察者，前往外國考察。這做法對我們來說是最佳的考量。」[1] 當明治天皇發表這些意見時，事實上等於是承認自己的國家尚未足夠開化。

「若能前往外國，並真實地融入當地生活，將能使你們學習到更多實用的知識。」天皇繼續說道。經過兩百五十多年的鎖國政策後，現在突然要到其他國家生活，這決定顯得極為突兀。就像品嘗烈酒一樣，誘人但危險，只能謹慎為之。「我們國家的重大缺陷需要立刻搶救與彌補。」天皇宣告眾人。什麼！這塊神賜之地竟然有缺陷？但是天皇要說的還不只如此。「我們缺乏教導女性高等文化的教育機構。我國女性不該對這些有助於日常生活圓融的知識一無所知。母親們的教育程度是何等重要啊，因為下一代的早期啟蒙教育幾乎都仰賴她們。而這些早期的啟蒙教育對於他們未來的智識培養又是極為重要的！」突然之間，讓女性們能夠擁有快樂的生活成為了全民的目標；日本若想要邁向更進化的國家，就不能缺少有智慧的女性。

「我在此宣布，今後妻子或姊妹將可隨同親戚一起前往外國旅居，如此她們才能體會外國那種更好的女性教育方式。而等她們歸國之後，將有助於我國孩童的教育及訓練。」天皇繼續說道。雖然這些貴族高官們聚集於此，貌似冷靜的聽著這些話語（其實這篇講稿也是他們當中某些人草擬給天皇的），然而他們其實還沒準備好要去實行。岩倉使節團中沒有人真的攜帶妻子前往外國。如果日本女人學習外國知識真的如此重要的話，那麼就讓其他男人的年輕女兒們先去打前鋒吧。

出發這天，岩倉使節團成員的親朋好友們都擁擠在橫濱港的碼頭邊，他們的臉色因為前晚的歡送派對而顯得有些疲憊。此時，女孩們也走上這艘停在碼頭旁上下擺動的汽艇，而因為她們的和服袖子幾乎長達腳邊（這是未婚女性的衣服樣式），因此必須小心翼翼注意以免踩到。雖然地上覆蓋著一層厚厚的霜，但是那天十二月底的陽光卻很強烈。當那些圍觀的人群擁擠在周圍，想要看看那些當時最有名的政治人物一眼時，卻發現了有幾個格格不入的小女孩混在其中。這些小女孩們態度僵硬的和年長的迪隆女士一起坐在白色遮陽棚下，時而望向人群想要在當中尋找熟悉的臉孔。而使節團成員們則在此時陸續登上了其他的小船。

「這些孩子的父母可真狠心啊，」津田梅的阿姨聽到圍觀者中有人這樣說。「竟然願意把他們送到像美國那樣的野蠻國家！」[2]但沒有人反駁他的說法。那些在場人士中，有些人可能已經想起，這些女孩並非第一批前往美國的女性。在會津戰敗之後，一位名為約翰・亨利・史奈爾（John Henry Schnell）的普魯士的軍火販子（同時也是會津藩大名的軍事顧問），曾帶領一小群會津武士及平民（包括約翰自己的日本妻子），攜帶著茶葉種子與蠶蟲一起前往加利福尼亞州。一八六九年，他們在加州的沙加緬度（Sacramento）東邊的普萊塞維爾（Placerville），建立起若松茶和蠶絲的培養地，然而因為氣候的不適，這些事業很快就失敗了。這些移民者不是死亡就是變得極為窮困。[3]「太令人驚訝了！」津田梅日後寫道，「整個日本竟然能找到五對父母，願意讓他們女兒踏上這趟危險又不安的旅程。」[4]

雖然這些女孩即將前往異地居住十年，但卻沒人想到要為她們預備些實用性的東西。使節團裡的男人都已設法弄到了西式服裝，或許不是最新穎的剪裁，但都還算實穿。其中也有許多成員能講些英文，但是這些女孩兩者都沒有。小梅是她們當中唯一在皮箱裡放了些實用物品的人。她有一本附羅馬拼音的英文初級課本，一本叫做《口袋版英日對照生活用語》（*A Pocket Edition of Japanese Equivalents for the Most Common English Words*）的小書，還有一條搭配和服有點怪異的亮紅色的羊毛披巾。

這些是我爸爸給我的禮物，她這樣告訴其他女孩。從她有記憶開始，父親津田仙就會不停講述許多有關美國的故事。他還會講英文，津田梅驕傲的說。他曾經是將軍的翻譯官，也去過舊金山，就是她們現在即將前往的地方。津田仙從美國回來的時候，帶回了許多參考書籍和手冊，但是頭上的武士髮髻卻不見了。因著對文明知識的熱情，他剪掉了武士的髮髻，並在旅途中就將之寄回日本。小梅永遠忘不了她母親收到這綹髮髻時，臉上驚訝的表情。

因為曾經去過海外，津田仙改變了他對女孩子的看法。回來之後，他堅持讓小梅開始學習讀寫，當時她還未滿四歲。很快的，津田梅開始在早上和傍晚時間念書學習。因為天資聰穎，她很快就學會了假名，並且開始學習日文中的漢字。

津田梅的家庭和捨松一樣，他們發現自己在之前的戰役中，選擇了錯誤的那方，並且因此喪失了原本在幕府中的地位。而她父親一直努力想要挽回自己的地位。在此情況下，他也歡迎任何能夠減少撫養人口的機會。而因為津田梅的兩個弟弟必須繼承家業，因此只好讓女兒犧牲了。他發現把女兒送到美國可能有兩個好處：不但可以使他減少負擔一個女兒的花費，而且將來若有一個受過美國教育的女兒學成歸國的話，或許能提高他的聲望。若他的女兒能講流利英語，且熟知西式文化的話，一定可以讓他在新政府的地位提高不少。

原本津田仙是計畫讓他的大女兒津田琴前往美國，但是她因為膽怯所以不肯答應。最後，決定由年幼兩歲的小梅代替姊姊出國。小梅出生於一八六四年最後一天，當她父親知道第二個孩子又是女兒時，當場就衝出了家門。一直到小梅出生後第七天，他都還沒回來，然而根據傳統，此時必須為孩子命名。而因為那時在她母親床邊放著一個梅樹盆栽，因此就決定取名為梅。這個名字象徵梅花的美麗與堅忍，在嚴冬雪未融之前就能開花。現在，考驗的時刻來臨了。當時小梅還有一個月才滿七歲，而且她比琴更不了解這個決定的重大性。一個叫做美國的陌生遙遠國度？聽起來就像童話故事一樣，讓她感到很好奇。雖然她那時候的英語能力仍停留在只會說「yes」「no」和「thank you」而已。

此時，岩倉穿著他的朝服，像一個君王般站在蒸氣船的甲板上，而蒸氣船後面則有水手們搖著槳，操控著好幾艘汽艇跟在後面。小梅身穿豔紅色的絲綢和服，上面繡有飛翔的鶴鳥、菊花和象徵她名字的梅花。這身打扮使得船離開碼頭後，都還能從遠處看到小梅的身影。在離碼頭更遠之處，則停泊著太平洋郵輪美國號，這是世界上最大的明輪汽船之一：從船頭到船尾約有三六三英尺，甲板面積超過一英畝。在這天船上飄揚日本的太陽旗，與美國的星條旗。當後面載著許多使節團成員的汽艇靠近這艘大船時，那些汽艇看起來就更小了。在發射了十九響的禮砲後，又一齊發射了十五發砲火，藉此向即將出發的使節團成員致敬。砲火的煙霧繚繞在水面上，而聲音則迴盪在整個碼頭。

終於，超過一百位成員的使節團和他們堆積如山的行李都順利上了這艘船。中午時分，最後一聲砲聲響起，隨著船錨離開水面，巨大的明輪也開始轉動。美國號準備出發了。「當時停泊在橫濱碼頭的其他外國軍艦上的水手們，也都把索具綁好，並在美國號經過時脫帽致敬。」隨行的書記官久米邦武這樣寫道。「當時還有好幾艘小船跟在我們後面隨行了好幾英里，向我們致意。」[5]

使節團的成員們懷著極高的志向，希望能藉此機會為日本與世界的關係寫下新的一頁。相較於這次任務的重要性，這五個隨行的女孩顯得不太重要。當久米記錄這個啟程時刻時，他甚至誤把她們的數目寫成四個。[6]

從甲板上望過去，被白雪覆蓋的富士山正矗立在海面上，這景色非常的遼闊與令人驚嘆。「船啟程的那天，是非常美麗的一天。」[7]約兩年後，津田梅在她某篇英文作文中提到，這時她剛開始練習英文寫作不久。「當我看到陸地慢慢消失在眼前時，心跳得好快！我只能試著讓自己不要去想。」太陽已經落到群山後面，但是他們仍一直留在甲板上望著遠方，直到海面被月光照射而閃爍著光芒，夜色看起來是如此平靜又美麗。然而當夜深風起後，船身開始搖晃，觀賞風景的興致也隨之消失了。

三個星期的海上航程是艱辛的。寒冬中的太平洋時常有暴風雨，而這五個女孩被安排擠在一間單人房，吉益亮和津田梅共睡一個鋪位（「因為她當時真的個頭很嬌小」），永井繁則用行李架充當自己的床鋪。她的姊姊給了她一隻舊的草鞋，並叫她放在枕頭底下，據說這樣可以避免暈船。但是無論有沒有草鞋，這五個女孩很快就因為暈船而無法下床。

永井繁的年紀正好介於捨松和津田梅之間，那時她的人生經歷也正好介於她們兩者之間。和津田梅一樣，永井繁的幼年時期大部分都是在東京度過的，她身邊的大人們一邊接受西方智識的啟蒙，一邊卻又忠誠於幕府。她的父親益田鷹之助曾任箱館（即現在的函館）奉行，這是當時北方的通商港口之一，也是捨松曾住過的地方。年長永井繁許多歲的哥哥益田孝，早在十一歲時就開始學習英文。她們家在一八六一年搬回江戶，而在那年永井繁也出生了。她還隱約記得兩年後她父親和已經是青少年的哥哥，曾以遣歐使節團的身分前往歐洲。他們的蹤跡遍及上海、印度，甚至到紅海以及地中海地區。永井繁曾看過一張照片：豔陽下他們站在一塊巨大石頭前面，而那石頭竟是著名的人面獅身像。

和捨松一樣，戊辰戰爭也永遠改變了永井繁的生活，並讓她與家人分離。一八六八年七月，在北方聯軍正努力抵擋新政府軍的同時，砲火也攻進了平靜且樹木茂密的小石川町（現東京文京區），這個位於江戶城稍北的城市正是永井繁一家居住之地。當時雖然新政府軍早已攻下江戶城，並擁護年輕的明治天皇成為掌握實權者，但仍有少部分的幕府軍分子殘留。後來約有一千多人的幕府派分子聚集到上野的某座寺廟，該地距離小石川只有不到一英里的距離。在益田孝舉辦婚禮的當天早上，新政府軍穿著藍色的西式軍服，頭戴象徵南方武士的蓬鬆「赤熊」假髮，攻進了此地。

一整天永井繁和她家人都聽到轟隆的砲火聲不絕於耳。燃燒的房子冒出黑煙遮蔽了天空。新郎和家中其他男人脫下了參加婚禮所穿的華麗衣服，拿起手邊的武器一起衝了出去。「新娘被留在家裡，和母親與其他小孩一起。」永井繁回憶道。「但是屋子裡也是亂成一團，因為親友全都為了躲避砲彈而衝進家裡。」[8]到了傍晚，位於上野的戰爭總算結束了，幕府軍僅剩的殘軍已被擊潰。永井繁被帶去看了戰敗者們被掛在竹竿上的頭顱。「真的非常恐怖。」

整個城市都處於混亂之中，特別是對於仍支持戰敗方的人來說，是非常危險的。因為永井繁的父親和哥哥過去都是侍奉將軍的那一方，因此現在他們家的處境也就特別危險。勝利的新政府軍士兵會在街上溜達，並且隨意欺負曾忠於德川幕府的人作為娛樂。益田孝已經在小時候有兩個妹妹因病去世，他下定決心不能再失去這個妹妹。為了保護永井繁的安全，他認為最好的辦法是將她送走。

益田孝有個醫生朋友叫做永井久太郎，是在幕府軍隊裡時認識的。永井久太郎一家正決定要和被流放的幕府軍一起搬離東京。永井願意收養他妹妹，帶她遠離紛擾不已的首都。轉眼間，永井繁冠上了新的姓氏，有了新的家人，而且即將前往新家。她隨即坐上了轎子，一路上風塵僕僕的搖晃了五天，到達位於東京西南方的三島，這將是她未來三年的新家。

因著某位在新政府位居高職的朋友的幫助，益田孝很快的也在大藏省（財務部）謀得一份職位。當上面發出招募女學生的布告時，益田孝立刻被吸引了。在還沒告知他妹妹與領養家庭之前，他自己就先替永井繁向北海道殖民委員會提出申請。因此，當某天有個騎著馬的人出現在永井家門口，並傳達這份來自東京的訊息，說要永井繁立刻啟程前往美國時，他們一家人都震驚不已。

當時才十歲的永井繁也非常震驚。因為已經在鎮上的寺廟學校學習了三年，所以她能夠讀寫日文，但是卻從沒說過一個英文字。她有可能完成這份來自政府指派的任務嗎？益田孝會提出申請，其實只是憑直覺行事。然而繁當時所處的狀況也並不是非常愜意：她的養母教導小孩的方式比較嚴格，而且對待永井繁並不親切。因此雖然面對美國的挑戰，她感到恐懼，然而未知的將來也有可能會比現在的景況更好。因此永井繁毫不留戀的告別了永井家。

兩天兩夜過去了，擁擠在這小房間中她們仍然一直覺得頭暈和想吐。當初來送行的人們好意送給她們許多甜點零食，現在這些盒子幾乎快堆積到天花板上了，使得房內空間更顯狹小。而中國人服務生送來的那些沒見過的餐點，也讓她們無法動手進食。她們的年長女伴迪隆女士不會講日語，雖然同行的使節團男性們可以幫忙翻譯，但對年輕女孩所需的東西卻一竅不通。即使有人教了船上的女服務員如何用日文說「您想要什麼？」[9]但是這些女孩不知道如何用英文回答。當她們真的飢餓不堪時，只好拿那些甜食充飢，這樣一來卻又使狀況變得更糟。

到了第三天，她們的房前出現了一位來自隔壁房的訪客。福地源一郎是個行事俐落直率的男人，當時是大藏省的官員，之後也成為日本記者的先鋒。在這之前，他已參與過兩次海外任務，因此對這些海上旅程會遇到的狀況非常了解。當他進入女孩的房間並掃視一番後，就立刻把五個臉色蒼白的女孩和吃剩半盒的糕點帶出房間。他打開舷窗，把剩下的糕餅丟到海上。「無論我們怎麼哀求，他都不為所動。」[10]永井繁回憶道。

一個星期後，女孩中終於有人能走出房間了。狀況首先恢復的是津田梅，她走上了鐵製的階梯爬到甲板上去，當她看到那些高大的美國水手和穿著帥氣制服的軍官時，感到驚訝不已。在全部的女孩都恢復狀況後，她們終於可以好好享受和觀察船上的一切：包括豪華的交誼廳和餐廳，還有發出隆隆巨響的引擎以及不停轉動的明輪。當聽到這些聲音時，她們才發現自己是真的航行於一望無際的大海上。「乘客不得接近位於明輪上方的包廂，也不得在甲板欄杆附近徘徊。」船上貼著這樣的公告。「也不得和執勤的軍官說話。」[11]每天船長都會公布他們所在的經度，而大使們就會把資料記錄下來。有戴手錶的人，則會小心翼翼地將之調整到正確時間。[12]

雨不停地下著，整個航程幾乎有一半的時間都在下雨。一旦熟悉了船上的一切後，就變得沒什麼新鮮事可看了。「我們在海上幾乎沒看到什麼島嶼的蹤影。」使節團的記錄官久米這樣寫道。「雖然正值滿月時節，但無法看到故鄉滿月的寂寞只更讓人增添了鄉愁。」[13]這天，使節團中資深的成員伊藤博文也過來查看女孩們的情況，他和那天把糕點丟到海裡的福地是頗為親近的好友。此時，這些女孩仍然為著失去甜點而悶悶不樂。伊藤博文雖然身材不算高大，但卻有極崇高的理想，出身低微但卻胸懷大志。此外他也是位頗受女性歡迎的人物，有著英俊體面的外表，喜歡享受生活樂趣，他孩子氣的笑容有時帶點得意的神氣。早在二十一歲的時候，他就偷偷潛逃出日本前往倫敦留學；此時他已經三十歲了，在政府內擔任工部卿一職。「他告訴我們可以到他房間去，如果行為舉止表現得體的話，他會給我們一些獎賞。」[14]永井繁後來回憶道。伊藤給了每個女孩一個珍貴的味噌醃漬醬菜，這家鄉的味道讓女孩們的胃和心靈都得到舒緩。此後，伊藤博文也將繼續在女孩們的生活中給予不少幫助。

因為船上的生活是如此單調，漸漸也讓使節們的心情煩悶起來。岩倉使節團的男人們都是懷抱野心、有毅力、自豪但卻也是不安的。南方的武士們享受著己方的勝利，但另一方面仍然只最忠誠於自己的藩國。而那些原本侍奉幕府派的人，則仍然有很深的怨氣。因為不久之前還是敵人，所以他們雙方還沒辦法真心成為盟友。然而他們現在卻突然面臨艱鉅的任務，就是要一起將國家的新政府領袖介紹給外國認識。

在船上時，那些曾有出國經驗者會幫助沒離開過日本的人。一位司法部的官員，就曾教導大家西式的餐桌禮儀：叉子要拿在左邊，刀子則拿在右邊，並且要將肉切成小塊，而非將整個肉排直接拿起來咬。[15]吃飯時也不要發出聲音。但是那些較年輕且自負的使節團員，則對這些娘娘腔的教導不以為然，只見他們更是粗魯而毫無顧忌的大口吃了起來，還發出很大的聲響。

此外，在這沉悶無聊又有點壓抑的狀況下，幾個年輕女孩的存在也成了可能引發事端的導火線。五個女孩中較大的兩位是吉益亮和上田悌，她們兩人都是十四歲，在當時已是接近可結婚的年齡。在這趟任務結束返鄉前，她們將會是出現在這些使節團員面前的唯一日本女性。而且並非每個男人都能像伊藤或是福地那樣，保持風度並給予恰如其分的關心。某天，當吉益亮單獨留在女孩房間時，一個叫做長野的外交部秘書突然闖進來，滿身酒味。當其他女孩回到房間時，發現亮正在奮力的抵擋長野的騷擾。在盛怒之下，捨松將這件事告訴了團中地位最高的大久保利通。

雖然使節團中有兩位秘書都姓長野，然而大家很輕易就能猜想到，這個好色的男人應該是長野桂次郎，因為他過去也曾有過豐富的相關歷史。[16]在一八六〇年，長野才十六歲就加入了日本首次前往美國的使節團，當時他的身分是翻譯官學徒。相較於其他僵硬又總是面無表情的團員，年輕氣盛的長野桂次郎很快就吸引了美國媒體的注意，甚至暱稱他為「湯米」（Tommy）。不但媒體會追逐他，他所到之處也都有女性為他著迷。每天新聞追蹤報導他的版面，甚至比報導他所侍奉的大使們還要多。他還會用粉紅色的信紙寫情書給美國女孩，[17]當時有人為他做了一首波爾卡舞曲，曲中的副歌歌詞描述了粉絲對他的狂熱，她們總是立刻對他著迷不已：[18]

小姐太太們蜂擁而至
圍繞著這位迷人的小男子

他叫做湯米，機智的湯米
黃皮膚的湯米，遠從日本而來

現在長野已經二十八歲了，或許風采已不如以往迷人，但仍保有一些魅力，他可能也還認為自己仍是一位萬人迷。但是和不知名的外國小姐調情，畢竟還是和騷擾武士的女兒有所不同。因為過去沒發生過這樣的事情，而且船上的美國船員也都關注起此事，所以使節團的領袖決定要舉辦一次審訊。這不就是那些文明的西方人會做的事嗎？正好可藉此機會練習一下如何使用外國的法規，並讓犯錯的人為此事負責。而且（老實說），這將可為大家提供一點娛樂。畢竟這趟航程實在很長，而使節團員們都已經開始感到無聊了。

自視甚高的伊藤博文，因為曾在旅居倫敦時觀察過法庭的審判，因此他將擔任法官。其他使節團員將扮演起訴人和辯護律師的角色。然而在使節團中負責司法事務的佐佐木高行，卻對此事感到極為驚恐。他認為，如果為了一件虛構的事來舉辦模擬審判是一回事，但現在發生的卻是真實的攻擊行為。無論這是一件重大的犯罪，或只是輕微的過犯，將這件事像上演一齣戲般帶到「法庭」上，將會對這個女孩、騷擾者甚至是使節團本身帶來怎樣的羞辱呢？而在船還沒到達美國前就發生這樣的事，外國人又會怎麼看待我們呢？

事情就如預期的一樣，這個審判真的成為一齣鬧劇，而且沒有達成任何判決結果。「一點小錯誤或許並不會對那些西方大國造成什麼影響，」惱怒的佐佐木在他的日記中寫道，「但是我們國家才剛開始發展和進步，目前仍像是尚未開始學習的幼兒，沒什麼成就可言。目前最好的辦法就是盡量小心，不要犯任何錯。」[19]另一方面，長野則顯得對此事漠不關心。「一切都是為了排遣大家的無聊心情，」他在日記中寫道，「為了一點小事就上演一場丟人現眼的審判戲碼。」[20]然而，沒有任何一位使節團員提到關於吉益亮所受到的羞辱，或是其他女孩所感受到的不安。

美國號持續平穩的航向舊金山，沿途中什麼都沒有，只能見到偶爾有信天翁像風箏般翱翔於空中。美國水手們暱稱這些鳥為「Goonies」（原意是傻子）。當航行至距港口只剩兩天距離時，海鷗出現了。牠們喜歡低空俯衝飛行，有時候甚至都快碰到船上乘客的頭頂了。「顯然的，當航行在海面上時，」久米這樣寫道，「若看到goonies，你就知道離陸地還很遠；若看到海鷗就知道快到達陸地了。」[21]這趟冒險的第一段旅程，已經快要結束了。

被家人送到船上，又不受到同行的男人們重視，而且也無法與年長的美國女伴溝通，這五位女孩在她們狹小房間內所能做的事，只有不停的想像未來。

PART 2

對於陌生的眼光來說，每個國家的習俗都是奇特的。

——杉本鉞子，《武士的女兒》（*A Daughter of the Samurai*, 1926）

小梅、捨松與繁於1876年在費城。
（圖片來源：津田塾大學檔案室）

第五章　有趣的陌生人[1]

太陽已經升起了好幾個小時了，但是當美國號沉穩而緩慢的駛進金門大橋時，薄霧仍縈繞著舊金山港。這天是一八七二年一月十五日。當他們行經阿爾卡特拉斯島（Fort Alcatraz）時，禮炮響了起來——共有十三發，象徵著當時美國的十三個州。在頭等艙裡，幾位日本使節正在數著禮炮的數目。對於禮炮僅止於十三響，他們感到有些失望。「美國是個民主國家，因此在這些禮儀上也傾向使用簡單的方式。」[2]書記官久米邦武用帶著哲學的口吻記述道。

每一支桅杆上都掛著國旗，星條旗和太陽旗一齊飄揚在船上的煙囪間。在船靠岸之後，一群人開始聚集到上層甲板，以兩個男人為首。其中一個人蓄著黑色鬍子、穿著大衣，頭上戴著波斯羔羊皮製的阿斯特拉罕帽，他正熱切地望著自己的家鄉港口。他就是美國大使查爾斯·迪隆，當時已經在日本待了兩年。身為土生土長的紐約客，他在十七歲時前往加利福尼亞州追逐淘金夢。後來又接受了一些法律上的訓練，並轉往政治界發展。事實證明，比起理想主義者，他更是名機會主義者。在一八六九年，他接受了駐日本大使的職位，並開始了多采多姿的外交生涯。而他天生的魅力，也使他在這個領域如魚得水。

然而，真正吸引碼頭上眾人眼光的是另一個男人。他直挺的站在甲板上，身穿深藍色的刺繡絲綢綁帶長袍，身形瘦削、表情嚴肅，腰上還掛著兩支長短不一的劍。他兩側的頭髮已經剃掉了，但是頭頂仍保有髮髻，上面覆蓋著塗漆的方形頭飾（看起來與其說是帽子，更像是個盒子），帶子緊繫在下巴處。黑色的濃眉、直挺的鷹勾鼻以及微微往下的嘴角，沉重眼皮下的雙眼正掃視著下面的人群。這個予人深刻印象的男人正是岩倉具視，是當時日本的右大臣，也是此次使節團的特命全權大使。他曾任明治天皇父親的朝臣，且是幫助明治天皇恢復地位的重要人物。因此，他可說是位見證了日本的過去與未來的人。

不過，站在他身後的其他日本人，不但比較起來氣勢顯弱，還「穿著有史以來剪裁最奇怪的英國成衣」，某位記者這樣寫道。[3]當船隻穩妥的停靠在碼頭之後，一群衣著合身的當地貴族上到甲板去歡迎這群外國貴客，但當他們笑容親切的伸出手時，換來的卻是對方僵硬的鞠躬禮。

這是美國號駛離橫濱港後的第二十一天，岩倉使節團的人們已經預備好要踏上異國的土地。當這群使節謹慎地步上連接岸邊的踏板時，一抹鮮豔的色彩出現在他們背後，此時觀望的人群立刻出現了一陣興奮的騷動。在身形豐滿的迪隆夫人背後，出現了五個小心翼翼踩著腳步的女孩。她們穿著亮色的絲綢衣服，從領口到下襬繡著許多圖案，還繫著色彩對比鮮明的寬腰帶。兩位較年長的女孩帶著點矜持的神態，沒戴帽子的頭髮挽起成髻，上面插著玳瑁梳子。其他三位女孩顯然更為年幼，她們梳得光潔的頭髮上裝飾了鮮豔的花樣頭飾，表情頗為鎮定。原來她們就是日本天皇派遣而來的公主們啊！

她們或許不是真的公主，但卻是第一次為了國家任務而來到海外的日本女性。較年長的兩位，後來在一年內就返回日本了。而較年幼的三位則在十年後才再度回到祖國懷抱。此時，捨松是十一歲，永井繁是十歲。而那個正用驚奇的眼神看著周遭房子、馬車，以及人群中穿著華麗的婦人的，是剛在此趟航行中滿七歲的津田梅。

站在碼頭上的人群開始分散開來，好讓這群使節們能夠走向那排正在等待的馬車。走在觀望的人群中，這些女孩只能低著頭，一邊不安的在意著自己的衣著和髮型，一邊意識著盯著她們看的眼光。陪伴在她們身旁的迪隆夫人則趾高氣昂的走著，像一隻驕傲的母雞，展示著她毛色亮麗的小雞們。

馬車從內河碼頭駛到格蘭飯店（the Grand Hotel）只須要經過幾個街區，因此他們幾乎沒什麼時間好好欣賞新奇的街景。街上滿是喧囂聲，而車輪則揚起許多油膩的灰塵飄盪在各建築物間。「這些房子排列得如此緊密，就像梳子的齒列一樣。」久米這樣寫道。[4]飯店是一座擁有山形牆、圓屋頂和凸窗的白色四層樓建築物，位於市場街（Market Street）和新蒙哥馬利街（New

Montgomery Street）的街口。

格蘭飯店才剛蓋好幾年，新穎的設備讓使節們嘖嘖稱奇。大廳的地板是大理石的，上面打著光澤的蠟，金碧輝煌的水晶吊燈閃閃發光。每一間套房都有自己的浴室，而水龍頭一打開就能喝水，鏡子則是清澈又明亮。書記官久米用帶著詩意和愉悅的口吻，興奮的記錄著每件事情。「晚上只要扭開螺絲，點燃瓦斯之後，就有光從白色的玉中散發出來。」他這樣描述著他房間中的燈。「窗戶上掛著蕾絲窗簾，讓人產生從霧裡看花的錯覺。」[5]而當你按下牆上的某個按鈕，就能召喚某位遠在好幾尺外的飯店服務生來到你面前。但最令人驚訝的是，後來服務生請久米進入了一個小隔間，當時已經有好幾位客人待在裡面了，而且他們站得筆直似乎在期待些什麼。突然間，鐵格子門鏗鏘一聲的關上了。「當它突然開始移動時，我真的嚇到了，然後它載著我們往上移動。」[6]他這樣記述著自己第一次搭電梯的經驗。

第二天一早，就已安排了歡迎活動：一群日本留學生已聚集在舊金山等待他們，還有市長也來了。另外還有幾位記者，而岩倉和使節團成員都與他們一一握手。《舊金山紀事報》（*San Francisco Chronicle*）的某位記者，似乎為了這天早已細心準備許久：「Annata, annata ohio doko morrow morrow!」[7]對於自己能夠用貴客的母語向對方致意，他感到相當自豪[8]。岩倉一邊向對方鞠躬致意，一邊聽翻譯的講解，並感謝對方的好意及他流利的日語。那位記者心滿意足的離開了，雖然他講的其實是詞不達意的胡言亂語。*

中午是會見陸軍與海軍的時間（雖然等到大家聚集在宴會廳時已接近下午一點）。該大廳的地板上覆蓋著帆布，牆上則掛著雙方國旗。岩倉和迪隆坐在柔軟的沙發上，這對美國人而言是最舒服的坐姿。然而對這些日本客人而言，坐在椅子上卻非常不習慣，且讓他們的懸宕的腿感到發麻。

到了下午兩點鐘，軍人們陸續離開了，接下來是會見領事館人員的時間。此時，宴會廳的大門旁早已擠滿了穿著華麗的圍觀者，而當使節團們在等待領事官的到來時，突然有一群咯咯笑的女孩們，手牽著手的跑進來。她們來到岩倉的面前自我介紹，岩倉則報以微笑並與她們握手致意。這些圍觀的眾人都覺得她們很有魅力，但使節團成員們則在心裡暗自驚訝。這些女孩——甚至還沒有成年——為什麼會出現在這種正式的外交場合呢？

後來，各國代表也呈遞了他們的國書，這些國家包括英國、丹麥、瑞典、挪威、阿根廷、奧地利、比利時、玻利維亞、哥倫比亞、智利、法國、德國、希臘、瓜地馬拉、義大利、墨西哥、荷蘭、秘魯、瑞士、西西里島和葡萄牙。「本市舊金山位於美洲的交通樞紐之處，在此衷心歡迎各位的到來。」商會的主席這樣說道。對他們而言，好的關係就等於無限商機。舊金山的商人們

＊註：這位記者雖有熱心但是專業不足。若要正確翻譯的話，annata是常體的「你」，ohio（ohayo）是「早安」，doko是「哪裡」，而morrow則無法辨認其意。

已經準備好帶著昭昭天命（Manifest Destiny）的信念橫越太平洋，並將美國產品與美國理念廣傳各地。岩倉的回覆雖然有禮，但也明確堅定。日本也很願意與外國通商，但是他此行還有一項重要任務：就是希望能與美國及其他曾簽訂條約的國家進行協商，修正過去不平等的條約。

與達官顯貴的會面持續了超過五個小時。而因為這些使節團成員並不習慣任何比鞠躬更親密的行為（甚至與自己的母親也是如此），所以這一波波的繁文縟節和拍掌聲只讓他們覺得疲憊不已。結束後，他們終於可以回到自己的房間（雖然飯店入口處也聚集了許多飯店客人，等著瞧他們一眼）。然而這些富麗堂皇的房間卻無法讓他們真正放鬆，因此一直等到把桌子和椅子推開，並筋疲力竭地躺在鋪著地毯的地上為止，他們才能真正放鬆休息。

但他們的休息時間很短暫。因為《舊金山紀事報》已經宣布，日本使節團將會出席晚上的一場音樂會。到了預定的十點時，支持者和觀望者已將飯店周圍的街道擠得水洩不通。第二砲兵樂隊也準時登場了。五位女孩也和使節團成員一起出席，這是她們第一次正式出現在公眾場合，因此當她們入座時，群眾莫不引頸觀望著。「她們身穿優雅的服裝，而且因為深知自己吸引了眾人的目光，所以像教養良好的淑女般保持著矜持的態度。」一位記者讚賞的寫道。然而，先不論教養是否良好，這些女孩其實是深感不安。與使節團的男人們不同，在無外力的幫助之下，她們無法取得西式服裝來稍加掩飾。而迪隆夫人截至目前為止仍拒絕協助，因為眾人的注意力正是她現在最想享受的。

很快地，〈哥倫比亞萬歲〉（這是為一七八九年喬治．華盛頓的第一次就職典禮而作的曲子，後來也在十九世紀時期成為美國的國歌）那莊嚴的曲調在大廳內演奏了起來，響亮的樂曲聲透過窗戶傳到了大街上。以前曾到過美國的日本人都說，西方那野蠻人般的音樂一點都不悅耳，甚至會引發頭痛。現在這些日本使節們竟然必須坐在軍樂隊的旁邊欣賞奏樂，想必更是如坐針氈吧。

到了音樂會的尾聲，當岩倉和迪隆一起出現在露臺時，群眾的歡呼和掌聲變得更加熱烈了。面對這麼轟動熱烈的歡呼聲，使節們感到有點驚訝（雖然也心懷感激）。「西方人亟欲推展他們的貿易，因此喜歡給予外國訪客極為熱烈的歡迎。」久米這樣寫道。「這種聚會雖然是美國文化很重要的一部分，但在日本卻很少見。」[9]接著，岩倉從腰間拿出一幅卷軸，打開來有好幾碼長，但是岩倉真正念的部分（用日文）卻很簡短。之後，這兩位男士就退場了。但是興奮的群眾們還不願離去，他們鼓譟著要極受歡迎的迪隆再多說幾句話。他略有顧慮地說道：若他公開發表談話將違反外交禮節，而在此場合下也不該違反規定。此外，在這重要的一刻他的情緒很激動，因此無法適當地表達自己的心情……好吧，如果大家堅持的話。

美國大使迪隆在他的演說中表示，大眾應該用新的角度來看待這些日本貴客，而不該把他們與其他「東方人」一視同仁。「我們不該把日本人與中國人相提並論，」他這樣告訴舊金山的人們。「因為加州不需要擔心會有一群勞工從日本帝國蜂擁而至。」[10]沒落的中國因為別無選擇，所以只能讓他們貧窮的人民湧入其他國家，但是高貴的日本則不一樣，他們很快就會需要從其他國家尋找勞動力，以便應付各種新興的事業。「當中國人被迫套上奴隸的鎖鏈時，日本人卻從不曾被其他人奴役，他們的智慧就像武器一樣銳利。」迪隆這樣說道。

事實上，他這個論點並不是第一次被提出來。[11]早在十幾年前，當第一批日本使節到訪美國時，一本觀點新穎且強調「美國觀念」的雜誌就曾表明對東方國家的態度。在《大西洋月刊》（*the Atlantic Monthly*）的一篇長文當中，指出日本將會使其他亞洲鄰國都黯然失色。全世界的焦點，今後不會繼續放在中國身上。「若撇開過去一切對天朝華國的印象不談，有誰能真心欣賞一個如此麻痺、腐敗、搖搖欲墜，且在糟糕政府的帶領下已衰殘的國家呢？事實上，中國的大半都已腐朽衰敗了。而另一方面，充滿活力、繁榮與智慧的日本，她擁有日漸強大的力量，而且她認真學習的精神，將使其未來一片光明。」[12]中國當時在第二次鴉片戰爭中也即將面臨失敗，此外不但毒癮纏身，還遭受通商列強的羞辱，因此是不可能與美國人印象中品德高尚且強健有力的日本相比的。堅毅不拔且目標明確的日本，正想要努力迎頭趕上美國，且在各方面都與美國志趣相投。

在接下來的十年中，隨著淘金熱潮退去，這種看法也變得越來越強烈。特別是在舊金山的白人，他們對於中國人的輕蔑仍然沒有改變。因為中國人「成群結隊」跑來搶走白人的飯碗，還把賺來的錢都寄回家裡，也不願意試圖融入美國當地的文化習慣或是服裝。賺了錢之後，他們就再次回到那個對美國電報線路或鐵路完全沒興趣的國家。但另一方面，一直在進步與學習的日本則不同，自從美國海軍准將培里將他們從幾百年的沉睡中喚醒之後，他們就很願意打開心接受太平洋對岸的一切事物。

當中國來的移民仍堅持留著長辮子掛在背後時，大部分來到美國的日本人很快就把武士髮髻剃掉了，而且在到達美國幾天之內，就開始戴上黑色的絲綢帽子以便掩飾那不太合身的西裝。城內那些時髦帽子商人，很快就相中了這個明顯的商機。不久，使節團成員們也紛紛戴上了最高級、最新穎的帽子彼此爭奇鬥豔。岩倉也指定了一些樣品送到他房間，但是後來發現並沒有適合的。[13]因此帽商特別指派了一名工作人員帶著量帽器前往他房間。這個量帽器是用木板和金屬別針做成的精緻器具，可以精準測量客人的頭圍大小。後來發現，原來這位使節先生的頭圍異於常人的小。這位助手花費了一番功夫才量好他的尺寸。「這就是我們想要做到的，」《舊金山紀事報》這樣評論道，「我們就是要把尺寸極為適合的帽子賣給他，好讓這位聰明的男士知道科學技術可以被發揮到什麼程度。」[14]

接下來的兩個星期，他們又馬不停蹄的拜訪了許多地方。他們去參觀了工廠、醫院、學校、法院、兵營、要塞、鐵路局等地，還問了許多問題及寫了很多筆記。[15]其中最先參觀的地方之一是舊金山金屬鑑定暨提煉工房（San Francisco Assaying and Refining Works），只離蒙哥馬利街的格蘭飯店幾個街區遠而已。雖然淘金熱潮已經幾乎退去，但是挖礦公司仍然繼續處理那些已挖掘到的金屬。使節團們參觀了工人如何秤重、測試和鎔化這些貴重的金屬，並且他們每個人都有機會用手掂掂金條的重量。之後還去了金博爾馬車製造廠（the Kimball Carriage Manufactory）、羊毛製造廠（the Mission Woolen Mills）、加州銀行（the Bank of California）、聯合鑄造廠（the Union Foundry）及很多很多其他地方。

然而行程中也不全然都是工作。有一天下午，在他們要回去飯店的路上，一位笑容滿面的中年紳士在第十四街（Fourteenth Street）與傳教士街（Mission Street）的街口向他們打招呼。在他身後是一個洛可可式風格的石造入口，上面裝飾著雕像、旗竿，以及一個三英尺高的標示，上面寫著：伍沃德花園（WOODWARD'S GARDENS. R. B.）。原來這個男人就是伍沃德本人，號稱「西岸的巴納姆」（the Barnum of the West）。他邀請使節團成員們進入他的花園一遊。身為一位富有的飯店業主，他將一棟占地六英畝的大樓改建成了舊金山最受歡迎的旅遊景點。裡面有畫廊和園藝溫室，還有神氣的孔雀和水牛，可供旅客們欣賞遊憩。此外，客人還能參觀自然奇景博物館，裡面展示著化石、動物標本及重達九十七磅的天然金塊。身為一個提供新奇事物給遊客觀賞的人，他自己也很難抗拒這些異國貴客的魅力（雖然他並沒有忘記要收取二十五分錢的入園費）。在當時，日本國內還沒有這種公開的遊樂園。財務部長大久保和之後成為內閣總理大臣的伊藤博文，被說服嘗試了盪鞦韆。其他人則搭乘了一種旋轉式的遊船，這是一種繞著噴泉轉圈的風力發動船隻。

那天晚上的重頭戲是去豪華的加州戲院看戲。這是一齣叫做《紅與黑》（*Rouge et Noir*）的戲，內容講的是關於賭博的邪惡。當身穿絲袍的岩倉和其他穿著較為樸素的使節團成員們到達時，戲院裡早已擠滿了人。當他們好不容易擠過了重重的人群坐到位置上，卻發現大家的注意力都放在他們所坐的那間插滿旗子的包廂，而非台上的戲。隨後，當大使迪隆伴隨著兩位較年長的日本女孩（仍然穿著和服）出現在戲院時，又引起了更大的騷動。「目前有好幾間女帽製造商想要為她們製作英式服裝，」《舊金山紀事報》用帶點惋惜的口吻寫道。「如果我們沒弄錯的話，當這些日本淑女脫下東方風情的服飾，換上我國常見的服裝時，她們身上的浪漫魅力可能也會隨之消失。不可否認的，她們是當今美國境內最美麗的日本女性——因為這裡沒有其他人——但若換上了我國的潮流服飾的話，就可能會發現很多人比她們還要美麗。」不過這篇報導其實是擔心得太早了。事實上，還要經過好幾個星期後，這些無助的女孩才能設法為自己弄到一些西式的服裝。

這次前往戲院是女孩們少數能外出的機會。雖然使節團的男士們經常出現在舊金山市內各種場合，這些女孩卻經常待在房間內，以避免可能引起的「騷動」，甚至連三餐也都是在房間內吃的。[16]較年長的兩位女孩可以在迪隆夫人的房間內接見訪客，但是年幼的三位則幾乎不會露面。日子顯得很漫長又令她們感到困惑。因為不會講英文，所以她們完全仰賴迪隆夫人的幫助。「我們幾乎不敢自己走到外面的走廊上，因為怕會迷路找不到自己的房間。而且我們也不知道該如何發問。」小梅後來這樣回憶道。[17]有一天，小梅和另外一個女孩一起跑到大廳裡，恰好有一群女人和小孩經過。她們對於能巧遇「日本來的公主」感到很開心，因此就把女孩們帶回了自己的房間。在那裡她們可以盡情撫摸她們身上的絲綢衣服，端詳她們腰帶上的刺繡，以及美麗的頭髮。她們還拿出了玩具和圖片給這些像洋娃娃般的貴客欣賞，一直講著她們無法理解的話語。但日本女孩心中只感到越來越不安，心中忖度著什麼時候才能離開，以及她們又該如何找到自己的房間。

語言只是這些女孩所面臨最外顯的障礙之一。因為從來沒遇過黑人，她們也被飯店裡的侍從嚇壞了。而某天晚上，當迪隆夫人帶五個女孩去阿罕布拉劇場（Alhambra Theatre）看愛默生的黑面歌舞秀（Emerson's Minstrel）時，這特別的表演只讓女孩們覺得更加困惑：為什麼白人表演者會有黑色的臉龐？「這真的不像世界上會存在的生物。」小梅這樣想。[18]

這些女孩也對她們看到的西方女性有所疑惑：雖然飯店裡的女服務生或洗衣女工身材看起來都是正常的（和她們自己一樣），但是飯店裡的女性客人的（臀部）後方卻都有奇怪的隆起。是不是有種魔術，會只讓有錢人的身體形狀產生變化呢？迪隆夫人很快就向她們解釋，這個奇怪的隆起叫做裙撐——還把這件事當作笑話講了好多天。「這些東方女孩的單純真叫人動容。」《舊金山紀事報》帶著溺愛的口吻寫著。[19]

同樣的，舊金山也開始對日本的事物充滿了興趣。專門製作銀盤子的海恩．羅頓公司（Haynes & Lawton）很快地就宣布他們即將引進日本的青銅製品和瓷器，「以便為您的客廳或小姐們的房間增添一些高雅的氛圍」。[20]這些廣告也標榜著，迷人的「日本風情」（Japonisme，此一詞也是在當年首次被使用）並非僅只在法國的沙龍內才能享受得到。那些已在美國邊境地區賺進大筆財富的人，現在可以在自己家裡的起居室內，擺放來自太平洋（而非大西洋）對岸的高雅古董飾品。而且巧合的是，運氣極佳的海恩．羅頓公司正好就位於格蘭飯店的底層樓。「那些熱愛古雅藝術品的人士，以及對精巧手工藝品有興趣的先進人士」都應該立刻前往市場街參觀選購，《舊金山紀事報》這樣寫道。

過了幾個星期後，距離格蘭飯店不遠且技術極為優良的攝影棚「布萊德利與盧羅福森」（Bradley & Rulofson）也宣布他們要為日本使節們舉辦照片展，當中包括了「最能代表當今『日本菁英分子』的照片」。[21]這些照片後來也被發表在《哈潑週刊》（*Harper's Weekly*）上，而迪隆女士與五個女孩們的照片也在其中，好讓全美國各地的人都能一窺「日本貴客」的風采。[22]

不管他們去哪，群眾都一直跟著他們。在他們到達後第四天，舊金山特地舉辦了一場遊行和閱兵典禮來歡迎他們。在飯店前還特地為這些貴賓們搭起了一座觀望台，然而一般民眾就必須站在人行道上觀賞。甚至有報導指出，有一些女人和小孩在人群中受傷了。據估計，這人潮大約有五萬五千人，而且因為這些觀望者擁擠到了路上，還導致國民警衛隊第二分隊無法直線行進，影響到了閱兵典禮。「街上只見戴著帽子的人們萬頭鑽動，似乎連插入一根針的縫隙都沒有了。」久米這樣寫道。[23]看來，岩倉表示自己身體不適並留在房內休息，似乎是明智的決定。

隨著時間過去，使節團的行程越來越忙碌。無論在哪種場合，這些日本訪客都證明了自己是很討喜的客人。例如，在一場正式的午餐會中，放在岩倉面前的甜點是一塊女人形狀的大蛋糕，而這個女人正代表著「美國」。因為感到困惑，所以岩倉轉向主人尋求指引該怎麼做。主人告訴他可以把蛋糕切片，並分配給在場的眾客人。得到提示後，岩倉靈機一動，他將蛋糕手的部分切下來，並把它們拿給坐在附近的兩位女士。「這代表日本向美國朋友伸出友誼之手，」岩倉這樣解釋道。[24]

過了一個星期後，岩倉前往西聯公司（Western Union）拜訪，他們有一間非公開的辦公室，裡面裝有電報設備，可以直接與東岸聯繫。他先和美國國務卿漢密爾頓·菲什（Hamilton Fish）打過招呼後，又傳送訊息給發明電報的薩繆爾·摩斯（Samuel Morse）。「從日本來的使節想要告訴電報發明者，他在日本非常有名。而在幾個月內，日本也即將有一千英里長的電報線，開放給國內做商業性使用。」電報裡這樣寫著。在回覆的電報中，當時已經八十歲的摩斯則表示歡迎日本「加入使用電報進行溝通的世界」。[25]此刻，美日雙方表面上是彼此滿意的，但他們似乎沒有了解彼此內心真正的想法：日本當時已決心要在未來與西方站在平等地位，不過美國卻只是驕傲又善意的想要幫助這個仍被過去封建制度陰影纏繞的國家。然而，岩倉此行的目的卻是要搜集資訊，好幫助日本成為一個主權鞏固的國家。他們來到美國學習西方文明，是為了讓自己的祖國在未來能抵擋西方國家的侵略。

在離開電報室之前，岩倉還發送了訊息給他的三個兒子，他們比岩倉更早就穿越太平洋來到美國，當時正在紐澤西的盧格斯文法學校（Rutgers Grammar School）念書。他們是在明治政府的贊助下，最早前往美國念書的那批日本留學生。因為之後使節們將會橫渡美國，所以他們預計要在芝加哥與父親會面。「親愛的父親，」他們立刻就回覆訊息，「我們很高興接到您的消息。」

使節團們在舊金山停留期間，最重要的節目是一場極為奢華的餐宴。那天晚上八點，在格蘭飯店插滿旗幟與花朵裝飾的餐宴廳，展開了一場共招待兩百人的晚宴。菜單是以金、銀、紅、藍與淡紫色印製而成的，而菜色也讓人驚奇：生蠔、濃湯、鮮魚、開胃菜冷盤（包括頗為誘人的西發里亞火腿，是特別獻給日本貴客的）、四道水煮菜、八道主菜以及七種不同的烤肉。還有十幾盤的蔬菜料理，以及二十幾種的甜點。香檳是由庫克（Krug）與侯德爾酒莊（Roederer）提供的，此外桌上還裝飾了許多可食用的裝飾物，包括一座西式涼亭、一座巴黎凱旋門、一個豐裕之角（Treble Horn of Plenty）和一座「哥德式金字塔」。[26]

酒足飯飽之後，重要人士開始發表演說。當時新任的加州州長紐頓・布思（Newton Booth）宣稱日本就像是「太平洋的大不列顛帝國，是東方的英格蘭」。用了這樣修辭的手法，就順利的屏除了異國感，拉近了與日本的距離。「在歷史上，我們不曾見過有一個國家如此虛心學習，願意成為這個世界教室裡的學生。我們可以說，電報學、蒸汽引擎和新聞印刷媒體就是她的指導教授，所謂的基督教文化就是她的教室。」他如此說道。[27]用了這樣的比喻，就巧妙的將日本定位為到訪美國的學者，非常的聰明又令人敬畏，但卻完全不具威脅性。

岩倉道謝之後，很快地就把發言權交給副使伊藤博文。伊藤博文曾在英國和美國旅居多年，因此他能夠用輕鬆自若的態度與外國人士相處，而這正是他大多數同伴們所缺乏的。伊藤目前負責的是日本公共建設的現代化，因此他用英文侃侃而談當前日本在建設方面的許多進步，包括鐵路、燈塔、遠洋船隻等等，並巧妙地避免提到不久前的動盪不安。「我們的大名慷慨將主權交還了天皇，而他們此自願之舉也被政府欣然接受了。」他宣稱。[28]伊藤還堅定的指出，日本的進步包含了社會與科技兩方面。「藉著教育婦女，我們希望能培養出更聰明的下一代。為著此目的，我們國家的女孩已經被派遣到貴國接受教育。」不過可能不包含享受娛樂，因為女孩們那天晚上並沒有被邀請出席晚宴。

演講一直進行下去，但真正把伊藤願景中的日本描寫得最恰當的，應該是舊金山第一位論派教會（First Unitarian Church）的何瑞休．史塔賓教士（Reverend Horatio Stebbins）。他說這些使節的到來，「就像古老的聖經故事中，三位東方博士被引領到那嬰孩誕生之處。那顆星仍停留在最被珍惜之處。歡迎你們，擁有古老血統的偉大後裔。你們的到來比乳香與沒藥的香味更珍貴。」[29]或許是受到香檳影響的緣故，史塔賓的說法是有些誇張。不過他也透露了美國人的想法：東方來的客人是受歡迎的，而他們的進貢也被寬容的接受了，但美國才是那顆被追隨的星。聚集的客人們都歡呼表示贊同。

在使節團離開舊金山之前的幾天，迪隆夫人收到了一封來自加州州立中央婦女投票選舉委員會的信，迪隆夫人將內容翻譯給女孩們聽。「諸位能到訪我國，對美國婦女而言有很重要的意義。我們曾經（且仍然持續）為取得更廣泛的婦女權益而努力著。當得知此改革活動在日本和其他啟蒙國家也同時進行著時，我們感到非常欣喜，並認為這是歷史上新的一頁。」[30]這樣的意氣相投或許對投票委員會來說是很好的宣傳，但令人懷疑的是，這些日本女孩是否真的知道她們在說些什麼。當時日本還完全沒有所謂的議會制政府的存在。約要再經過二十年後，日本最富裕的男人才有權利投票。（而日本婦女投票權則一直要到一九四五年，在美國占領時期中，才被強制開放。）

雖然在舊金山這兩個星期的歡迎活動如此興奮忙亂，然而這只是個開始。在一月十三日一大早，岩倉使節團搭上了一列特別的火車開始了新的旅程，而這甚至是大多數美國民眾都尚未經歷過的行程。他們將會搭火車橫越美國，而這條橫貫美國東西兩岸的鐵路建好還未滿三年。等到他們抵達目的地華盛頓之後，這些女孩將會看到這個國家更多樣化的面貌，有些甚至是大多數美國民眾沒看過的。

這趟旅遊也是很有格調的。他們搭乘的是喬治．普爾曼（George M. Pullman）發明的革命性的臥鋪車廂，其中甚至有五個臥鋪車廂可供日本使節們使用。在白天，每個小包廂的桌旁，都放著面對面的長型厚絨布軟墊座椅。到了晚上，服務員則會將座椅放下變成下層臥鋪，然後將上方的彈簧鎖打開，就成為上層臥鋪。另外還有窗簾可遮蔽隱私，天花板上則裝飾著華麗的花朵圖畫，此外還有鏡子隔板，地板上則鋪有地毯，牆上還有玻璃燭台讓一切顯得金碧輝煌。「一切都很美好，」久米讚嘆道。[31]火車車速是每小時高速二十英哩，快的好像要飛起來了一樣。在直線道路上，時速可達將近三十英哩。

他們的第一站是沙加緬度（Sacramento），也就是加州的首府。行程包括先前往斯托克頓市（Stockton）參觀一間精神病院，然後再去參觀州議會的會議廳。（有些愛開玩笑的人說，使節們應該無法分辨兩者間的差異。）[32]一如往常，女孩們則待在奧爾良飯店的房間內。這樣做雖然能讓她們保有隱私，卻也阻礙了她們學習美國文化的機會。在這段時間內，只要有食物放在面前，她們就吃，即使不知道那是什麼東西或味道如何。也因為她們常常是單獨吃飯的，所以就一直都沒搞懂。那天晚上，當一罐奶油被放在桌上時，每個女孩都拿出湯匙舀了一大口（因為沒人示範給她們看那是當佐料用的）。不過因為如此，當她們差點因吃奶油而噎到時，也沒任何人發現。[33]

雖然州議會已經花了好幾天爭吵，到底誰該負責這些使節們的各項娛樂花費（這爭吵到使節們進入議會廳現場才停止），但在使節們即將離開的那個晚上，沙加緬度仍然設宴為他們餞別，還在每個桌上擺放了美國格蘭特總統的小雕像。[34]這場歡宴在熱鬧的合唱曲〈美國〉、〈友誼萬歲〉和〈甜蜜的家〉歌聲中結束，雖然合音不是很完美卻很有精神。[35]在二月二日凌晨，使節們正式展開橫跨美國之旅。

當火車到達了合恩角（Cape Horn）時，雖然豔陽高照，但車上的乘客卻都還因宿醉而全身無力。經過合恩角的這條火車路線有著驚人奇景，因為下面就是美利堅河（American River）。「往下一看，山谷邊有一座小村莊鄰近河邊，而蜿蜒的河川就像一條彎曲的腰帶。」久米讚嘆道。「我們看到下面像豌豆那麼小的人和一英寸高的馬在細線般的馬路上移動著。」[36]為了爬到雪線以上及穿越內華達山脈（Sierra Nevada），他們在火車上又加了兩個車頭。雪花不停的打在上下兩層的窗戶上，使窗戶漸漸變得模糊，看不清外面層層疊疊的山峰。在某段路途中還有長達好幾英里的防雪廊，此時被積雪折射的陽光只能透過牆板裂縫照進黑暗的車廂。到了高達七千多公尺高的山頂時，火車就接上了鏟雪車，以便進行長時間的下坡行駛。

接下來要行經的是大盆地（Great Basin），在那裡一望無際的灌木蒿沙漠景觀取代了之前的山脈景色。乘客從火車內可看到居住在圓頂狀茅草屋裡的印地安人，這風格和格蘭飯店的穹狀屋頂相差甚遠。「在拜訪過許多非常文明開化的地方之後，我們現在正經過的是一塊非常古老及未開化的曠野，」久米寫到。他覺得這裡一點也不浪漫，「他們的五官臉型和我們國內的低階層人士和流浪漢很像。」[37]

他們在二月四日抵達了下一站，就是位於猶他州的奧格登（Ogden）。此時積雪已經完全阻斷了聯合太平洋鐵路的通行。不過他們其實是幸運的，因為比他們更東邊的乘客所搭的火車已被風雪困了好幾天，只能靠鹹魚和餅乾維生。此外還必須下車幫忙工作人員鏟雪，因為雪已經堆積到引擎的煙囪處那麼高了。無奈之下，使節們只好先轉行支線到鹽湖城（Salt Lake City）等待，那裡位於此處的南方約三十五英里。

在一八七二年，鹽湖城仍是一個布滿泥濘街道與木板人行道的城市，這裡來來往往的大多是牧場工人、礦工、士兵和遠從英國而來剛轉信摩門教的人。日本使節們先到湯森賓館（Townsend House）待了一陣子，這裡是鹽湖城最好的旅館：除了木頭的骨架和長長的走廊之外，後面還有飼養動物的畜欄。雖然樓上有空間寬廣的「宴會廳」，房間卻非常狹小，中間的隔板也很薄。[38]

到達鹽湖城後不到幾個小時，岩倉就收到了來自摩門教領袖楊百翰（Brigham Young）的邀請，希望岩倉能去拜訪他。但根據外交禮節，應該是楊百翰要前來拜訪，而非要求使節過去，因此岩倉禮貌的拒絕了。然而捎來信息的使者堅持，楊百翰很希望能見到日本使節們，只是他自己無法來到湯森賓館。為什麼呢？使節問道。因為楊先知目前正被聯邦警局要求必須在家拘留。原來楊百翰是格蘭特總統當時執行「反一夫多妻法」的首要目標，他在幾個月前才因「猥褻同居罪」被逮捕，正等待審判。他有十六位妻子和四十八個小孩。[39]

岩倉有些不悅。「我們到美國來是想要見這個偉大國家的總統，」他謹慎的說道。「我們若去拜訪一位違反此國家法律的人，不知道總統是否會感到不悅。」[40]然而幾天後，一群使節仍然於迪隆的陪同下前往楊百翰家拜訪。「他的勢力就像封建時期的君主，」[41]久米這樣寫道，並描述楊百翰的家華麗得就像一座城堡般。雖然迪隆後來表示，當初並不知道嚮導要帶他們往哪裡去，但一些非摩門教的領袖則感到頗為不悅。而岩倉可以說是比迪隆更為機智，因為他成功避開了參與那天傍晚的行程。

停留那裡的時間內，岩倉一直都與鹽湖城的摩門教人士保持著距離。另外，此行程最精采的是由城內異教徒所舉辦的盛宴。這是一場多達一百二十人的晚宴，餐後還有舞會。這次女孩們也出席了。「迪隆夫人帶著女王般的態度出現，而女孩們則穿著華麗且古雅的服裝，吸引了眾人的目光。」[42]《舊金山紀事報》用電報把新聞傳回舊金山。晚餐之後，隆重正式的演講之後就是舞會。但對日本客人來說，卻覺得有點不堪入目。「這個遙遠山間的社交習俗真的是不甚高雅。」[43]久米含蓄的寫道。

因為再度起程的時間一直延後，日子也變得無聊起來。「我們已經看過任何有趣的事物，而且月亮現在也變圓了。」[44]久米寫道。許多使節團成員開始常常跑到溫泉澡堂（Warm Springs Bath House）去，這裡距離飯店一英里遠，只要花二十五分錢就能在熱水池裡泡澡，而這也是自從離開日本後他們就沒享受過的。[45]

女孩們直到此時仍穿著和服，也很少出現在公眾場合。雖然和服很引人注目，但卻無法保暖。此外，曾在船上經歷一場審判鬧劇的吉益亮，現在眼睛則出現了雪盲的症狀。因為在毫無保護的狀況下，她一直盯著雪景看，所以導致現在眼睛疼痛又一直流淚。隔著湯森賓館的窗戶，她們第一次看到了打雪仗和拉雪橇的景象。[46]而仍然比其他使節更關切女孩們的伊藤博文，也常來到房間講鬼故事給她們聽，到了睡前就改講童話故事。

在經過將近三個星期之後，阻礙鐵路的問題終於被排除了。在二月二十二日，使節們離開了鹽湖城前往芝加哥。現在又有兩輛餐車被加到列車上（這是普爾曼的新發明），所以他們現在不再需要花時間停車用餐了。而被關在飯店房間內將近一個多月之後，現在女孩們對火車所經過的壯闊景觀都感到驚奇不已。她們把臉貼在車窗上，觀賞著瓦薩奇山前區（Wasatch Front）的陡峭山峰飛逝而過。入夜後，峽谷的邊緣則被月光滾上銀邊，矗立於夜空中。

經過了半個懷俄明州後，他們又穿越了大陸分水領，並開始進入北美大平原（the Great Plains）。火車行駛了好幾個小時，都沒看到任何能稱得上是城鎮的地方。「或許大家已經聽膩了關於美國領土有多大的話題，」久米寫道，「但是當你親身體驗後，這真是遠超過你的想像。」[47]落磯山脈此時已經漸漸消失在西方地平線，四面八方見不到任何東西，能看到的只有被水牛和野馬啃吃過的草叢。

當他們到達密蘇里河時，景色改變了。這裡出現了犁過的田地和牧場，遠方還可看到茂密的樹林。當他們經過城鎮時，群眾都會聚集歡迎。值得紀念的是，在奧馬哈市（Omaha），有一群女學生來到車站拍手及揮手歡迎他們，甚至還拋飛吻。[48]對這幾個日本女孩來說，可以看到年齡相仿的同儕讓她們覺得很好，雖然她們的舉動和這場合似乎有點奇怪。不過也並非每個人都如此歡迎他們。「快點出來，你們這些黃皮膚的笨蛋！」有一些男人這樣叫囂著，且邊推撞著火車玻璃。「快點出來，讓我們看看！」[49]

一群接待委員會成員從芝加哥來到其西方近郊區的奧羅拉鎮（Aurora）歡迎使節團們。當時有好幾千人在火車站等待，而且氣氛非常歡樂。當火車駛進車站時，奧羅拉鎮那些身手矯捷的市民們開始跳上車廂間的連結處，爬上車頂，甚至攀爬在彼此的背上。還有許多人將臉擠在車窗前往裡觀看。然而使節團成員們卻仍坐在餐車內靠窗的桌前，優雅的使用刀叉用餐，窗邊還有白色亞麻窗簾遮蔽著，此景與外面興奮狂亂的人群形成強烈的對比。

前來歡迎的委員會成員登上了火車後，火車就漸漸的加速，而那些攀爬到火車頂上的年輕奧羅拉居民，在火車開駛了一英里左右後才紛紛跳下火車。當芝加哥市議員與位居高階的使節們握手時，女孩們則瑟縮在車廂一角，雖然她們身上繡滿圖案與花紋的和服仍然如往常般在一群黑西裝的男人中顯得突出。「她們的五官不如男性同胞那麼明顯，鼻子和下巴的線條也不突出，似乎顯得有點缺少毅力。」[50]一位《芝加哥論壇報》（*Chicago Tribune*）的記者這樣寫道。但他後面又自相矛盾。「她們離鄉背井孤身在外，缺少了母親的關懷，因此顯得非常堅強。」因為他幾個星期前才讀到一篇報導，說她們「聰明、陽光又活潑」，[51]更別提有多麼迷人，所以當他看到這些女孩竟是如此安靜，完全無法與美國人溝通，又常被男性同胞忽略在一旁時，覺得很驚訝。她們看起來好孤單。

當火車於二月二十六日到達火車站時，已經有馬車在那裡等待他們。這個大火車站到處都是運貨和載客的車輛，川流不息。「至今為止看過的車站，和這邊比較起來都算不了什麼了。」[52]久米提到。芝加哥真是個大都市。

現在，這些女孩只能圍上厚重的紅色羊毛披巾來抵禦寒冷的天氣，這是她們唯一的冬衣。不過這情況即將改變。因為迪隆女士一直不願意幫忙這些女孩，所以她們最後只好直接求助於岩倉。岩倉立刻下令必須在這一站的停留期間，為她們添購一切所需物品。

當他們抵達下一間旅館崔蒙特（Tremont House）的時候，芝加哥市長約瑟．梅迪爾（Joseph Medill）正好有空可以接待他們。[53]事實上，芝加哥市當時並不是處於最佳狀態。就在幾個月前，芝加哥大火讓城市中許多地方被燒毀了。對於充滿密集的木造房及紙糊隔間的日本街道而言，大火也是很常見的災害。岩倉深深表達了他的同情，並認為「在經歷這樣嚴重的災情之後，美國人民驚人的恢復力值得稱讚」。[54]在離開芝加哥之前，他還捐了一筆五千美元的賑災款，讓芝加哥大為驚訝。因為這是極為慷慨的金額，而且也是「第一次有非基督徒捐款給基督徒賑災。」《芝加哥論壇報》記述道。[55]這舉動也證明了日本人的確已經準備好放開過去，加入現代文明國家的行列。

岩倉的三個兒子也已放下紐澤西的課業，在一個星期前來到芝加哥，現在則加入了他們父親的使節團。這幾位「有著細長雙眼的青年」，很快就獲得了芝加哥人的讚賞：「若從我們的教室裡隨意挑選幾個年紀相仿的美國男孩，大概沒有人能勝任這種被重要外國記者訪問的任務。」《芝加哥論壇報》用讚嘆的口吻寫道。[56]那天傍晚，岩倉的兒子們陪著女孩往南邊市區走了一會兒，只見四周都是被大火肆虐過的殘垣廢墟。這幾位男孩已經在美國念了幾年書，而且與女孩們年齡相仿（與使節團成員比較起來），他們也告訴了她們一些將來可能會遇到的事。

使節們搭乘的火車，在隔天晚上駛離了芝加哥的東部車站。當火車陸續行經印地安那州和俄亥俄州後，旅行的新鮮感也日漸消退。女孩們已經厭倦了一直坐在固定位置上，但是若到車廂內前後溜達，又有些風險：如果車身一個搖晃，力道之大很可能會把不小心的乘客拋進開放式火爐裡，或是讓女孩跌進裝飲水的水槽內。然而若是打開窗戶，迎面而來的煤屑或灰塵又可能會撲你一臉。而且她們也沒辦法到前後的車廂晃晃，因為當時還沒發明能夠連結前後車廂，讓人能通行的走道式裝置。也沒有女士專用的車廂，所以女孩們沒辦法換裝就寢，只能一直穿著日常衣服。薄薄的簾子無法擋住使節們打鼾的聲音，小小的盥洗室裡只有一個洗臉盆，一條套在滾筒上轉動的環狀毛巾，一塊肥皂，以及很有限的隱私空間。當經過匹茲堡、費城和巴爾的摩時，因為鐵軌經過了市中心，所以甚至還必須將車廂一個個拆開，改由馬匹來拉行，而且每個車廂的駕駛還必須鳴喇叭提醒行經的路人注意安全。[57]歷經千辛萬苦後，他們終於抵達了華盛頓。

當這列連著五輛普爾曼車廂的火車終於在二月二十九日停下來時，哥倫比亞特區突然下起了雪。此時在月台上等待的是一位年輕的日本男性，他一頭濃密的黑髮往後梳攏，有著聰慧的雙眼、飽滿的嘴唇、堅毅的濃眉和滿嘴鬍子。與其他剛抵達美國不久的日本同胞相比，他看起來神情頗為自在，穿著剪裁合身的西裝，且布料燙得挺直。他是森有禮，也是當時位於華盛頓的日本代辦，成年後大部分時間都是在海外度過的。而且年紀才僅僅二十四歲。

森出身於薩摩武士之家，因此他所受的訓練和捨松的兄長們在會津所受的訓練非常相似：紀律、堅忍與高標準。不同的是，因為薩摩的領袖們很早就了解英國與美國勢力的強大，因此森很早就受到英文的吸引。在七歲的時候，森加入了一小群由薩摩領袖選擇的團體。這群人偷偷離開了日本，並花了三年時間相繼在英國、歐洲及美國東北部停留，因此他有機會大量學習了新知。到了一八七一年，剛掌權的明治政府指派森出任第一任駐華盛頓的官方代表。森是個聰明、有著超齡沉著、反傳統及頑固的人，幾年後他的朋友伊藤博文形容他像是個「出生在西方的日本人」。[58]

想辦法讓日本與美國雙方最有權勢的人彼此見面晤談，是森的工作之一，而他面對這個挑戰也有充分的自信。但是負責照料跟著使節團一起來的女孩們，就有點讓他招架不住了。無論是以前受過的武士訓練或最近習得的外交技巧，都沒教他如何照顧女孩子。他除了被告知要讓她們接受一些教育之外，沒有任何其他詳細的指引。

當岩倉和其他使節陸續下車時，女孩們也來到了月台上，她們身上穿著匆忙買來的成衣，外面再圍上紅色披巾以抵禦寒冷的風雪。「這五位公主看起來好像只跟彼此說話。」《明星晚報》（*Evening Star*）這樣寫道，「但她們的眼睛卻一直在觀察著周遭，火車站內大家的一舉一動都被她們看在眼裡。」[59]森仔細打量了亮和悌（她們兩人現在正戴著不甚合適的黑色帽子遮蓋著額頭），跳過了捨松和繁（她們也穿著類似且起皺的衣服），然後目光最後落在像娃娃一樣的小梅，她整個人被圍巾遮蓋到幾乎不見人影。「我該怎麼做？」他不禁對他的美國人秘書查爾斯・蘭曼（Charles Lanman）脫口而出：「他們竟送了一個小孩來給我。」[60]

森擔任這個職位已經有一年了，而蘭曼在旁輔助他已有五個月。蘭曼是個溫和的男人，年約五十幾歲，有寬大的額頭和濃密的黑髮。相對於森較為強烈的個性，蘭曼友善緩和的態度是不錯的幫補。而他也是一路換了好幾個職位才做到日本公使館的。他出生於密西根，在康乃迪克州受教育，並在紐約接受會計員的訓練。蘭曼在三十出頭時來到首都，先當了一陣子記者，後來又在聯邦政府的好幾個部門當圖書管理員。他寫過好幾本書，也會畫畫，熱愛垂釣，還喜歡乘坐獨木舟探索美國的大自然。他能言善道，交友圈廣泛。因為他能帶著森去認識華盛頓的社交和外交圈，因此有很大的幫助。

他雖然已經和一位喬治城的女繼承人結婚二十多年，但是卻一直沒有孩子。讓森鬆了一口氣的是，在他們停留於華盛頓的這段期間，蘭曼和他的妻子阿德琳（Adeline）自願幫忙照顧這些女孩。森開始領著這些使節去搭乘為他們準備的二十九輛馬車以及兩輛公車，預備將他們載往豪華的阿靈頓酒店（Arlington Hotel），而蘭曼則載著女孩前往稍遠點的自家。在住了兩個月的蒸汽船船艙、旅館房間以及火車臥鋪之後，她們即將與使節團及迪隆夫婦告別，且第一次體驗住在一般美國人家裡。「據說她們要與大臣分別時顯得依依不捨，似乎與迪隆夫人之間已建立了很溫暖的友誼。」[61]幾份華盛頓報紙這樣報導。若說女孩們有任何不願意離開的心，那可能是即將面對陌生環境的害怕，大過於對（只顧滿足自己的）迪隆夫人的感情吧。而在蘭曼家中，她們將發現自己能受到更妥善的照顧。

查爾斯和阿德琳·蘭曼住在位於西街（West Street，之後又稱為P街）一二〇號一間磚砌的豪華房子內，前面圍有白色的尖樁籬柵。這間房子是蘭曼太太的父親在六十年前建造的，後來成為她的結婚禮物。房子牆上攀爬著常春藤，高大的樹木為寬廣的花園提供了蔭庇。而屋內的裝潢也反映出主人的藝術與知識涵養：高貴的海普懷特式家具配上發亮的黃銅擺設、滿架子的書本及日用的銀製餐具，此外牆上還掛著一些英國及美國畫家的油畫和水彩畫，其中包括了蘭曼自己的作品。他還有一個房間專門放置釣魚用具。自從與森共事之後，蘭曼也開始蒐集日本藝術品：包括一個花瓶、一支日本刀及一件和服。

森在第二天來到了他秘書家中，關心一下這些原本屬於他職責範圍的女孩們。女孩對於這個優雅環境感到很開心，但蘭曼夫婦卻似乎有點招架不住：即使這些女孩其實表現良好，但家中突然出現這麼多小孩，仍使他們備感壓力。因此計畫很快就被修改了。現在捨松、永井繁和上田悌要搬到蘭曼太太的姊姊赫本太太（Mrs. Hepburn）[62]家借住，而吉益亮與小梅則仍然留在西街一二○號，因為小梅那早熟的談吐已經贏得了蘭曼夫婦的喜愛。

森能放在女孩們身上的注意力很有限，因為還有使節團一行人等他照顧安排。華盛頓的社交圈生活是很繁忙緊湊的，每間飯店和客租式公寓都住滿了立法委員、說客、外交官和軍方人士。書記官久米仍然很盡責的記錄著每項細節，[63]對於寬廣順暢的賓夕法尼亞大道（Pennsylvania Avenue），及其兩旁種植著白楊樹的寬闊人行道，他感到印象深刻。對他而言，華盛頓是個充滿各地訪客的城市，若要說到當地產物大概就只有法律和民族自豪感（national pride）了。每個人好像都是從其他地方來的。

而那些冒著大雪前來想要一睹日本貴客風采的人們，大部分都吃了閉門羹。其實就算天氣很好的話，使節們週末的行程也早就排滿了。格蘭特總統將於星期一正式接見他們，在星期二晚上則有美國國務院在共濟會會所舉辦的接待會。被阻撓的記者們好不容易捕捉到長野桂次郎的身影，「就是那位幾年前曾拜訪過美國，廣受小姐們喜愛的真正的『日本湯米』。」[64]

美國在經歷了黑暗的內戰時期之後（時間點和日本國內的政權戰亂時期差不多），「鍍金時代」（the Gilded Age）開始漸露曙光。隨著鐵路交通日漸發展，經濟也開始漸漸復甦，投機買賣也日漸猖獗。這種投機主義的風氣甚至在政府內也非常興盛，因此「格蘭特主義」後來甚至成為政治腐敗的代名詞。與此同時，美國的黑人（包括那些住在華盛頓，占十三萬總人口三分之一以上的居民）仍未能感受到解放後所帶來的利益。「白人與黑人之間的差距，」久米這樣寫道，「就像清水與泥水的差距那麼大。」[65]

在這個種族區隔兩極化的時間點，日本人在當中的地位到底如何，我們並不清楚。但他們的確是整個城內討論的熱門話題，甚至還使馬克．吐溫（Mark Twain）和查里斯（Charles Dudley Warner）合著的小說《鍍金時代》（*The Gilded Age*）中，出現了如下的場景：[66]

「您看到那些日本人了嗎？李維特小姐。」

「喔，是的。他們好像有點古怪。不過很有教養，而且別具風格。您覺得膚色的不同會造成什麼差異嗎？霍金先生。我以前對膚色很有偏見。」

「是嗎？我倒是從來不會。我覺得我們家的老黑人保母非常美麗。」

無論是很有教養、別具風格，還是血統高貴或氣質古怪，至少當他們要把國書正式呈交給總統的時候，使節團的領袖們的確穿著了整套正式的朝服前來：他們身穿紫色和藍色的絲綢袍子、腰掛鑲嵌花紋的佩刀、頭上還戴著奇怪的頭飾。報紙詳細地報導了各樣細節。其中幾位使節頭上所戴的羊角狀帽子，讓一位記者聯想到「古羅馬戰士所戴的頭盔」，而且他們身上穿的飄逸的黑色外套，「似乎和美國女士們愛穿的服裝很像。」[67]而岩倉本人雖然「天生有種威嚴」，但是「五官卻也有點女性化。」而且白宮的門廊前還鋪上了一長條紅色的地毯，以便「讓使節們精緻的絲綢鞋子能優雅走在其上。」[68]他們到底是戰士還是女士呢？

無論如何，至少他們帶來了娛樂性。在接下來那個晚上所舉辦的國務院晚餐宴會中，當大家聚集在一起等待使節們（這次會穿西裝）出現時，一位立法委員的太太這樣形容現場那種興奮的氣氛：「後來甚至出現一種錯覺，覺得我們好像正在等待一場特技表演的開始，而使節們可能會一邊轉著陀螺，一邊吞著撲克牌出現。甚至站在彼此的鼻子上並保持平衡。」[69]她這樣說道。「正因為期待如此之大，所以當大家看到出現的是一排嬌小的黃皮膚男士，以及他們身上戴著表示屈從地位的徽章、穿著正規的西裝外套和白色領帶時，一定都覺得很失望。」

使節們在當天晚上也感受到了類似的尷尬，不過他們掩飾得很好。後來美國人開始帶著女伴逐一經過前台，並開始跳舞。「使節們只在一旁觀賞，且似乎很喜歡這『華麗炫目的華爾滋』。」[70]《明星晚報》這樣報導。不過使節們前一天與格蘭特總統會面時，得知了一些消息，因此現在連華爾滋舞也不太能吸引他們的注意力。「我很樂意開始與你們正式討論相關國際事務議題，相信你們已被貴國授權參與討論。」[71]格蘭特對他們說道。然而事實上，使節們並沒有被授權。他們這次任務的目的，其實只是單純想探詢是否有再次協商條約的可能性。使節們沒有從天皇那裡拿到任何書面的委託文件，因此無法正式行使協商任務。然而，格蘭特總統卻已準備好要協商了。該怎麼辦呢？

兩個星期後，在三月二十日，伊藤博文和大久保利通（皆屬於岩倉使節團內地位最高的人之一）再次搭上了火車。他們要再次跋涉七千英里的路程，返回東京以便取得所必須的國書。而使節團則會留在華盛頓等待。

雖然面對這些不確定性，但女孩們仍然很開心且絲毫不在意。而陶醉在這些「公主」的魅力中好幾天之後，媒體也開始做進一步的報導。「她們此行的任務是要在這裡接受教育，然後返回日本教育日本女性，讓她們成為天皇朝廷裡美麗的裝飾。」[72]在寄養家庭主人體貼的照顧下，這幾個月以來女孩們第一次享受到了豪華且安定的生活。因此女孩們一點也不想念同胞，似乎已完全被美國的事物所吸引。

當第一次穿上新衣服時，她們覺得既尷尬又暴露：那僵硬的布料用釦子緊扣在脖子和手腕上，還讓腰和臀部的曲線畢露。同樣扣著整排釦子的皮靴又緊又擠腳趾。不過好處是現在玩捉人遊戲的時候，她們可以大步奔跑而不需因為緊裹的和服拖著腳小步走。她們可以在石板路上跳躍，裙子還會隨風飛舞。她們可以坐在花園裡的長椅上，將膝蓋打開，用不甚熟練的姿勢張開裙子接取被風吹落的花瓣。她們還會觀察鄰居的孩子們，訝異著他們所做的事。在她們家鄉，男孩可能會玩踩高蹺，但是女孩絕對不會。而那些鄰居小孩也會定睛看著她們，有時甚至他們父母也會這樣做。

然而，查爾斯和阿德琳卻很溫暖的照顧著這幾位託付給他們的新責任。在女孩們到達後幾天，蘭曼太太就寫了一封信給小梅的母親，還附上她自己、丈夫和他們房子的照片。「小梅學起事情來特別快。每個人看到她都稱讚她很有禮貌，我想這要歸功於她的家教良好。」她這樣告訴津田初子。「小梅已經和我們非常親近了，讓我們有點擔心分別的時候會不會很不捨。」[73]而津田初子在回信中則表達了感謝之情，以及嚴厲的期許：「我希望您能了解，只要是您認為對她好的，我很願意您嚴格的教導她，不用在意我的想法。而當她在貴國的時候，您和您丈夫就像她的父母親一樣。」[74]

在武士的家庭，紀律是最重要的：就算睡覺的時候，女孩也必須把身體合攏成く字形狀，而她們的兄弟則可以隨意伸展四肢，擺成大字形也沒關係。在美國，女孩們則睡在高於地面的四腳床鋪上，沒人會在意她們毯子下的腿是否併攏。而一開始好像讓女孩們快要窒息的羽毛枕頭，和她們以前睡的硬式木枕也很不相同（這種枕頭是為了讓她們細心梳整和抹了油的髮型可以不被弄壞）。現在年少的幾位女孩已把頭髮放下垂在背後了。不需要抹油之後，她們的頭髮呈現柔軟的波浪狀。

女孩們到達的一個星期之後，另一位客人前來拜訪蘭曼夫婦並共進晚餐。他是新島襄，也是安默斯特學院（Amherst College）第一位日本人畢業生。他此次前來是為了當使節團的翻譯。大約在十年前，新島偷偷搭上了前往美國的船隻，決意到西方受教育。現在他正預備前往安道神學院（Andover Theological Seminary）服事。不過他仍記得在江戶念書時，那位與他同樣熱愛英文的同學津田仙，也就是小梅的父親。在他鄉遇到友人之女是很特別的感覺。「她們其實一直不太了解家中那些女士到底在說些什麼，」他寫道。「所以她們很高興看到我，且問了好多問題。」[75]

某日晚上，一位《紐約時報》的八卦專欄作家也被邀請到赫本太太家作客，他同樣也忍不住被這三個日本女孩深深吸引。「當不再沉默時，她們的臉顯得非常好看。」他評論道。「且姿態極其優雅。」[76]他還稱讚了她們細膩有禮的態度、她們的槌球遊戲技巧、快速熟悉印度雙骰遊戲（Parcheesi）的聰慧和可愛的小調皮。晚餐的時候，捨松轉頭用日文對坐在她旁邊的年輕人說話。

「您聽得懂嗎？」她淘氣的問道。

這位喜愛出風頭的年輕人，享受著大家的注意力，使出渾身解數講出他曾聽過的亞洲語言：

「Me gum gum forum chow chow da ke no go.」

「您講的是中文，」她反駁道，「這不是日文。」

這段日子她們並沒有被安排什麼特殊行程。除了語言的隔閡、緊繃的鞋子和過於合身的馬甲式上衣之外，這些女孩們過得自由自在。到了五月底，森找到了一棟位在康乃迪克大道上的房子，因此他讓五個女孩全都一起住了進去，還安排了一位廚師和一位家庭女教師安妮．羅琳小姐（Miss Annie Loring）和她們一起。[77]除了每天早上兩個小時英文課之外，還會上鋼琴課，除此之外就幾乎都是自由時間。雖然這樣的安排其實不太能幫助女孩們融入當地，不過卻是非常有趣。蘭曼太太常常過來看看她們，而她們也常跑到日本公使館去，在那裡年輕的使節們對她們寵愛有加。到了晚上，當過了上床時間很久之後，她們還會避開羅琳小姐的注意，打開瓦斯燈繼續玩鬧一陣子。羅琳小姐過不久後就換成了拉格勒小姐（Miss Lagler）。畢竟當五個聰明又操著外國語言的女孩聚集在一起時，不管對哪位女教師而言，都是極具挑戰的任務。

自從他們在橫濱搭上蒸汽船出發以來，時間已經過了六個月了。對女孩們而言，過去生活的記憶，以及那時候艱苦的回憶也越來越淡薄了。雖然捨松還能在脖子上摸到那個在圍城戰時被砲彈碎片劃過的傷口，但現在卻感覺像是發生在別人身上的事。現在比起留在日本的姊姊們，繁現在更像是她的親姊妹。而小梅在寫給她媽媽的信中，這樣提到：[78]

> 首先，我很高興知道您一切安好。我也很好。就如同之前告訴您的一樣，我們大家一起住在華盛頓。一開始，是羅琳小姐在教導我們，但她回家了，所以換了另一位老師來。我們

從早上十點學習到十二點。我們現在住在距離蘭曼家十三個街區遠的地方，但是請不用擔心，因為蘭曼太太經常來看我們。亮本來也要寫信給你的，但她的眼睛不舒服，所以她沒辦法讀寫。她要我跟您道歉。我現在正在讀給初學者的書，此外也在讀一本關於地球的書，以及練習寫字。請不用太過擔心我。小梅敬上。

這是小梅最後一次用母語寫信。

第六章　尋找寄宿家庭

在歷時四個月的往返旅途後，伊藤和大久保終於在一八七二年七月再次抵達華盛頓。他們已拿到正式的外交國書，且天皇指示他們要打開國際性的協商，而非僅止於和美國的雙邊條約。但美國國務卿漢密爾頓·菲什卻斷然拒絕進一步拓寬討論空間。這樣一來，伊藤和大久保等於是白忙一場。既然如此，受挫的岩倉使節團也沒必要繼續留在美國。因此，他們在費城、紐約和波士頓等地短暫停留一段時間後，將會繼續前往倫敦。

在七月底某個宜人的傍晚，日本公使館的庭院裡點起了一盞盞紙燈籠。森有禮邀請大家一起共進餞行晚餐——成員包括即將啟程的使節們、仍要繼續留在美國的日本留學生、那五個女孩以及蘭曼夫婦。《明星晚報》的記者對於那幾位備受矚目的「公主」竟然穿了西式服裝前來，似乎感到有點失望。不過其他部分則是「都進行得很順利」。[1]

岩倉和他的成員們即將在隔天中午搭上火車前往費城。在接下來的十四個月內，他們將會前往英格蘭、蘇格蘭、法國、比利時、荷蘭、普魯士、俄國、丹麥、瑞典、德國、義大利、奥地利和瑞士等國，而回程則將行經剛開通四年的蘇伊士運河，再經過錫蘭、新加坡和香港，最後回到日本。他們現在的首要任務是要建立國家，還要學習西方世界各種制度。在這樣的情況下，若有任何人會偶爾想起這些女孩，那念頭大概也是稍縱即逝吧。

現在，少了使節團需要照顧後，森終於可以把注意力分給這些本應是他負責的學生身上。他邀請了五個女孩一起共進晚餐，還有查爾斯．蘭曼和她們的老師作陪。「在華盛頓，一般的晚餐派對總是充滿各種裝模作樣和愚蠢氣息。」[2]在多年後蘭曼曾這樣寫道。然而在他記憶中，這天的晚餐卻是簡單、優雅又真誠。而一想到每位客人是經歷了怎樣的過程才來到這裡的，又不免令人湧起驚嘆之情。如今她們卻坐在這裡，雖然穿著不怎麼華麗的新衣服，態度卻是如在家一般自在，不禁使蘭曼莞爾。小梅坐在森右邊，她臉的位置沒高出盤子多少。「在眾人的默契之下，由森來主導整個晚上的話題，而他能從容掌握兩種語言的能力也讓人佩服。因為同時要回答美國朋友與日本同胞不停提出的問題，使他忙得不可開交。」蘭曼打趣的回憶道。「後來他開始用長篇大論詳細說明日本婦女可憐的處境，而因為現場有日本女孩，也使他的解說顯得特別有趣；他會向某位較年長的日本女孩提出自己的論點，並期望對方能像美國女性那樣多多發表意見，而女孩們也會用充滿機智的看法回應他。」

當天色越來越暗，晚餐後的槌球遊戲也無法繼續之後，大家就一起進入室內，鑑賞那些剛從日本送來的書籍與照片。森送給了每個女孩一把扇子，而蘭曼則給她們每人一束花。「就這樣，近來在華盛頓所舉辦過最特別的晚餐派對結束了。」不過，當蘭曼被這場跨文化晚餐派對別具風格的新鮮感所吸引時，森所注意到的卻是另一件事：在華盛頓待了超過五個月之後，這些女孩仍然私下用日文聊天。

森很了解當一個人初到陌生國家時，會是怎樣混亂的狀況。當年他初到倫敦時也很年輕，那時凡事都得靠自己，而學習英文就成了為求生存的必要之事。這些女孩因為和女教師一起住在康乃迪克大道，生活很安全且被照顧得很好，所以她們感受不到學英文的急迫性。而她們的英文比起剛到美國時並沒進步多少，當然也沒辦法待在美國教室裡和大家一起學習。如果冀望她們能完成天皇指派的任務，有些事情必須要改變。

當初招募女孩們出國的黑田清隆，以及目前負責照顧她們的森有禮，或許都深深相信把女孩們送到美國是正確的做法。然而即使這是天皇的命令，仍然無法完全說服捨松的哥哥健次郎。當時他已經在康乃迪克州的挪威契（Norwich）讀了一年書，因此不僅可用英語溝通，字也寫得很漂亮。雖然還未滿十八歲，但對於華盛頓那些男人是否真可以照顧好他的妹妹，他卻很直率的表示疑慮。

在這些女孩還沒學會當日本人之前，就把她們送到美國去，怎麼可能是個好主意呢？「如果這些女孩根本沒學過日本的道德規範，她們很可能以後做什麼都按照美國那套，或是按照自己的想法。」健次郎用英文寫信給查爾斯．蘭曼，他的不滿之情溢於字裡行間。「如果她們做什麼都按照美國人的標準，也就是《聖經》的教導，那麼她們將會被我國政府懲罰的。我不知道美國人對於他們的姊妹被懲罰會不會感到難過，但對我一個日本人而言，是絕對不想看到。」[3]

因為從小接受會津武士的「道德倫理」訓練，因此健次郎心中最重要的事，仍是儒家思想的順服、階級制度與榮譽。以前對戰敗藩國的忠心，現在已變成了對成長中的新政府與新領袖的自豪。他認為「政府」或許能為他們帶來新的生活，但《聖經》卻沒辦法提供任何保障。那年夏天他正在準備耶魯的謝菲爾德科學院（Sheffield Scientific School）的入學考試，健次郎對自己的任務堅信不疑：就是要學習英文，研讀物理和工程，然後返回家鄉，使用他學到的新技術幫助日本往前進步。但捨松的任務又是什麼呢？一個還沒長大的女孩單獨旅居異鄉十年，怎可能不被改變呢？這樣一個女孩還能再次融入日本社會嗎？更別說想成為他人的典範了？

不過森所在意的則是更迫切的問題：這些女孩必須加強英文能力。而為了做到這點，她們必須分開居住。就在此時，他發現捨松那充滿擔憂的哥哥正住在紐哈芬市，這似乎是個不錯的機會。當時健次郎已通過考試且進入了耶魯（他的三角學成績有點不穩，但他已承諾會在暑假多努力一點），因此接下來有三年時間他將會住在紐哈芬。如果捨松能搬去紐哈芬寄宿在某個家庭的話，那麼他哥哥至少也能就近看顧她。這麼做似乎能讓雙方都感到滿意。

另外還有一些原因，也讓森將注意力轉向了康乃迪克州。同樣在一八七二年的夏天，有三十位年紀介於十歲至十六歲之間的中國男孩來到了新英格蘭，他們的身分是中國教育使節團（Chinese Educational Mission）的先鋒。這個主意來自於容閎（Yung Wing），他於一八五四年自耶魯大學畢業，是耶魯大學的第一位中國人畢業生。這群中國男孩在岩倉使節團之後也來到了美國，而這並非偶然。雖然容閎已經提議這個計畫多年，但中國卻是在看到日本對現代化的努力之後，才真正開始行動的。而因著容閎與耶魯的淵源，使他找上了康乃迪克州的教育廳秘書柏西・格蘭特・諾索布（Birdsey Grant Northrop）。他們開始徵求願意照顧這些中國男孩的「文化素質良好的家庭」，好讓他們能在美國接受教育。結果反應出奇熱烈：共有一百二十二個來自康乃迪克州和麻薩諸塞州南部的家庭前來申請，遠超過真正所需的數目。[4]

森和諾索布在當時已經是好朋友了。而森身為在華盛頓的日本代辦，其工作有一部分是要了解兩百多位日本留學生在美國的生活動態。這些學生大多都是由日本政府資助的。也因為需要關注這些年輕人，森也開始進一步學習美國的教育制度。他經常到麻薩諸塞州及康乃迪克州的各個學校參觀，這兩州的公立教育制度在當時已非常完善。當森正煩惱該如何安置這些女孩時，他發現諾索布或許能提供幫助。因為諾索布和容閎已順利尋找到不少合適的寄宿家庭，表示這並非一件難事。況且現在森所必須安排的女孩只剩下三個，而非五個。

吉益亮的眼睛後來一直沒有恢復。雖然她戴上了綠色的遮光眼罩，但是那慢性發炎的症狀讓她已經幾乎無法讀寫。雖然看過了好幾位醫生，但他們診斷的結果都是：如果她繼續勉強使用眼睛的話，可能會導致失明。[5]因著身體上的問題，顯然她已無法繼續完成留學生的任務，所以必須返回日本。而根據森的決定，年紀和個性都與吉益亮相仿的上田悌，因為犯了嚴重的思鄉病，也將一起返國。

或許是想要效法容閎讓學生兩兩住在一起的做法，森也開始為捨松和永井繁（當時分別是十二歲和十歲）尋找一個寄宿家庭。在和健次郎、諾索布及愛迪森．范內姆（Addison Van Name，他是一位從事遠東研究的學者，同時也是耶魯的圖書館館長）討論過後，他們找到了一個不錯的候選人：就是李奧納德．培根（Leonard Bacon）的家庭，他是一位紐哈芬市著名的公理教會牧師。很快的，討論此事的信件就開始頻繁的往來於紐哈芬市與華盛頓之間。

「我去拜訪了范內姆夫人，討論關於照顧日本孩子們的事情。」那年夏天，培根的長女蕾貝卡（Rebecca）在給她爸爸的信中這樣寫道。「知道我們可能有意思讓山川小姐〔原文〕寄宿之後，她很高興，且說會立刻寫信給捨松的哥哥。同時，聽說有其他人也搶著想要捨松小姐，但這是不可能發生的。我已告知范內姆夫人，請范內姆先生和諾索布先生儘管提出他們認為合理的價格，您晚點就會知道了。」[6]*

一直以來，小梅都像跟在幾位姊姊身後的多餘小跟班，而當她知道姊姊們都要離她而去時，一開始真的嚇壞了。不過當森宣布：小梅將會搬回蘭曼家時，她立刻覺得放心多了。當時年僅七歲的小梅，除了需要老師之外，也需要一位像母親般的人來照顧她，而阿德琳．蘭曼也真的非常喜歡她，稱呼她是「從日出之國來的溫暖陽光。」[7]

李奧納德．培根是紐哈芬知識分子社交圈裡的重要人士。他擔任鎮上第一教會（First Church）的牧師已超過四十年，此外還是耶魯大學的神學教授，同時也是一位多產的作家與專欄主筆。他已經七十幾歲了，充滿皺紋的臉上有著德高望重的威嚴。他有飽滿的額頭、莊嚴的眉毛、白色的鬍子，以及似乎承載許多思緒而下垂的嘴角。他與前妻生了九個孩子，與第二任妻子又生了五個孩子。年紀最大的蕾貝卡是四十六歲，而最小的艾麗絲則只有十四歲。

紐哈芬是公理宗（Congregationalism，基督教新宗派之一）的重要據點，其思想體系可以追溯回新英格蘭的清教徒移民者，而培根的講道是最具影響力的其中之一。他是位極有權威的溫和派主義者，總是努力尋求中庸之道，相信新教徒的正統理論力量能夠促進道德與社會的進步。他整個事業生涯都支持反奴隸運動，並為之發聲；但是他卻也嚴厲批評那些採取極端方式的廢奴主義者。他同意黑人並非天生就是次等人種，但是他們卻永遠無法擺脫白人對他們的種族歧視，因

＊註：當時培根一家人已和健次郎彼此熟識，因此他們在一八七二年夏天通信討論時，重點都放在捨松身上，不過後來的計畫改變，永井繁也和捨松一起前往寄宿。

此他認為解決之道並非給予他們和美國人一樣平等的權利，而是應該將他們送回非洲。在那裡，黑人可以好好的發展和興盛，且毫無疑問的也可以將福音傳給他們尚未啟蒙的同胞們。

這些日本女孩也一樣，將來她們可以將這裡的智識文明，帶回那個尚在黑暗中掙扎的遙遠國度：十年後，當她們回到日本時，將會帶著基督教文化一起回去。同時，她們待在紐哈芬的歲月，也會為這裡帶來特別（及重要的）益處。然而，雖然培根的家庭富有創意且有各樣的發展，但是他們卻常常缺少資金。因此讓日本女孩們來寄宿，還可能帶來兩種好處：除了可以資助這個家庭的經濟以外，還有機會能將福音傳給異地的異教徒（而且不需要離開紐哈芬）。

其實對待在美國的日本人而言，種族問題並不深刻。在一八七二年，來到美國的那些日本人（為數不多且全部都來自武士階級）只是來這裡學習，然後就返回日本了。他們不會要求與美國人享有平等權利，或是搶走美國人的工作。和那些常常製造問題的獲釋奴隸，或是像瘟疫一樣惱人的中國工人不同，日本留學生總是表現得很得體。他們會很認真地念書，學成之後就返回祖國了。現在健次郎既然來到紐哈芬，自然也成了一個保證：如果真的發生什麼問題的話，他立刻就能出面解決。

然而，蕾貝卡對此卻似乎有些疑慮。蕾貝卡是位尚未結婚的中年婦女，她是個老師，還幫忙撫養自己的兄弟姊妹，現在則是父親的得力助手。她曾遇見過一位在紐哈芬附近念書的日本年輕人，印象並不是很好，尤其之後又得知他生了重病。「他們似乎不太能適應這裡的氣候，而且他還有些責任要擔負。」她寫信給培根先生時提到，當時他為了躲避紐哈芬的酷暑，正在氣候較為涼爽的利奇菲爾德山丘（Litchfield Hills）避暑。「這些男人的身體似乎都很虛弱，好像連皮箱都拿不動。而且他們可能已經選了身體較健康的男人前來美國了。」[8]

當健次郎與范內姆一來一往的討論著津貼問題時，蕾貝卡早已捲起袖子做了一些更實際的工作。她詢問了一些曾當過寄宿家庭的人，關於每週津貼的事。「哈奇斯（Hotchkiss）太太建議每週拿十三美元，」她這樣告訴父親，「但顯然的，她覺得若能拿到十五美元，也不算多。」[9]培根的第二任太太凱薩琳經常生病，所以能有學生來家裡寄宿也不錯，或許能順便陪她作伴。而培根的一些較年輕的女兒，則可以當她們的英文和音樂老師。

接受了女兒的建議後，培根同意了這項決定：每個女孩每週收取十五美元津貼，他將提供房間、膳食、衣物洗濯以及英文、算術和幾何學的指導。而衣物、書本、鋼琴課和醫療則要另外計費。（蕾貝卡算是幫了培根大忙，因為諾索布為中國男孩徵求寄宿家庭時，每兩個男孩每週是提供十六美元津貼，雖然說這個差異可能是因為美國對待日本和中國的態度本來就不同，也可能是因為日本政府對派遣學生到西方留學特別熱心，因此所提供的預算也不同。）[10]

與他頭腦冷靜的女兒不同，培根用一種傾向家庭溫暖的（而非金錢上的）角度去看待這次的安排。「我們的想法是，」他這樣寫信給范內姆，「不只把她視為一個寄宿者或房客，而是當成我們親戚或朋友的孩子，用父母般的態度和慈愛去關懷她。在這個家庭裡，我們會把她視為孫子般的照顧。」[11]

健次郎也同意了，甚至允許讓他妹妹和培根一家一起去教會。「然而我懇求不要給她任何宗教方面的教導，這方面將由我自己教育她。」[12]健次郎這樣寫道。畢竟，當時信奉基督教在日本仍然是不合法的。他那易受影響的妹妹必須盡量避免接觸之。

當華盛頓潮濕的氣候逐漸變成乾燥舒爽的秋天時，這個位於康乃迪克大道的特殊小家庭也預備要解散了。吉益亮和上田悌是首先離開的，她們要再次橫越美洲大陸以及太平洋回到日本，路程上將由湯瑪絲．安提歇爾（Thomas Antisell）太太負責照顧她們，她是一位愛爾蘭裔美國人工程師的妻子，是負責資助這些女孩的北海道殖民委員會所雇用的。到了十月底，她們已經回到了舊金山的格蘭飯店。「當她們停留在東部的時候」——這裡指的是美國東岸，而非充滿神秘風情的東方——「這兩位年輕小姐已經把英文學得很不錯了，且已脫下了她們原本華麗的東方服飾，換上了一般美國女孩喜愛的打扮，顯得非常時髦。」[13]《舊金山告示報》（*San Francisco Bulletin*）這樣寫道。無論如何，這兩個女孩只顯得非常高興。她們在美國的任務失敗了，而一旦回到東京後，就會變回無名人士。而她們彼此之間，以及與其他三位女孩之間的牽絆，之後也將永遠的消失。

小梅將會搬回喬治城，而她對這個安排感到很開心。因為女孩們都在早上的英文課練習寫

信，所以小梅寫了一封信給阿德琳．蘭曼。「我親愛的美國母親，」她一開始這樣寫道：14

> 您是位非常好的女性。您對我很好。您愛我。昨天我們去了森林裡，而且玩得非常愉快。您這麼慈愛，我永遠不會忘記。我很高興這個冬天還要住在您的家裡。

這些文字散落在整張紙上，文字寫得很優美但彼此似乎沒什麼關聯。看起來好像是寫了一句後，又停了很久才寫出另外一句。「深愛您的日本女兒。」小梅最後這樣署名。對小梅而言，或許她失去了幾位視為姊姊的親密夥伴，但是卻獲得了一對比誰都關心及熱愛她的父母。

一八七二年十月三十日傍晚，在森有禮的陪同下，捨松和繁一起搭上了開往紐哈芬的夜車。在經過了八個月之後，好不容易對華盛頓也漸漸熟悉了起來，現在卻又要踏上另一趟旅程，前往另一個陌生的地方。在那裡她們將會遇到許多初次見面的陌生人，而且她們必須完全倚賴他們。不過對捨松而言，擔憂中還夾雜著興奮，因為在紐哈芬有一個她認識的人。上次見到自己的哥哥，是在四年前那砲煙瀰漫的若松城殘垣中。現在她已無法清楚回想起哥哥的臉了，不過既然他現在是紐哈芬城裡唯一的日本人，要認出他應該不難。

經過十個小時之後，火車駛進了紐哈芬聯合車站，那時的車站還不是現在這個具紀念性的紅磚建造的雄偉建築，而是它的前身——是棟位於禮拜堂街（Chapel Street）的較小的建築物，風格稍顯古怪，中間有一座高塔，看起來就和鶴城最高的那層非常的相似。但此時女孩們沒有時間去欣賞這奇妙的景象。經過一夜的舟車勞頓，他們一行人匆忙走在教堂街（Church Street），城中有塊面向左邊的廣大綠地，其中矗立著三間莊嚴的教堂，稍遠則隱約可以看到耶魯大學的建築。過一會後，他們終於來到位於右邊的一幢看起來維護完善、有著白色護牆板的房子前面。

「那兩位日本女孩在今天到達了。」李奧納德．培根在十月三十日的日記中這樣寫道。「日本大使〔原文如此〕森先生也和我們共進晚餐」[15]這兩個男人發現他們有很多話題可以討論。因為森正在草擬一份建議書，預備向日本政府建言，希望能針對禁止基督教的法規作修改。對於這個主題，培根自然有許多的意見可以提供。而森也的確採納了許多培根的意見，此舉後來真的促使明治政府修改並放寬了關於宗教的相關法規。現在健次郎也不再需要擔心了。這個即將幫忙照顧他妹妹的男人，同時也將致力於建言日本政府，讓他這個被基督文化教養長大的妹妹不會受到任何懲罰。

培根和森很快著手為女孩們安排各樣事項。在同一天，培根交給森一份文件，上面列出他們彼此討論好的條件。「培根太太和我女兒將會好好看顧這幾位小姐的健康、品格以及舉止教養，並且會讓她們接受和上等新英格蘭家庭女兒相同的良好的訓練。」這是其中一部分的條列。這些女孩將會先在家裡接受教育，直到她們能夠去一般學校上課為止。「當她們的英文能力到達某種程度之後，」培根接著說道，「我們會協助她們閱讀一些將來對她們有所助益的書籍。」[16]所謂的有所助益，指的是能讓她們成為教養良好的淑女，可能是老師，但不會是學者。

其實培根對於女性成為學者，抱持著複雜的看法。他自己的妹妹迪莉亞（Delia）被認為是一位天才，她是有名的作家、演說家以及劇作家。而她執著地認為，其實莎士比亞的劇作是由一群才子共同創作出來的，包括法蘭西斯・培根（Francis Bacon）、愛德蒙・史賓塞（Edmund Spenser）以及沃爾特・雷利爵士（Sir Walter Raleigh）等人。「我一直覺得她這個可愛的理論只是一個錯覺。」[17]她哥哥這樣寫道。迪莉亞於四十八歲時於精神病院去世。

在李奧納德・培根的想法中，女孩子的最高目標不應是在學術界大放異彩，而是要能管理好一個家庭。在他寫給森的便條中，談到這些女孩時，也反映出他這樣的想法：

> 我們期待她們能習得關於處理家務的各項必備知識，這些知識也是幫助美國女性成為家庭女主人的要素。我們期待她們會願意被教導，且願意學習所有美國女兒都在學習的能力，這能夠幫助她們將來在重要場合中指揮家中僕人，並能指揮各樣事務。

森對此感到非常滿意。因為正是這種態度，才能教育出明治政府改革者們心目中的女性形象。「溫柔的妻子和智慧的母親」，用日文來說就是「良妻賢母」，這個詞彙很快就會在明治時期大大流行起來，而這種女性正是熱切想要進步的日本目前最需要的。她們的貢獻非常重要，但只限於家庭事務的範疇內。

但是對這些女孩而言，她們還想不到這些遠大的目標，目前只是待在位於教堂街的房子內開心的學習。在培根家度過了幾天之後，他們發現了兩件事：捨松和繁都是很活潑開朗的孩子，還有如果她們繼續住在同一間房子內，英文大概很難進步。到了週末，他們決定讓永井繁搬到距此約一、兩英里遠的費爾赫文（Fair Haven），在那裡他們找到另一位名聲良好的牧師約翰・阿柏特（John S.C. Abbott）願意讓繁寄宿。「要與有著特別的蒙古系五官和幽默風趣的永井繁分離，讓我們覺得有點落寞。」培根這樣寫道。「她是兩人中更活潑有趣的那位。」但是因為和健次郎有私交，所以培根不太可能讓他妹妹捨松搬出去，況且捨松的「單純、聰明及親近信賴人的個性，仍然讓我們覺得相當迷人。」[19]

自從美子皇后在簾子後面接見這五個女孩以來，已經快滿一年了（再過幾天）。而且現在只剩下三位女孩，這也將是她們第一次分開居住。而她們的美國教育也將正式開始了。

第七章 在美國長大

雖然在三個人當中，繁和小梅都把捨松當成姊姊，但是到了培根家後，她卻成了年紀最小的妹妹。除了一家之主的李奧納德·培根之外，這個家其他成員都是女性：凱薩琳是李奧納德的第二任妻子，她患了關節炎，因此得經常躺在床上。蕾貝卡雖然是凱薩琳的繼女，但她們倆其實年齡相去不遠，而蕾貝卡總是精神奕奕的打理家中每件大小事。奈莉（Nelly）和艾麗絲（Alice）是十四個孩子中最年幼的兩個（分別是十六歲和十四歲），所以仍然住在家裡。

幾個月內，捨松（她的美國朋友們都叫她Stemats）就成了極受大家喜愛的家庭成員之一。就連他們所雇用的那位負責洗衣煮飯、脾氣不好的愛爾蘭女人，也很喜歡她。「就算她們發現她是個『異教徒』，」培根寫道，「可能也不會有什麼改變。」[1]

總是散發威嚴的牧師本人，很快的也開始對這位新加入的小成員表現柔情的一面。在捨松搬到紐哈芬的第一年春天，費尼爾斯·泰勒·巴納姆（P. T. Barnum）的「巡迴博物館：野生動物、車隊和雜技表演」來到了這裡，吸引了所有的小朋友前去觀看。「巴納姆的野生動物表演在這裡停留兩天，但令人失望的是，我們沒辦法帶捨松前去觀賞。」培根這樣寫道。「我們知道她一定覺得很失望，但她沒有表現出任何不滿。」[2]在一年之前，捨松自己也曾像侏儒或是斐濟美人魚那樣被大眾不停的注目觀看過。或許她這次錯過了馬戲團表演，不過可以肯定的是，現在她也是屬於圍觀的人群這方了。

每天吃過早餐之後，捨松就會到培根太太的房間，和她一起念幾個小時的書。奈莉則是她的音樂老師，她們會一起坐在客廳的鋼琴椅上練習。不過和捨松感情最好的卻是艾麗絲。她們倆年紀相仿，而且都對學術研究很有興趣，很快就彼此形影不離。雖然捨松在上課時也很認真，不過因為常和這位新姊姊相處在一起，使她進步神速。她常常和艾麗絲（而非和繁或小梅）一起聊天，英文開始日益精進。

艾麗絲．梅柏．培根（Alice Mabel Bacon）年僅十四歲，是家中最小的孩子。或許大家會以為她應該是個極受寵愛的小寶貝，不過事實上她卻是個心思縝密且聰明的孩子，熱愛閱讀且有極為開放的心胸。她並不是培根家中第一位喜愛學術的女性。她最年長的同父異母姊姊蕾貝卡現在雖然回到家裡照顧生病的母親，但在這之前，是在維吉尼亞州的漢普頓師範暨農業學院（Hampton Normal and Agricultural Institute，即現在的漢普頓大學）擔任副校長。這是一間專為教育美國內戰後獲得自由的黑人所設立的學校。兩年前，當艾麗絲十二歲的時候，她曾花了一年的時間與蕾貝卡一起待在漢普頓，她除了在那裡上課之外，甚至還教一點書。其他老師都稱呼艾麗絲為「小教授」。[3]和捨松一樣，她也有超齡的獨立個性，並且很了解如何和與自己不同的人一起生活。

不久之後，捨松就預備好要和艾麗絲一起去葛洛夫小學（Grove Hall Seminary）上課，這是一間專為女孩子開設的小學，主辦人是馬莉亞．蒙佛特小姐（Miss Maria Monfort）。學校距離培根家只有一個街區遠，是一棟三層樓的建築，有著圓穹形屋頂和磚砌的魚脊形人行道。現在，捨松的世界從只須面對培根家的幾個女人，突然變成必須面對一整個教室的女孩。在日本時，捨松是在家裡上課的，而之後又遇到戰爭且到處流離失所，所以這是她第一次必須和許多年齡相仿的同儕相處。

那時候葛洛夫很流行一種簽名本，而她們的同學凱莉（Carrie）就有一本很漂亮的簽名本，封面是綠色的壓花皮革，上面用漂亮的燙金字體印著「Autographs」（簽名）。當傳到捨松手上時，她把本子旋轉成直立式的長方形（而非原本左右較寬的橫式長方形），然後從上到下用四個日文漢字寫出她的名字。而輪到向來不太能忍受傻子的艾麗絲時，她也大膽地寫下了評論。「停止妳們的閒談，學學我吧。」她用優雅的希臘文這樣寫道。然後又用英文署名：「真誠的 A．M．培根」。[4]不知道只是要求大家簽名的凱莉，後來是否有看懂這一頁的意思呢？

在此同時，健次郎也很留意不讓捨松的母語完全被英文取代，並盼望她不會因為漸漸習慣美國的生活方式，而腐蝕了對自己身為日本國民的身分認同。因此，他們每個星期都會碰面，學習日文及儒家思想課程。雖然捨松抱怨這些課程比她在學校的所有英文課都還要繁重，但事實上隱藏在她內心的武士精神也一直沒有消失過——至少從她書寫在同學凱莉簽名簿上的筆跡就可以窺知一二。健次郎完成學業後，就在一八七五年回到日本去了。但他仍然持續用遠距離的方式指導捨松，常會寫一些關於日本政治的長信寄給捨松。捨松很感謝哥哥的熱心，但她其實更希望可以知道多一點關於家裡的消息。

捨松在課堂外也持續學習著許多新知。雖然培根家遠稱不上富裕，但是因為李奧納德・培根的地位受人尊敬，因此他獲得了加入希爾豪斯社團（Hillhouse Society）的會員資格。這個社團是由紐哈芬的頂尖學術與商業界人士所組成，他們會定期碰面討論學術、藝術和市政相關議題。希爾豪斯街（Hillhouse Avenue）上有許多宅邸和巨大的榆樹，而這些知名人士大多住在這條街上。就在幾年前，查爾斯・狄更斯（Charles Dickens）還曾說這是美國最漂亮的一條街道。而住在希爾豪斯的太太們也有屬於自己的團體，叫做吾輩社（Our Society）。這個組織是為了幫助有需要的婦女或孩童而設立的。捨松和艾麗絲也會一起去參加這個聚會，她們會幫忙縫製衣服或製作尿布，提供給有需要的黑人家庭或是那些從普法戰爭（Franco-Prussian War）中逃出來的難民。這是捨松第一次接觸慈善活動。因為在當時的日本，並沒有由私人舉辦的慈善事業。

這段日子裡，她們除了讀書之外，也可以遊玩。住在培根家對街的是威廉・德懷特・惠特尼（William Dwight Whitney）及其家人。惠特尼本身是耶魯大學的梵文教授，也是美國東方學會的秘書官。惠特尼家的長女瑪莉安（Marian）年紀介於艾麗絲和捨松之間，除了是她們的鄰居之外，也是同學。瑪莉安家中最重視的就是教育，而她本身也是很喜歡念書的女孩，個性也很有趣。在天氣冷的月份，她們會一起玩西洋跳棋、滑雪橇或是在朋友家結凍的後院溜冰。當天氣較溫暖的時候，她們會去爬樹和游泳。捨松也很積極的參與這些活動，而且表現良好。「當我們開始學跳水時，我記得她那柔軟的身軀會從小竹筏往上跳到空中，然後像一支箭般筆直落入水裡；反觀我們卻總是濺起很多水花，水平的掉落在水面上。」[5]瑪莉安這樣寫道。

紐哈芬的夏天非常悶熱，而培根一家習慣性會在此時前往較北的科爾布魯克（Colebrook）避暑，那是位於利奇菲爾德山丘上的一個村莊，有較多的涼蔭與清爽的微風。想要前往科爾布魯克，首先要先搭火車到五十五英里遠的溫斯特德（Winsted），然後再風塵僕僕的搭乘運貨車前往目的地。科爾布魯克村莊裡只有一間小旅館、一間小店與一間教堂，凱薩琳・培根的兩位尚未結婚的表妹正住在這裡，她們是凱特・卡林頓（Kate Carrington）和莎拉・卡林頓（Sarah Carrington），年紀都是二十幾將近三十。她們平常會接待一些寄宿生，以便資助父母農場的收入。夏天時，住在城裡的表姊常會來此作客。她們會一起去湖裡玩水、釣魚，晚上則可以吟詩和玩字謎遊戲。

在一八七四年夏天，卡林頓家這棟位於山腳下的白色建築物裡，又住進了另一位寄宿生：他是譚耀勳（當時的英文拼音為 Yew Fun Tan）。那時有兩個來自中國教育使節團的留學生，他是其中一位，而凱特和莎拉小姐答應要讓他們借宿家中。譚耀勳當時十二歲，比捨松小兩歲，他和捨松一樣非常享受凱薩琳．培根像母親般的溫柔照顧。當夏天結束，凱薩琳和女孩們一起回到紐哈芬準備開學時，譚耀勳很快就寫信給她了。「您還記得您說過，希望常常聽到我的消息嗎？」他寫道。「即使您已經忘記了這句話，我卻沒有。」他還和培根太太分享了釣魚時的心路歷程。「因為沒能抓到那隻大鱒魚，我感到有點生氣，然而我不該被憤怒所征服。」他還在信尾「向各位培根家的小姐以及所有人」[6]問好。這裡的「所有人」應該也包括寄住在培根家的客人們。在這之後的好幾年，譚耀勳和捨松的生活仍然偶爾會出現交集。

到了一八七五年，捨松已經預備好要參加希爾豪斯高中（Hillhouse High School）的入學考試，這所學校也是紐哈芬的公立青少年教育體系中最好的一所。這裡的畢業生，若是男孩的話通常會進入耶魯大學就讀。女孩的話就會成為老師——至少可以教到她們嫁人為止。這項考試的科目包含了算術、文法、地理和美國歷史，另外還有書寫、音樂和素描。「請分析下面的句子：那些統治其他國家的，必須保持公正。」這是文法科其中一個考題。在地理科目中，應試者必須針對下面五個選項各提出一個國家：「1.野蠻國家，2.未開化國家，3.半文明國家，4.文明國家，5.智識國家」[7]如果捨松曾經看過她哥哥在被流放時期讀的教科書（就是福澤諭吉修改過的版本），應該會覺得有點熟悉。

在三年之前，捨松連向他人要求一件西式服裝的英文能力都沒有。但現在，她輕而易舉的就通過了考試。不過關於她究竟如何回答那道地理題目，卻已找不到紀錄了。

捨松的日子就這樣充滿了忙碌的學習課程、溜冰派對，前往科爾布魯克度假，以及健次郎的個別指導。然而，在這些事情之中，捨松最為期盼的是能去拜訪永井繁。不論她們倆的英文進步得多快，或是寄宿家庭主人多麼親切，但彼此的陪伴仍是讓她們最感放鬆的時刻。繁就住在離捨松不到半小時路程遠的地方，但因為彼此的課業和雙方家庭生活節奏的關係，她們偶爾才能見面。

雖然李奧納德．培根很捨不得讓繁搬走，但他對她的新寄宿家庭卻是極為贊許的：約翰．史蒂文斯．卡伯．阿柏特（John Stevens Cabot Abbot）是一位公理教會派的牧師，本身也和培根一樣頗具聲望（不過是在比較世俗的領域）。阿柏特畢業自鮑登學院（Bowdoin College），他的同學還包括了納撒尼爾．霍桑（Nathaniel Hawthorne）和亨利．沃茲沃思．朗費羅（Henry Wadsworth Longfellow）。比起當牧師，阿柏特發現自己在寫作領域獲得了更大的成就與滿足感。他的第一本書《母親的角色，或母職原則》（*The Mother at Home, or The Principles of Maternal Duty*）是在四十幾年前出版的，此書讓他變得極為出名。在那之後，他又著手寫了好幾本附有插圖的歷史書，題材包括法國大革命、拿破崙、腓特烈大帝和船長基德等等。和培根一樣，阿柏特對於理想的女性教育的看法，也和明治政府的改革者們的「良妻賢母」非常相似：「因為母親們是孩子們早期的監護者與指導者，因此她們對男孩們長大成人後的品格塑造具有最大的影響力。」[8]

事實上，阿柏特家是非常適合作為學生的寄宿家庭的：因為他們位於東格蘭街（East Grand Street）的家坐落於街角一片寬廣空地，是一棟二層樓的建築，本身就是一間學校。美國內戰讓許多年輕男人犧牲了生命，因此同世代的女人則大多成為單身者，而很多人則成為了老師。阿柏特家的長女艾倫（Ellen）年約三十幾，也是一位老師。因為沒有自己的小孩，所以她投入心力幫忙培育他人的孩子。阿柏特小姐的學校是由兩間設備良好的起居室構成的，可接納將近一百位孩童入學。學校分成三個分部：小學校部門負責教導五歲左右的孩童基礎知識，學術部門則專收十歲到十五歲的學生，而高等部門則提供哲學、修辭學和語言等課程。阿柏特小姐學校的教職人員中，名列首位的是她母親，負責教導英文和自然科學。其他教職員還包括四位老師和一位音樂專業人士。

雖然在小學校部門，男孩約占了一半的數目，但是當他們漸長之後，通常就會轉到其他學校就讀，或是聘請私人家教。因此阿柏特小姐的高等部的學生幾乎都是女孩居多，而要讓她們完全專心於課業則似乎有點困難。阿柏特小姐在學校的導覽手冊上曾寫了一篇文章，〈給家長們〉：[9]

> 只要有一天缺席，或是請一個下午的假去參加派對，都會大大影響學生的學習進度。因為到了第二天，學生通常會覺得跟不上進度或是預習不足（十個人內約有九個會是如此。）因為沒有參與前一天的學習內容，所以她對新課程會感到不熟悉，甚至會導致整個星期都出現學習困難的狀況。因此，缺席一堂課的損失，永遠都無法彌補。

這篇文章的口吻雖然嚴厲，但其實阿柏特家的氣氛是歡樂的，比培根家那清教徒式的嚴謹風格更加有活力且輕鬆。對繁而言，阿柏特小姐很快就變成了「奈莉阿姨」（Aunt Nelly）。她不僅是她的老師，有時也像母親或朋友一般。奈莉阿姨除了教繁認識《聖經》以及如何禱告之外，當夏天到來而學校暫時關閉時，奈莉阿姨會帶著繁去各地進行實地考察旅行：[10]她們會去位於麻薩諸塞州西南的伯克夏（Berkshires），或是去波士頓，繁在那裡體驗了採草莓，她們還去了波士頓圖書館觀賞了一些日本藝術品。有時會去南塔特克，受人尊敬的阿柏特先生曾在那裡帶領一群信徒會眾。她們還去了位於新罕布夏州的白山（White Mountains），在那裡繁看到在華盛頓山坡休憩地小山羊群。當阿柏特去鮑登學院的畢業典禮致詞時，繁也跟著一起去了，她還拿到了朗費羅的簽名。

就像捨松有艾麗絲・培根和瑪莉安・惠特尼陪伴一樣，繁也有皮特曼（Pitman）家的女孩作伴。海倫・皮特曼（Helen Pitman）是她的同班同學，她有兩個妹妹蕾拉（Leila）和莉茲

（Lizzie），她們是阿柏特家的鄰居，而且雙方父母也是親密的朋友。當奈莉阿姨忙著家裡和學校的事情時，皮特曼一家就會陪在繁的身旁。有了他們的陪伴，喜歡與人互動的繁的生活圈就能從學校教室擴展到更大的社交圈。她會去教會以及主日學，偶爾還會參加聯誼會。有一天晚上，她和海倫與蕾拉去參加拼字比賽，這是由她們教會姊妹與其他教會的人彼此對抗的競賽。[11]當皮特曼太太不小心拼錯了「catastrophe」這個字時，真的非常驚險，但幸好接著對手也拼錯了字，這場比賽因此反敗為勝。優勝者獲得了一支絲質的雨傘，而亞軍則獲得一套狄更斯的作品集。

原本永井繁應該是該社區唯一的日本人，不過在一八七五年的夏天，狀況出現了改變。皮特曼家仿效阿柏特家，也邀請了一位有抱負的海軍軍校學生到他們家寄宿。這個年輕人叫做瓜生外吉*，當時正準備進入安納波利斯海軍學院就讀。諷刺的是，這所建立於一八四五年的美國海軍學院（United States Naval Academy，即安納波利斯海軍學院），其大部分課程都是由海軍准將培里所構思的。當培里於一八五三年指揮著黑船進入江戶港時，應該沒想到過後來會有日本籍軍校學生進入該海軍學院就讀吧。

瓜生當時十八歲，身形較為瘦小，有著精緻的五官。雖然到美國留學的女孩都是在自己不知情的狀況下被選上的，瓜生卻並非如此。他是被自己藩國加賀（位於日本海沿岸）的長輩們所選上的，從十二歲起就跟著外籍老師在藩校學習英文、物理學、化學、航海學和工程學。十五歲時，他步行了三百英里來到東京，進入海軍兵學寮就讀。在那裡，他的英文成績特別優秀，且開始對基督教產生興趣。不過同時，他也是個熱愛傳統的人：他是一位書法家、傑出的圍棋高手，閒暇時也熱愛哼唱日本傳統能劇裡的歌謠。

瓜生除了深富才華之外，也具有野心，不過他很少將這種企圖心表現出來。在平常的日子裡，他的個性勇敢又受歡迎，是個好公民及忠心的朋友，只是偶爾有點嚴肅。「敬畏耶和華是智慧的開端，」他在繁的簽名簿中這樣寫道，「認識至聖者便是聰明。」[12]（此為聖經中的箴言第九章第十節的經文。）皮特曼一家人非常喜歡他，甚至當他進入安納波利斯海軍學院就讀後，放假時還常回到皮特曼家裡度過。他在學校的表現也讓這個寄宿家庭感到非常驕傲——雖然體重幾乎不達一一五磅，但是同學們很快就認可了他高尚的道德情操。「我們以前常開玩笑說，若要在班上找一個真正的基督徒，那就非瓜生莫屬了。」[13]他的一位同學這樣回想道。當有需要解決班上的「麻煩問題」時，他們通常會找瓜生出面處理。這是一個多麼可愛的男孩啊，皮特曼太太常這樣讚賞的跟繁說道。他和你將會非常相配。[14]

雖然捨松和繁已經越來越融入位於紐哈芬的寄宿家庭，也因彼此友情的陪伴也感到安心，但

---

*關於瓜生這個姓氏，雖然現代英文譯法多譯為「Uryu」而非「Uriu」，但皮特曼家一直到今天都使用「Uriu」這舊的譯法。

她們也沒有忘記住在喬治城的小梅。她們兩人定期會去看望小梅。康乃迪克州的教育局秘書諾索布除了平常就很關心女孩們的生活之外，還在一八七四年聖誕節帶她們前往華盛頓。

「小梅仍然像往常一樣健談，」捨松從喬治城寫信給培根太太時提到。「她除了會讀之外，還很會背詩。您還記得嗎？我們在科爾布魯克的報紙上讀到的新聞，說她獲得四個獎項，那都是真的。」與節儉的培根家不同，蘭曼家非常的慷慨。「晚餐之後，」捨松在同一天稍後又寫道，「我沒有辦法再繼續寫信給你，因為我吃了太多生蠔，所以沒辦法動筆。」[15]

在紐哈芬，捨松和繁會花好幾個小時一起思考和討論關於日本的事，而捨松的哥哥健次郎和繁的鄰居瓜生外吉有時也會加入。與之形成強烈對比的是，小梅則是幾乎已經想不起來到蘭曼家之前的事了。蘭曼夫婦對待小梅猶如最受寵的女兒，而非身負他國政府任務的特使。當小梅剛來到蘭曼家時年紀還非常小，而搬進蘭曼家也讓她忘了之前顛沛流離的日子。因為無須擔心其他家庭事務或是經濟問題，所以阿德琳．蘭曼能將全部的愛放在小梅身上，而小梅也用同樣的深情回報她。

「親愛的蘭曼太太，我認為應該要寫字條告訴您，今天下午我是如何度過的，還有我幾點上床睡覺。這樣一來，如果您到家時我已經睡著了，您也可以知道所有的事情。」當小梅的新媽媽第一次在下午外出且把她留在家裡時，她寫了這張字條。「我現在正在換衣服。我明天要當個好女孩，要比今天更乖。我剛剛有點找不到我的睡衣。我已經禱告完了，現在準備跳到床上睡覺。」[16]如果是在一個武士家庭，很難想像家中的小女兒是否會寫這樣親密的字條給母親，因為武士家庭的母親在入夜後，是幾乎不會去兒女房間看望的。

小梅的世界觀似乎也改變了。她曾用英文寫信給親生母親初子，信中談到她做了一場夢：「我夢到我要回家，然後帶著琴（她的姊姊）跟我一起回美國。蘭曼太太也和我一起回家了。而在我們詢問了好幾次之後，終於來到一棟房子前。那是津田先生的房子，一棟三層樓的美國房子。我按了門鈴之後，琴跑出來了，她很高興看到我。」[17]而對初子而言，她對於自己女兒在這個美國家庭受到如此細心的照顧，感到既驚訝又感激。「我一直認為，小梅在您的家裡似乎比在日本還要開心得多，因為在您的照顧之下，她享受了很多溫暖。而您也像照顧親生孩子般的照顧她。」[18]初子（用日文）寫了信給阿德琳．蘭曼。五個女孩中最年長的吉益亮，現在已經回到東京了，她去拜訪了津田家，並用許多鮮明的字眼描述了蘭曼家的情形。

蘭曼夫婦讓小梅進入了露西．史蒂文森（Lucy Stephenson）小姐的喬治城大學學院（Georgetown Collegiate Institute）就讀，這名字聽起來很響亮，實際上只是一間給女孩讀的小學校，才剛成立不久，地點就位於幾個街區之外。[19]一個鄰居的小孩瑪莎．米勒（Martha Miller）也同樣在這間學校就讀，小梅很快就和她成為了要好的朋友。[20]瑪莎會幫忙趕走過分關注小梅的某些孩子，例如在早上上學途中，會有黑人或白人的小孩企圖要拉小梅的長辮子。不過，很快地小梅也為自己建立起了良好的名聲。她特別擅長槌球遊戲和草地網球，當大家一起在小公園樹下打球時，她總是領先的那個。她也很擅長下西洋棋，此外還相當挑食。她會避開所有不熟悉的奶製類食品——甚至是冰淇淋——而且喜歡醃製肉勝過新鮮肉類。蘭曼夫婦相當欣賞她這種有主見的個性。「她會明確的拒絕他人的提議。」[21]查爾斯．蘭曼這樣寫道。

當小梅在史蒂文森小姐的學校念到第二年底時，她已經是班上功課最好的學生，並在該校第二年度的畢業典禮上獲得表揚。這個消息也傳到了位於科爾布魯克的培根家。「典禮上頒發了許多獎項，而令人驚訝的是，至少有四個獎項是頒給年輕的日本小姐津田梅，得獎項目分別是作文、書寫、算術和儀態。」[22]《國家共和黨報》（*Daily National Republican*）這樣寫道。另外還有一項傲人的事蹟是，之前在班上的朗誦比賽，當其他學生都只是念出書上的片段時，小梅卻是用背誦的，而且沒有任何錯誤。她背誦的作品是布萊恩特（William Cullen Bryant）的〈白足鹿〉（White-footed Deer）。

布萊恩特的這首詩共有十八小節，一個九歲的小孩能夠背起來的確是非常厲害。查爾斯．蘭曼因而感到驕傲，還寫信給布萊恩特本人，告訴他小梅的表現。「若要說我這首詩有任何的價值，」布萊恩特回信寫道，「那應該是它所提倡的對於弱小動物應抱持人道精神。或許有一天她會忘記這首詩，但是我衷心希望這首詩的精神永不會被忘記。」[23]另一間報紙也認為，小梅的成就「正暗示著，東方人的心智裡也能有美國人的思想」。[24]

正當小梅的英文能力越來越進步時，她的日文卻漸漸退步了（雖然蘭曼夫婦也曾盡力想要幫助她）。小梅來到喬治城後，蘭曼夫婦曾邀請一位十六歲的學生川村清來與他們同住。[25]川村也是被父親派遣來美國接受教育的，但是他本人比較想成為藝術家。川村在這裡接受蘭曼的英文及繪畫指導，而他則教小梅日文作為交換。但這個安排並沒有持續太久，六個月後，川村就前往巴黎追尋藝術夢想了。

兩年後，小梅仍然沒有找到合適的日文家教，當時駐在華盛頓的日本大使吉田清成認為這狀況不甚妥當。「吉田先生認為我應該要學日文，」小梅寫信給她的母親時提到，「他的夫人身邊有一位女士（還是女僕），她將會教我日文。」[26]然而，這個課程也並沒有達成任何成效（如果真的有上課的話）。事實上，即使查爾斯・蘭曼認為不會日文是件很糟的事，小梅的父親卻不這樣認為。在他與蘭曼來往的信件中（總是用英文書寫），津田仙對於女兒日文能力的流失顯得毫不在意，他相信只要她回到日本就能夠恢復了，而他女兒也樂於贊同。「小梅她自己常說，她來美國是要學英文的，所以沒必要又用日文來搞混自己。」[27]蘭曼這樣寫道。

像海綿一樣，小梅充分吸收著蘭曼家那上層中產階級特有的特質與優勢：一方面積極努力自我進步以及滿足智識上的好奇，另一方面也想努力依循清教徒的教規，認為應該要致力於拯救那些仍然在黑暗裡勞苦的人們。而因為查爾斯・蘭曼在日本大使館工作，也使他覺得有責任要幫助小梅了解公民職責。因為急於展現小梅的早熟天賦，他會指定小梅一些寫作題目，並將內容分享給他的同事以及小梅在日本的家人。而小梅雖然回應了蘭曼先生所在意的公民教育使命，但也隱

約保持她身為日本人捍衛祖國傳統的心情。「親愛的蘭曼先生，」她在某篇指定的文章中寫道：[28]

您要我寫一封信或是作文給您，內容要我提出對於日本改革以及該如何改革的看法。我認為想要改變日本的所有事情是錯誤的看法……我希望日本可以維持原本的語言和服裝，但可以同時擁有美國學校和日本學校。他們應該要繼續製作陶瓷、青銅器與刀劍，正如以往。不過有些事情日本需要改變，例如剪刀和一些其他的東西，因為美國在某些事情上做得更好。我希望他們（指日本所有的人）都成為基督徒，而所有的寺廟都可以改建成教會，因為要建造新教會太麻煩了。所以只要把所有的偶像和東西拿走，並改變一些設備的話，就可以變成教會了。我相信它們可以變成很美的教會。

事實上，小梅在離開日本之前，就已經開始接觸許多西方的事物了。當海軍准將培里率領驚人的黑船抵達江戶港時，她的父親（當時還是青少年）就是被派駐看守那些老舊沿岸大砲的年輕武士之一。從那時起，津田仙就決定要學習西方的事物：他離開了自己的藩國前往江戶，並在二十幾歲時就學會了英文，成為將軍的翻譯官。雖然後來天皇掌權使他失去了這個職位，但在一八六九年，津田又為自己找到新的落腳之處：他成為東京第一間專為外國人服務的飯店的經理。這間飯店叫做「飯店館」（ホテル館），是一間能完美呈現明治早期時代氛圍的建築物。前面三個日文字是從英文的hotel（飯店）的發音而來，後面的館則代表建築物之意。這棟建築物融合了東、西方的風情，有西式的裝框窗戶，但牆壁卻是傳統的菱形海參牆（日本稱海鼠壁）。花園是日本式的，但室內卻是灰泥塗牆。在這棟三層樓的建築物裡，有兩百間房間，工作人員則超過一百位。對日本人而言，這麼巨型的建築物令他們印象深刻，在許多流行的刊物上都曾有相關報導記載。不過它也非常昂貴且不方便，而且是建造在蚊蚋肆虐的沼澤地上，食物對外國客人而言也不甚美味。後來這飯店事業還是結束了，津田在做了兩年之後就辭職了。當女孩們前往美國不久後，飯店館也於一八七二年被大火燒成灰燼。這是個很巨大的損失，但是津田在這裡學會了許多關於西方的事物，以至於他有能力繼續追求別的事業。他開始進口外國產品到日本：例如草莓、蘆筍、茄子和無花果等等。很快的，他也成為明治政府在西方農產品領域的指導顧問。

和許多支持改革的日本人一樣，津田仙也認為西方文化之所以強大，和基督教脫不了關係。雖然他和家人一直等到小梅去了美國之後，才皈依基督教，但津田從來不像健次郎那樣，對所謂野蠻人的宗教抱持著警戒的敵意。而小梅現在既然寄宿在一個極重視信仰的家庭，似乎更沒有理由抗拒此宗教了。在到達蘭曼家一年後，她就要求受洗。蘭曼夫婦雖然對於小梅的要求感到很開心，也急於回應，但是因為知道日本向來對於基督教抱持的矛盾心態，所以蘭曼夫婦先把小梅帶到傳教士潘林溪（Octavius Perinchief）那裡（他是賓夕法尼亞州無教派教會的牧師，同時也是森有禮的教育政策顧問）。「我曾為某些成人施洗過，但他們對於此宗教的確信和把握甚至不如小梅來的明確。」[29]潘林溪曾這樣寫道。事實後來也證明，小梅想把寺廟改建成教堂的想法是有先見之明的。「小梅若知道我的確租下了一間寺廟，並移走了裡面所有的偶像，每個星期天還請蘇波（Soper）*先生來講道的話，她應該會很高興吧。[30]而且除了我們以外，還有一些鄰居也來參加禮拜。」津田於一八七五年寫給蘭曼的信中如此提到。小梅的姊姊琴後來也和父母一起信從了基督教。「你遠離我們在外，我想你應該會遇到很多困難。」琴用英文寫信給小梅，「但如果我們相信耶穌基督，並從祂獲得幫助的話，那麼我們就會感到快樂。」[31]

小梅似乎是很虔誠地信奉基督教。在喬治城花園的一棟小屋裡，住著一對黑人夫婦傑佛瑞（Jeffrey）和瑪格麗特（Margaret）。他們為蘭曼家工作。查爾斯·蘭曼很愛說起小梅會在星期天早上，帶著她的《聖經》和禱告簿前往小屋拜訪他們的事，她還會為這對年長的夫婦舉辦小型的主日學。幾年後，當時傑佛瑞已成為一位鰥夫，他仍會想起小梅，並好奇這個來自日本的女孩現在變得如何。「噢，先生，她真的是個好女孩。」他會這樣告訴蘭曼先生，「而且她還告訴瑪格麗特如何能夠進入天堂。」[32]

然而對小梅而言，當時在喬治城的家就是她的天堂。在那裡，她被老師讚賞，也被暫時撫養她的養父母疼愛著。在夏天，他們會帶著她到新英格蘭，甚至遠至加拿大旅行，並將她介紹給社交圈中最卓越的人物認識。小梅曾握過參議員查爾斯·薩姆納（Charles Sumner）的手，也曾坐在朗費羅的腿上。「獻上一吻給你們家的日本小朋友。」[33]朗費羅曾在某封寄給蘭曼的信件結尾這樣寫道。

在一八七六年的夏天，三位日本女孩一起拍了珍貴的合照。捨松站在中間，她身形較為瘦高，身穿直條紋洋裝，腰間繫著寬緞帶，並在左邊打了個結。她的頭髮往後梳攏，前額則有捲捲的劉海。兒時較為圓潤的臉頰，現在已經拉長且顯得較為成熟，她的表情看起來既嚴肅又平靜。在她左邊的是繁，比捨松矮了半個頭，手挽著捨松穿著直條紋衣服的手臂。繁的臉仍然是圓圓的，表情比較柔和，衣服領口有皺褶，額前同樣是捲捲的劉海。捨松的右手圍繞在小梅的肩膀上，而嬌小的小梅則靠在她的腰間，且用右手握著捨松繞在她肩上的手。此時，捨松和繁已經有了年輕女子般豐滿勻稱的身形，而小梅仍穿著小女孩的簡單洋裝，五官也仍舊稚氣。她們三人就用這樣特殊的姿勢面對著這世界。「三人幫」是她們給自己的稱號，她們這次為了一次特殊的旅程而聚首。此時，捨松是十六歲，繁是十五歲，小梅是十一歲，而美利堅合眾國則是一百歲。

為了慶祝美國的百年誕辰，在費城舉辦了一場盛大的展覽會。這一場「展示藝術、製造業與農礦產品的國際展覽會」（International Exhibition of Arts, Manufactures and Products of the Soil and Mine）規模如此龐大，甚至成為了國家誕辰的同義詞。[34]「你去過百年紀念展覽會了嗎？」

---

* 朱尼斯・蘇波（Junius Soper）是一位美國循道宗（Methodist）傳教士，就是他幫助津田仙和津田初子改信了基督教。

人們會彼此詢問道。「你喜歡百年展覽會嗎？」[35]過去幾年的一些創傷（包括美國內戰、重建時期以及一八七三年的經濟大蕭條）已逐漸癒合，而美國也開始慶祝他們所擁有的龐大資源與無限創意。他們相信這些「遲早能幫助國家從失敗的坑谷重新站立起來，並成為進步與改革的先鋒。」[36]

在費城的費爾芒特公園（Fairmount Park）那占地二八五公頃的空地上，搭建了兩百五十五個展示館，還特別製作了較窄軌的鐵路，讓參觀者可以搭乘火車來往於不同的建築物之間。巨大的主建築（Main Building）有一八七六英尺那麼長（此數字紀念該年分），它是世界上最大的建築物，約有六個足球場加起來那麼大，並讓來自三十七個國家的展覽者在內住宿。紀念館（Memorial Hall）裡的百年藝術展則展示著各種作品，包括來自法國與義大利的驚人裸體像，以及由阿肯色州的農夫之妻所製作的奶油淺浮雕作品〈夢中的愛俄蘭斯〉（The Dreaming Iolanthe）。[37]這個奶油雕塑是放在一個牛奶鍋裡的，而這鍋則放在一個冰桶裡，以防止奶油在悶熱的夏天裡融化。

最吸引人的是機械館（Machinery Hall），在這裡無論是外國或本國遊客都能親眼見證美國即將從一個農業國家轉變為工業國家的具體實例。無論是奧的斯（Otis）電梯、雷明頓（Remington）打字機還是亞歷山大・貝爾（Alexander Bell）的電話電報接收機都在展覽之列，但最重大的展覽項目則是偉大的科利斯（Corliss）蒸汽引擎，這是「由鋼鐵鑄成的大力士」，為館內所有的展覽物提供動力。《大西洋月刊》的編輯威廉．狄恩．霍威爾斯（William Dean Howells）極富詩意的形容道：「無論這隻象徵國家的鳥兒在別處是否安靜不語，在這偉大的革新與進步面前，牠都不得不因驕傲與滿足而高歌。」[38]身為一個獨立國家，美國已經成熟了，已經從一個粗俗的暴發戶變身為其他國家的導師，其證據就存在於這間機械館。「使新的年歲更勝於從前！」[39]這是約翰．格林利夫．惠提爾（John Greenleaf Whittier）為展覽開幕所做的歌曲中的最後一句。這首歌立刻大大的流行起來，甚至威脅到〈哥倫比亞萬歲〉與〈星條旗〉的地位。

在五月到十一月之間，共有九百萬人各付了五十五分錢，參觀了自己國家的偉大成就，而且他們在費城內就能環遊世界。許多國家也在此搭建了自己的獨立展區，而日本就搭了兩處：一個是「日式住所」的模型，另外一處是工藝品展覽區，裡面擺滿了「龍的飾品、草蓆、茶杯、燈籠、櫥櫃和象牙雕刻」，[40]非常吸引路過的行人，特別是女士們。在工藝品展覽區四周則圍繞著古典的小型日式庭園，「看起來就像給人偶住的宮殿，」一位參觀者評論道，「單是一棵美國橡樹就可以遮蔽整座公園。」[41]參觀者無不感到非常欣賞，雖然其中隱約含著參觀動物園的心情。「這些古雅又嬌小的日本人，踩著搖搖晃晃的步伐，眼睛位置有點歪斜，舉止特別溫和沉穩，他們到底是如何……做出這麼美妙的事物呢？」另一個人評論道。「可惜無法看到他們穿著那充滿異國風情的服裝，否則就更如詩如畫了。」[42]霍威爾斯惋惜地說道。然而事實是，自從有好幾個「亞洲人」（包括日本人和中國人）在光天化日之下受到騷擾之後，大部分來參展的日本人都為自已換上西式服裝了。

在七月，捨松和繁一起從紐哈芬來到了費城，在和小梅與蘭曼夫婦會合後，他們也加入了展覽會的人潮，一起參觀這盛會。自從她們三人穿著和服在舊金山度過困惑茫然的日子以來，已經過了四年。現在她們穿著合身的服裝，自在地穿梭於不同的展覽攤之間。因為這裡面有太多外國人，所以相對之下她們顯得不甚起眼。她們和大家一樣，為這展覽的規模與領域之浩大而深深的著迷。她們看到一個亭子正展示著自由女神像拿著火把的巨大手臂，人們可以在此認捐一些錢，以資助將來女神所站立的底台的製作費。另外還看到一些不常見的零嘴，例如一根根用箔紙包著的香蕉，竟然賣到十美分的高價。在這一個月之後，有一百一十三位中國教育使節團的年輕成員們也來參觀此百年紀念展。[43]和捨松她們不同的是，這些中國人本身也成了焦點之一。他們穿著寬鬆的中國外袍和布鞋，頭上戴著時髦的西式平頂硬草帽，長辮子從帽子下方冒出來垂到後背上。他們在學校的作業被展示在康乃迪克州的展覽區，而且每個男孩還有機會與格蘭特總統握手。

如果不是日本大使吉田清的出現，這些女孩可能會被完全忽略。吉田清加入了蘭曼一行人的行列，一起住在傳教士潘林溪的家中，開車只要四十分鐘就能到達展覽會場。那年夏天，潘林溪的家成了日本人士聚集的非官方總部，而日本派來的百年紀念代表團成員也前來拜訪吉田夫婦。這個夾雜美、日文化的團體就這樣多次一起前往費城參觀展覽。他們下午會聚集討論與讚嘆展覽的內容，而吉田和同事則會和女孩一起在潘林溪家的草坪上玩槌球。另一方面，百年紀念代表團的領袖福井誠則似乎對此展覽規模之龐大感到困擾：「第一天，群眾像羊群般一下往這邊跑，一下往那邊跑，到處地跑。只要有一個人行動，就有一千人跟著他。沒人能仔細看清什麼，也沒人能做些什麼。大家都匆匆忙忙的推擠、拉扯、尖叫並發出許多噪音，嘴裡嚷嚷著許多話，搞得自己很累，然後回家。」[44]

小梅的評論就沒這麼嚴苛。「那棟主建築長約三分之一英里，是整個展覽裡最有趣的地方。」她寫信給位於喬治城的朋友時提到。「主要入口處的門上方裝置了一座管風琴，是美國最大的管風琴。」而主建築裡的日本區展示著「最精巧美麗的各式青銅器、漆器和瓷器」。[45]小梅和其他的美國參觀者一樣，對這些物品感到著迷又好奇，而機械館則是「非常精采」。如果這百年紀念展覽有激發起小梅心中任何的民族自豪心，這其中可能同時包含對美國以及對日本的自豪。不過在參觀過幾次之後，她開始同意福井的看法：「但是，一直走來走去參觀各樣事物真的很累人。」炎熱的天氣和擁擠的人群開始造成一些影響：費城之行不久之後，小梅染上了傷寒，這也是她寄宿在蘭曼家時唯一一次不適。

接下來那年的春天，也就是一八七七年四月，捨松自希爾豪斯高中畢業了。在阿柏特小姐的學校，拿到希爾豪斯畢業證書的大多是女孩，因為班上的男孩都已經離開去準備大學入學考試了。畢業典禮的活動是大家精心預備的，學生們針對「狄更斯所描述的家庭生活情景」、「土耳其問題」、「女性的過去、現在與未來」等各種主題發表了演說，中間還穿插了孟德爾頌、海頓和韓德爾的樂曲演奏表演[46]。而一八七七年畢業的班級則自己譜寫了原創的畢業歌曲，這是一首略帶感傷歌曲，表達了對同學與老師的惜別之情，並期許上帝會「保守每個人的生命都充滿豐富的愛」。捨松是這個班級裡唯一繼續升上大學的學生。

畢業典禮通常會給畢業生一種自己已經長大的感覺。「我昨天晚上去拜訪了阿柏特小姐，而我很高興自己有去。」那年夏天，蕾貝卡．培根寫信給她繼母時，在信中表達了極度不滿的情緒。她剛發現捨松和繁想要在暑假期間前往長島，也就是南安普敦的海邊度假。「我發現這趟冒險旅程是由這兩個日本女孩自己計畫的，」她字跡潦草地寫道，而從她拼字出現許多錯誤、某些字畫了下底線，以及用了許多驚嘆號的信中，可明顯感受到她憤慨的心情。「從這兩個孩子安排計畫的方式，就可以看出她們急著想獨立自己行事，也看出她們的能力不足。」蕾貝卡繼續寫道。根據她的報告，這個計畫是女孩們……

想要靠自己到南安普敦去，而且她們竟想要投宿在旅館！她們宣稱——或應該說是捨松宣稱——她們有足夠的能力可以做到——「對，和繁一起」！——她就是這樣說的。A小姐恨快就拒絕了——她告訴捨松，她不知道培根太太會不會同意讓她去住旅館，而即使培根太太同意了，A小姐自己也不會允許繁這樣做……顯然的，現在捨松已經開始「自以為是」，所以應該讓她了解，因為她還是沒經驗的小孩，所以不尋求監護人意見的做法是錯誤的。

當時蕾貝卡必須照顧年邁的雙親以及尚未獨立的弟妹，而這些都必須仰賴有限的預算，也沒有多餘的錢可負擔一趟多餘的旅行，因此蕾貝卡會如此憤怒也不難理解。「我不認為去南安普敦對她會是件好事，」蕾貝卡在信的結尾寫道。「A小姐告訴我，昨天繁得知蘭曼太太和小梅將會去那裡度過暑假。」[47]顯然這就是那最後一根的稻草——雖然其實蘭曼夫婦才是捨松與小梅真正的監護人，但蕾貝卡似乎一想到蘭曼太太對捨松寵愛有加的景象，就覺得很惱怒。

後來，捨松還是去了。日本大使館提供了一張五十五美元的支票負擔她的花費。而捨松倚賴培根家的日子也到此結束。[48]

第八章　瓦薩學院

「我們大多數的人，在日本都算是激進分子。」希爾豪斯高中有一本由學生發行的刊物《拾穗者》，在創刊號中有位筆名「陌生人」的學生這樣寫道。「在這個科學與文明發達的時代，我們不想過著中世紀般的生活。我們想要改變並進行現代化的改革。」[1]

這位「陌生人」很可能就是捨松。雖然這所學校內還有四位來自中國教育使節團的男孩，但當時捨松是校內唯一的日本學生。而這篇文章所討論的主題，似乎也很符合捨松的個人經驗。健次郎的努力並沒白費：他的妹妹雖然在美國長大成人，但她仍然清楚記得自己日本女兒的身分。雖然當時的日本正決意要向西方文明學習，但有些西方的概念或想法，對於日本女性而言仍然過於激進。「其中一項是婦女權利，」捨松宣稱道。「我們認為女性的使命並不是要主導政治集會、在法庭上進行審判，或是站在講壇上講論神學。」這並不是說蘇珊·安東尼（Susan B. Anthony）或伊麗莎白·凱迪·斯坦頓（Elizabeth Cady Stanton）真的提倡這麼高的目標，只是她們在追求女性平權時的極端激進主義形象，確實讓捨松感到不甚自在。

此外，捨松認為日本有另一項勝過西方的傳統，就是對於孩童的教養。「我們不相信孩童有獨立的能力。」然而，這女孩雖然在文中這樣寫著，但她自己卻在十一歲時就被家人送到地球的另一端求學。「在日本，孩子們被教導要順服長輩，並要相信父母的看法永遠比自己的明智。」她自己也一直是順從的，且持續地相信著。然而，她似乎沒有發現一件和自己說法相互矛盾的事，就是她自己的英文比日文流利，而且還正努力準備著美國大學的入學考試。當時從來沒有任何日本女孩曾獲得大學學位，或曾夢想要得到這樣的文憑。當初因遵守皇后的命令來到美國受教育，但捨松卻也因此永遠邁向了與日本前輩們完全不同的道路。

就算在美國，女性接受高等教育的想法也是剛萌芽不久。當時美國只有非常少數的女性教育機構真正獲得了成為大學的特許證，例如衛斯理學院（Wellesley）、史密斯學院（Smith）和瓦薩學院（Vassar）。而在這些學校裡面，只有瓦薩學院已經開始招生超過十年。凱薩琳．培根正好在該學院開辦後，去參觀過這間位於紐約波啟浦夕市（Poughkeepsie）的瓦薩學院。「我從來沒看過這麼美麗的大學，如此的寧靜，而在晚上十點過後，當你想到這裡有四百個人同住在一屋簷下時，這種沉默和安靜讓人覺得很驚訝。」[2] 她寫信給丈夫時這樣提到。

馬修．瓦薩（Matthew Vassar）沒有受過正規的教育。他將家族原本的小型啤酒釀造廠經營成全國最大規模的公司後，在三十幾歲時就順利躋身波啟浦夕市的上流社會。到了一八六一年，年近七十的瓦薩亟欲為自己建立永垂不朽的名聲。當時他將一個裝了四十萬八千美元（占他總財產的一半）的馬口鐵盒子，放在精心挑選的瓦薩女子學院委員會成員面前（當時這間學校其實還沒正式成立）。

他的家人都認為他瘋了，但是瓦薩的想法很堅定。「我認為一個國家的母親們可以塑造未來公民的品格，決定該國的各項習俗制度，甚至決定其未來命運。」他告訴這間新學校的董事們。「僅次於母親的，是女性教師的影響力。她們被雇用是為了訓練年輕的孩童們，而他們在那段時間內所學習的事物，將會成為一生中最鮮明的記憶，且將永遠發揮其影響力。」[3]

瓦薩女子學院和當時其他高等教育機構非常不同，最特別的是所有學生都住在一棟大廈裡：這間雄偉的主大樓（Main Building）有五百英尺寬，五層樓高。「室內有蒸氣暖爐、瓦斯照明、良好的通風設備以及充足的乾淨水源。」[4]還有電梯、小禮拜堂、圖書館、藝廊、演講廳和教職員公寓。主大樓前面有一條寬廣的大道，兩旁種植著尚未完全長成的常綠樹，成為整個校園的主要地標。甚至有人將它與巴黎的杜樂麗花園（Palais des Tuileries）相提並論。

「我常常想起艾麗絲，並且希望她能來這裡，因為我沒看過有其他學校能提供比這裡更好的健康與戶外活動設施。而且這裡的學生只要有意願，都能學習到其他機構沒辦法提供的教養課程。」當凱薩琳來這裡拜訪時，她真的很驚訝。「我的意思是，與其他女子學校相比。」[5]她補充道。

後來因為培根家無法負擔，因此艾麗絲並沒有繼續讀大學。不過在一八七八年九月，在瓦薩女子學院第十四學年度開始時，捨松和繁搬進了主大樓，她們的學費是由日本政府支付的。她們也是首兩位非白人的學生。[6]繁將成為音樂系的特殊學生，而捨松則會攻讀完整的四年課程以取得學士學位。

捨松和艾麗絲兩人可說是情同姊妹，而她們兩人在企圖心與能力上也實力相當。捨松並不會逃避任何出現在她面前的挑戰。瓦薩女子學院在七所知名女子學校（後來被稱為七姊妹女子學院）排行首位，並宣稱要讓女學生接受與耶魯及哈佛男學生相同水準的教育。看來，就這方面而言，捨松似乎不太在意為自己要求平等權利。

瓦薩的學生宿舍非常高雅，除了有地毯和搖椅之外，還有軟墊沙發和靠壁的書架，而床架則是用黑胡桃木雕成的，寬度足夠可以讓兩個女孩一起睡。平時有僕人會幫忙整理房間，還有一位令人敬畏的「女舍監」維持女孩們的秩序。每一層樓都有室內浴室，而每個學生被規定一個星期必須洗兩次澡。[7]每天晚餐後做完禮拜，一天就算結束了。在星期天則有聖經課程和時間較長的主日崇拜。三餐是在餐廳裡面吃的，每個女孩有屬於自己的固定位置，也有自己的餐巾。[8]休閒娛樂方面，在占地兩百公頃的校園內，女孩們可以自由地在鋪著碎石的路徑上散步，也可以在湖面上划船或溜冰，或是去學校專屬的保齡球館打球。學校要求每位學生每天必須有兩次二十分鐘的私人靜默時間，並建議可以在這段時間內禱告。[9]每個人必須於早上六點三十分起床，晚上十點熄燈。膳宿和學費是每年四百美元。

瓦薩女子學院是個自成一格的小天地，而教授們如同諸神殿裡的神祇。圖曼．貝可斯（Truman Backus）是英文系主任，他的年輕與對文學及時事的熱情，特別吸引女學生們。「他會讓我們保持清醒，而我們也不想缺席任何一堂課，以免漏掉任何事情。」一位學生回憶道。「他讓我們自己思考，這就證明了他是一位真正的好老師。」[10]然而比起聽他講課，有些學生似乎更喜歡盯著他看。「您應該看看他如卡西烏斯（Cassius）般的身材比例。」有位女學生這樣對她母親說道，「修長、平滑，且如棕色的海沙般肌理分明，而最美的是他銳利的藍色眼睛。」[11]

如果說貝可斯教授的特色是耀眼迷人的話，那麼荷蘭裔的藝術系主任亨利．范．英恩（Henry Van Ingen）就是非常親切。英恩教授溫文儒雅又容易親近，他那內斂的幽默感讓每個女學生都覺得很舒服自在，不過在課業上卻要求高標準。當一位學生在臨摹拉斐爾的小天使雕像時，她猶豫著要不要把裸體完全呈現出來，但是英恩卻很肯定地說道：「怎麼了？快點把它完成吧！把你看到的每個細節都畫出來。只要是上帝所創造的，你們無需感到羞恥。」[12]女學生們很崇拜他。「我希望在每封信件中都談論他。」[13]有位學生這樣寫道，「他是我們困難重重的人生中的一塊綠洲——如果併用兩種隱喻的話。」[14]

最令人難忘的是瑪麗亞．米切爾（Maria Mitchel）小姐，她是一位天文學家。（在瓦薩女子學院，男性教導者會被稱為「教授」，但是女性教職員則都只被稱為老師或「小姐」。）[15]在瓦薩女子學院裡，第一棟被完成的建築物就是天文觀測所，這是一棟設備良好的兩層樓磚砌建築，屋頂是圓穹形的，還有一架觀測能力很強的望遠鏡。而自從學校創辦以來，米切爾小姐就宣稱這棟建築是她的領域。她的身材較為矮胖，有著方形的下巴，但頭髮卻燙成精緻的小捲髮，整體令人印象深刻。她還發現了一顆彗星，該彗星因此以她命名，而她的朋友們也都是很知名的女性，包括朱莉亞．沃德．豪（Julia Ward Howe）和伊麗莎白．凱迪．斯坦頓等人。此外，米切爾小姐沒有耐心遵循一些繁文縟節，也沒空理會執著於這些禮節的傻瓜。

米切爾小姐直率的態度讓許多人感到不甚舒適，但無論是稱讚或是批評，她並不在意他人的看法。在學期剛開始的幾個星期，她會愉快的問學生們，「妳們適應得如何？」[16]有不少學生覺得受到鼓勵。「努力學習，就像你會永遠活著；努力生活，就像明天你將離世。」[17]是她的座右銘。而且她堅持女性教職員的成就，必須和男性同事一樣獲得認可。另外，她最出名的就是會舉辦「圓頂派對」（doem party）[18]，被邀請的幸運兒們將會一邊玩猜字遊戲，一邊享受草莓奶油，以及米切爾小姐自己寫的詩。這些詩是特地為這個場合而做的。其實她心裡深知，即使是最具天賦的學生，將來也不太可能會決定成為一輩子單身的科學家。在某次派對中，她朗誦了下面的詩給客人聽：[19]

那些用心靈仰望藍天的人

也能做好女性的工作
就如同作為姊妹、女兒、母親或妻子
也會讓生活中充滿星光燦爛

仰望繁星是份孤獨的工作。雖然瓦薩女子學院的學生的確是接受高等女子教育的先鋒，但畢業後，她們大多仍然選擇結婚並成為母親，而非學者。

所有的大一新生都必須修習拉丁文、數學以及自然歷史。除此之外，捨松第一年的課表上還加了英文作文、德文和基礎素描。繁是美術部的特殊學生，她修習音樂歷史和理論、聲樂、鋼琴和管風琴。此外，她在第一年也選修了英文作文和法文，以及一點數學（在入學考試時，算術是她的弱點）。除了剛到華盛頓時曾住在一起之外，這是她們首次再度一起生活。在捨松的堅持下，她們又在功課表上加了一門科目：日文。她們每天會在房間內，用日文聊天練習一小時的母語。

雖然繁很努力地配合朋友所安排的語言練習課程，但她其實更想到外面去享受娛樂活動。若說捨松的個性是勤奮、優雅且好學的話，那麼繁就是容易興奮而充滿樂趣的。作為一個學生，繁的表現並不特別突出，但她的個性很惹人喜愛：在需要做拉糖或是玩雪橇，或是有人從城裡訂了冰淇淋、蛋糕請大家吃時，這種熱鬧的場合一定少不了繁。她也喜歡跳舞，她詮釋蘇格蘭高地舞的舞姿總是惹得同學們哄堂大笑。當有人躺在醫務室時，去探望慰問的人總是繁。「當我在瓦薩念書時，若有身體不舒服的時候，印象中總會聽到繁那喀喀作響、輕巧有趣的腳步聲，我就知道她正經過走廊，並為我帶來一壺檸檬水，以及無止盡的慰問關懷。」[20]一個朋友這樣寫道。

繁經常在學校的音樂會上演奏表演，而她所詮釋的舒伯特、孟德爾頌和莫札特總是獲得大家溫暖的掌聲。《瓦薩文集》（*Vassar Miscellany*）上的公告也讚賞她活潑生動的表現力。來自史特拉斯堡、頗受尊敬的音樂家暨學者弗雷德里克．瑞特（Frederick Ritter）是音樂學部的主任，繁後來也成為他的學生。雖然繁在此是專攻歐洲音樂，但她並沒有忘記兒時的那些旋律。在一疊手寫的職員報告書上，有一張瑞特先生寫的字條這樣寫道：「日本小姐永井繁給我的日本曲」。[21]

捨松的形象則完全不同：她態度優雅但有點內斂，聰明且具企圖心。她精通英文，並曾在《瓦薩文集》上發表了許多精練的文章。她有一種國際性的氣質。但對同學來說，她看起來比較「像富有詩意的猶太裔女孩」，[22]有點異國風情，但不完全像是個外國人。另一方面，繁則「看起來就是個道地的日本人」。當繁閒暇時愉快的參加捉迷藏遊戲時，捨松則不斷磨練西洋棋技巧，並在惠斯特牌戲中打敗所有的老師。另外一位英文老師海倫．希斯柯克（Helen Hiscock）形容捨松是一位高又苗條的女孩，但「裡面蘊藏著極大的潛力」。「有時候當課堂裡瀰漫著昏昏欲睡的氣氛時（這是所有經驗老到的老師最害怕的），捨松（Stematz）*會精神抖擻的背誦一段文學作品或邏輯學，讓她那些精神不濟的美國同學們感到一陣羞愧。」[23]

唯一能讓捨松冷靜的臉龐露出興奮表情的，是她在學校郵局的時候。在那裡，她偶爾會收到來自遙遠國度的信（這些信所曾旅行的距離，是住在波啟浦夕市的女孩們從未曾經歷過的遙遠旅程，除了繁之外）。這些信可能來自住在東京的健次郎（信中會充滿政治和國際事務的話題），也有可能來自俄國。捨松並不是家中唯一被送出國念書的女孩，她其中一位姊姊山川操也正在聖彼得堡念書。[24]她們從小到大很少生活在一起，因此這對姊妹除了生活體驗非常不同之外，連語言也不相通：操在生活中使用的是法文。所以每當收到姊姊從遠方寄來的信時，捨松就要聚集她的朋友們開個小型諮詢會——有些人會幫她想怎麼回信，另一些人則幫她把回信內容翻成正確的法文。幫捨松寫回信不但有趣又充滿異國風情，比她們寫信給自己家人有趣得多了。[25]

就像繁和小梅經常把捨松視為她們的領袖一樣，捨松的同學們很快的也開始仰賴起她。在第一學年結束前，捨松已經被選為下一年度的班長。「我相信她會當選班長可能是因為她很勤奮，又或是因為她特別受到大家喜愛，但不知道原因到底是哪一個。」[26]十四歲的小梅寫信給她在東京的母親時，曾這樣提到，字裡行間似乎透露著一點嫉妒。或許是因為這樣的稱讚，過去向來都

＊雖然在紐哈芬，大家都把捨松的名字寫成「Stemats」，但這位漸漸長大成熟的大學女孩喜歡將自己的名字寫成「Stematz」，並且在往後的日子裡都一直沿用。

是落在她自己的身上。

當捨松升上二年級後，因為身為班長的緣故，她必須在二年級的派對上，對剛入校的大一新鮮人發表演講，而她表現得非常得體。[27]她還被邀請參加莎士比亞社（Shakespeare Society），這個社團通常只邀請文學方面極有才華的人加入。她的成績也是班上數一數二的，大家都希望成為她的朋友。此外，每年學校還會慶祝「創校者日」，即創校者馬修．瓦薩的生日。在三年級的時候，捨松被選為此創校者日活動的司儀，她穿著日式服裝主持了整場活動。在這位身材高瘦、皮膚微黑的女孩身上，似乎有某種童話故事般的氛圍，雖然本人一直強調她並不是所謂的公主：然而若是普通女孩的話，誰又有必要釐清這種傳聞呢？

瓦薩女子學院中最大的學生組織是「菲拉雷西恩社」（Philalethean Society），意即「熱愛真理者」（Lovers of Truth），當初創立時原本是個文學社團。當捨松和繁加入時，這個社團已經成為負責校內大部分娛樂活動的團體了：包括朗誦、演講、音樂和最有名的喜劇表演（「熱愛真理者」的成員們不穿褲裝，因此表演男性的女學生們會戴上假鬍子，上半身也會穿著男性服裝，下半身仍穿著平時的長裙）。雖然捨松自己沒有上台參與演出，但是她的名字卻以另一種形式出現在晚上的表演節目。「山川小姐的散文或許是整場活動中最令人享受的節目，」《瓦薩文集》在一八八〇年秋天這樣報導著。「她讓我們了解了傳統日本家庭的生活情景，而她對兒時情景栩栩如生的描述，也輕易地吸引了大家的注意。」[28]在捨松的兒時回憶中，「有高雅的蓮花和寬闊的圓形葉子」，[29]漂浮在美麗的湖面上，「沒有人能穿著鞋子進入室內，將鞋印留在乾淨整齊的榻榻米地板上，還有一群侍從、女僕、園丁和守門人負責管理看守整個豪華的大宅院」。試問在當時有誰能講出比這更浪漫美麗的故事呢？

雖然暑假時她們會暫時離開瓦薩女子學院，但捨松和繁的聯繫未曾中斷。在三個月的暑假中，她們會回到紐哈芬，或是前往更涼爽的地方度假，通常小梅和蘭曼夫婦也會一同前往。在暑假時前往布洛克島（Block Island，這是羅德島州〔Rhode Island〕岸邊仍維持原始風貌的一個景點）度假，已經是蘭曼家好幾十年來的習慣。蘭曼夫婦會住在海景飯店（Ocean View Hotel），這是新英格蘭最豪華的度假飯店之一，女孩們可以在走廊上到處溜達，傍晚則和將軍、法官、政客或是作家們（都是美國這段鍍金時代的知名菁英分子）一起玩牌。[30]

小梅很高興在旅途中可以有姊姊們的陪伴。她們最喜歡的活動是去海邊游泳，特別是捨松。「捨松很會游泳，」小梅佩服地說道。「她在水中活動起來特別的自在。」[31]蘭曼還會帶著女孩們一起開車到島嶼南邊盡頭的懸崖，在那裡他們可以觀看海浪撞擊岩石所形成的美麗浪花。有個特別的晚上，他們被邀請參加夜間航行。小梅後來寫信給母親講述了當晚的情景：「那天晚上特別的靜，完全沒有風，所以我們航行得很慢。海面上映照著月亮的倒影，顯得非常美麗。在航行途中，有幾個人開始唱起了各種歌謠，曲調非常甜美。」

在一八八一年的六月，小梅來到波啟浦夕市參加畢業典禮。當初日本政府給予女孩們十年的留學時間，而期限已快到了。捨松和小梅已經順利申請到再多留一年的資格，以便完成她們的大學及高中學業，不過對永井繁而言，三年的大學課程已經足夠了。她的健康有些問題，眼睛也出現一些狀況。現在她已經取得了瓦薩女子學院的音樂畢業證書，且瓜生外吉也即將從海軍學院畢業並返回日本。

這段日子以來，繁一直和住在費爾赫文時的對街鄰居瓜生外吉保持著聯繫。瓜生甚至也曾到過瓦薩女子學院一次，那時候一群軍校學生被邀請至瓦薩的舞會當男舞伴。那年六月，瓜生也曾再次到波啟浦夕市拜訪。一路走來，他和繁的成長過程非常相似，也和大部分的日本人完全不同。因此，他們漸漸發現或許未來的人生也可以一起走下去。

瓦薩女子學院的學期結束時，會舉行一連串的活動：包括校長對畢業班的致詞、一場音樂晚會（繁和其他五位音樂部畢業生將是主要演奏者），還有畢業紀念日（由高年級學生將火把傳遞給低年級）以及畢業典禮。繁是今年的畢業生，而捨松身為三年級生也有許多活動要忙，因此就由（自認已長大許多的）小梅在整場典禮中扮演女主人的角色，幫忙招呼繁的客人入座（其中也包括瓜生）。「姊姊們說我幫上了很大的忙，」小梅寫信給蘭曼太太時這樣提到，「我整天都跑東跑西的，親切的招呼大家，而且很晚才上床睡覺，第二天又要很早起床並照看每件事，我覺得特別疲憊。」[32]

在畢業典禮中，畢業生都坐在會堂的前排部分，而當繁的老師瑞特教授自願演奏管風琴時，許多較低年級的學生就擠在走廊上聆聽。此外，整場典禮的重頭戲是兩位高年級學生的辯論，主題是「試論黑人的命運是否早已注定」。贊成的那方辯論者宣稱：「無論何時，當較低等的種族與較高等的種族彼此相遇時，較低等的那方都必須臣服，並成為奴隸。」她的對手雖然對黑人的未來抱持較樂觀的看法，但卻在開場時說出「扁平的頭、扁平的鼻子和厚嘴唇」這樣的形容詞，並說出「我們不該期待黑人們會從奴隸的身分中發展出高格調的文學和藝術」這種評論。[33]

在捨松、繁以及她們的客人面前討論這個話題，是否曾造成任何人心中感到不快呢？關於此事並沒有留下任何歷史紀錄。在大多數人的心中，這幾位優秀的女大學生都是屬於一個特別的種族：當然是有色人種，但也非常有才華、盡責和值得稱讚——可以說是她們正在發展中的（雖然仍是異教徒）國家的驕傲，同時也是瓦薩所引以為豪的。「從校長和教職員的態度行為中可以發現，顯然他們很希望我能進入學校就讀，」小梅寫道，「但我猜沒有辦法。」因為日本政府只許可她再多待一年。[34]

到了十月，繁已經來到舊金山，並準備要搭上汽船海洋號（Oceanic）返回日本。約十年前，這個都市曾讓她感到茫然失措，但現在她卻如此喜愛（雖然可能還是有點高高在上的感覺）。「透過與阿柏特一家人的關係，她也和新英格蘭地區一些知名的文藝家庭建立了親近的關係，並且耳濡目染了這些人的氣質、習慣和風俗。」[35]《舊金山紀事報》報導道。「她現在是位優雅的女孩，有著嬌小的身材、開朗聰慧的臉龐，以及有禮卻不做作的態度，穿上美國服裝也顯得很美麗。」看起來「裡裡外外都像是個道地的新英格蘭女孩」的繁，在離開美國前留下了這樣的評論：

> 除非我國的女性同胞及母親們開始接受教育，否則我們國家將永遠都沒辦法進步。然而我國婦女若如此年輕就進入婚姻，將無法好好接受教育，因為在十五歲到二十歲的年紀，應該要在學校內好好學習才對。

她並沒提到自己接受了美國教育之後，接下來要怎麼做。當時她已經二十歲，也已非常認真的完成了學業。以她自己的邏輯來看的話，現在可以結婚了。雖然要回到許久不見的故鄉可能會讓人有點惶恐（離開日本時是十歲），不過未婚夫也正在那裡等著她。以日本武士的傳統而言，通常會為兩個鮮少碰面但彼此合適的年輕人安排婚約，不過繁將會嫁給她自己所選擇的男人。在這趟回家的旅程，她的興奮感更勝於恐懼，她熱切的想要回國與瓜生外吉見面，並進入人生下一個階段。今後將有一個丈夫永遠陪伴在她身旁，而且是一個能夠理解她心意的人。

繁並非當時船上唯一的日本女性。她還有一個女伴，是個叫做詩織・露易莎・若山（Shiori

Louisa Wakayama）的年輕女性，年紀約和當初剛到美國時的繁差不多。而她的故事也和繁的差不多曲折。

她是若山儀一的女兒。若山儀一是一八七二年和繁一起來到美國的岩倉使節團成員之一。當和使節團一起來到紐約時，若山曾留宿在一間由一位牙買加裔女子所經營的旅舍，她的名字是茱莉亞・莎娜罕（Julia Shanahan）。她曾離過婚，「有著西班牙的血統、黑色的眼睛，穿著時髦且受過良好教育」。[36]在若山離開美國不久後，莎娜罕女士也跟著到了日本。三年後，她再次回到美國，身邊還跟著一個女兒。她說想要讓女兒在美國接受教育，而若山答應每年將會支付高達一千美元的金額給她。幾年過去後，他漸漸的不再支付這筆錢，而且還提出訴訟想要回女兒。這個可憐的女孩雖然淚眼汪汪地站在證人台上，但是法官仍然把女兒判給了父親。所以現在露易莎・香織將要回到日本，並在旅程中仰賴繁的照顧。

那年夏天，新聞每天都熱烈的報導著這件事。「當露易莎必須與莎娜罕女士離別時（她叫她媽媽），莎娜罕女士顯得很激動。」《紐約論壇報》（*New-York Tribune*）這樣報導。雖然該報措辭謹慎，但很顯然莎娜罕夫人的確是詩織・露易莎的母親。「除了那有點特殊的丹鳳眼之外，她看起來就是個道地的美國女孩。」[37]《紐約時報》（*New York Times*）這樣報導。「她有著奶油般的肌膚、烏黑的秀髮和甜美害羞的表情，在身體特徵上和一般日本女孩有很大的不同（日本女孩習慣於群體生活且家教良好）。」[38]而且她父親的國家並不是很接納混血兒，她也不會講日語。繁對於兩人同樣曲折的過去感到驚訝，似乎也在航程中給了詩織很大的安慰——或許她也隱約覺得，相比之下自己的處境要幸運多了。

當繁啟程返回日本時，捨松也回到了瓦薩女子學院繼續她高年級的課程。她非常想念室友的溫暖陪伴。「我常常想起繁，並且好奇遠方的她正在做些什麼。」她寫信給小梅時這樣提到，「我願付出一切代價，只為了得知她到達日本以及和朋友重逢後的心情。」[39] 小梅當時已經快要完成她在亞契學院（Archer Institute）的高中學位，亞契學院是一所專門給華盛頓地區菁英家庭的女兒們就讀的學校。陸斯佛得．比察．海斯（Mrs. Rutherford B. Hayes）太太是當時的總統夫人，她也是亞契太太的私人朋友。海斯太太每年六月都會參加畢業典禮，負責頒發獎牌與畢業證書。[40] 而幾乎每位教過小梅的老師，都對她稱讚不已。亞契學院的巴伐利亞音樂老師認為她「是一位有抱負、毅力且真誠有禮的學生——而且與同年齡的歐洲或美國女孩比較起來，她絲毫不會遜色」。[41]

捨松當時孤單一人在瓦薩女子學院，年長小梅五歲的她，那時非常羨慕小梅。「如果能見面的話，真希望可以和你好好聊聊。」她從宿舍寫信給小梅。「我一定要想辦法回去一趟。天啊，若能坐在蘭曼太太客廳裡的火爐旁，該有多舒服呢。想到我所在之處和你那邊的差距如此之大，就讓我感到憂鬱。今天是個潮濕又難受的日子，而且這裡什麼令人值得高興的事都沒有。我真希望現在就和你在一起。想到蘭曼太太家那麼舒適優渥，就讓我開始想家了。」[42]

繁也一直想念著喬治城，不過另一方面，她也因為剛回到日本而感到開心及興奮。她已經正式與瓜生外吉訂婚了，並且和家人團圓。多年前將她送到美國的哥哥益田孝，現在已經是三井物產貿易公司的社長，而此公司後來也成了首屈一指的大型貿易公司。但是當繁從東京寫信給阿德琳・蘭曼時，她對「過去美好時光」的懷念之情溢於字裡行間。「就現實而言，我不能、不該、也不會再回到那些日子了，因為神已經帶領我回來日本教書，要把您和其他美國朋友曾向我展現的美好事物都教給大家。我現在已不再是個需要學習的孩子了，而是一名老師。現在每個來到我面前的人，都渴望我告訴他們該怎麼做……我在他們眼中是年長的，雖然我還不覺得自己年紀有多大。」她這樣寫道。「我回到日本的時間點是恰到好處的，感覺在神的幫助下，我將能有所貢獻。」[43]然而在她勇敢的字句之下，隱藏的是比捨松的雨天憂鬱更強烈的想家情緒。「我真希望現在可以坐在您明亮的起居室裡，親吻蘭曼先生那滿是鬍鬚的臉頰，聽聽小梅說說閒話，以及那明亮的火爐裡燃燒木材所發出的嗶剝聲。還有看著您忙進忙出的照顧大家。喔！蘭曼太太。」

在寄往瓦薩女子學院的信中，繁很謹慎的盡量輕描淡寫自己的狀況，但卻似乎仍讓捨松感到不甚舒適。她的好友很快就要嫁給一個前途光明、即將成為海軍軍官的男人。雖然繁在信裡也提到，日本的一切都像當初的美國一樣令她感到陌生，但字裡行間也掩飾不住欣喜的心情。雖然必須拋棄女大學生的自由身分，成為一個處處受限制的日本新娘，但仍然有令她開心之處。「有許多的瑣事，」[44]她開心的寫道，忽略了她心所知捨松可能必須面對的問題。無論將來繁是否要在日本找一份關於婦女教育的工作，她在日本社會的地位都已經是有保障的了。但若是一個單身女孩決定獻身工作不結婚的話，她是否能再次在日本社會中生存呢？甚至連捨松的同學也發現，捨松在那年經常抱持著莫名的憂鬱情緒。

然而捨松沒有太多時間可以憂鬱。現在她已經是「菲拉雷西恩社」的主席，必須負責安排各種會議和戲劇活動，除此之外，還有自己修習的各門課程，包括化學、寫作、地理、歷史、哲學、文學和希臘文。她還花時間在瓦薩女子學院傳授關於自己祖國近代政治歷史的知識。「除了現代可獲得的一些資訊之外，」她在那年的《瓦薩文集》中這樣提到，「大多數美國人似乎都對於這個島國的政治或社會狀況不甚明瞭。」[45]在提出這個看法後，她又寫了一篇簡單探討日本從將軍全盛時期到現在明治政府興起的過程的文章。若是健次郎知道了，應該會感到很驕傲吧。

聖誕節時，捨松回到了紐哈芬，她所有的課業與未來煩惱都因悲傷而暫時放下了：在一八八一年的聖誕夜，李奧納德．培根去世了，享壽七十九歲。他的妻子與三位較年幼的孩子陪伴在床邊，另外還有捨松和在科爾布魯克那年夏天認識的中國男孩譚耀勳，他現在已經是耶魯大學三年級學生。那天晚上就是譚耀勳幫忙跑去找醫生的，但是卻太遲了。

兩天後，譚耀勳和捨松一起站在培根的墓前。耶魯大學的校長諾亞．波特（Noah Porter）對於培根先生的無私胸懷感到印象深刻。「如果他當初能預知，在這些來參加他葬禮的可敬人士當中，也有許多來自日本和中國的代表，以及他家人和許多親朋好友的話，他應該會這樣說吧：『我一生沒有白活了。』」[46]波特在訃聞中這樣寫道。

李奧納德．培根從來不曾吝嗇幫助這兩位年輕人，而儘管他們來自異國，卻能在這裡感覺家庭般的溫暖。雖然中國政府因為害怕基督教的影響，已發令召回留學生，但培根卻幫助譚耀勳繼續留在耶魯，並向朋友募款以幫助他。「我從來未對你、培根博士、奈莉或艾麗絲，以及你們所做的一切，表達過感激之情。因為這些恩情讓我覺得像是在家裡一樣溫暖，所以反而說不出口。」[47]譚耀勳在他寫給凱薩琳的慰問信件中這樣提到。

從葬禮回到瓦薩女子學院後，捨松很高興收到一張培根的紀念照片，是由凱薩琳寄來的。「這是一張很棒的照片，每次我看著它時，都覺得好像是培根博士正在跟我說話。我把它立在書桌的上方，每當讀書寫字時，它就在我的頭上方。而每當我抬頭看，就會想起他偉大又美麗的一生，以及他所為我做的一切。」她寫給凱薩琳的信中提到。「我相信擁有這張照片對我來說意義重大，因為每當看著這張照片，就提醒我今後也要過得真誠良善，正如他對我的期許一樣。」[48]

現在，曾照顧她的養父已經走了，而她待在美國的時間也快結束了。不過那年冬天，她收到了兩封令她振奮的信：其中一封信來自位於聖彼得堡的姊姊山川操，信中除了有一只珍珠戒指之外，還有她即將於四月回到東京的消息。而另一封信則來自繁。「當我看到那熟悉的字體時，簡直快要瘋狂了。我以迅雷不及掩耳的速度撕開信封，並快速瀏覽了內容。」捨松寫信給凱薩琳，培根時這樣提到。和繁的信件一起寄到的還有一份禮物：一件縫了襯墊、藍底紅邊的風帽。「在這種寒冷的天氣裡，當我去岸邊或去溜冰時，它特別能派上用場。」[49]她寫道。

時間過得很快，又到了畢業的日子。六月十三日畢業紀念日這天，是個充滿榮耀的日子，主大樓前的樹上裝飾著玫瑰色與銀色（此兩色為學校代表色）的緞帶，象徵著婦女教育的曙光已照亮了過去的黑暗。在會堂內，一八八二年畢業的三十九位畢業生，正專注的聆聽著她們選出來的班代表的致詞：一位是演說家、一位是歷史學家還有一位女預言家，她的工作是負責幫每位畢業生發出充滿慈愛的預言。

捨松收到的預言，某些部分有些好笑，其他部分又很令人敬佩。該女預言家預測這位日本同學回到日本後，將能夠鬆一口氣，因為日本人表達友情的方式比較含蓄（在這裡，每當有人用熱情的擁抱歡迎她時，捨松總會覺得有點尷尬）。「然而，她將沒什麼時間停下來休息，」預言家繼續說道，「將來會有日本新聞這樣報導：『在日本帶領女性改革的領袖是山川捨松。她是日本社會的菁英，而且既時髦又受歡迎。』」她的同學們都點頭表示贊同，接著預言家做了結論：「她那雙『棕色的小手』已經做了許多原本做不到的事，包括管理這間寄宿的學校。但是她表現得很好，而且比我們大多數人都更能善用瓦薩所給她的教育。」[50]

接著大家又走到陽光普照的室外，四年級學生將她們的班級紀錄表埋到選好的樹底下，完成了儀式之後，就隆重的將這紀念性的鏟子交給三年級學生。這天晚上，學生們彼此聚集並共進了晚餐（之後還會與家人、老師們一起在晚會廳裡欣賞音樂及舉辦舞會），這是她們最後一次與彼此分享四年的親密情誼。她們坐在一張長型的餐桌邊，開懷大笑的幫每個人取有趣的暱稱。[51]捨松因為常常一臉溫厚的笑容，被稱為「無憂無慮小姐」。

第二天早上是畢業典禮，天氣仍然很晴朗。在十點三十分時，畢業生們都已在會堂前排就坐，周圍圍繞著許多女校友和來賓。常駐於紐約的日本領事高木三郎帶著好幾位職員一同前來觀禮。日本政府為捨松準備了華麗的繡花絲綢，作為她的畢業禮服。作為十位發表演說的畢業生之一，當捨松站在大家面前時，觀眾們的耳語聲開始此起彼落。

日本領事高木沒有失望。其他演說者選擇的主題有「科學的良心」、「思辨哲學的沒落」或是亞歷山大二世的功績探討等等，但捨松選擇的主題卻是「論英國對日本的政策」，並在演說中譴責兩國之間向來的不平等貿易條約。[52]這篇演說可以說是「所有演說中最有趣的一場，」《波啟浦夕鷹報》（*Poughkeepsie Eagle*）這樣評論道，「極有說服力，非常努力的為日本爭取獨立國家的地位。」《芝加哥論壇報》則稱之為「當天最值得注目，且獲得最熱烈掌聲的演講」。捨松證明了自己不僅有口才，且有富有機智：她沒有直接批評照顧了她十年的美國（雖然美國對於日本的態度也同樣地高高在上），但卻又清楚的表明了自己的想法。然而此時岩倉使節團的最初目標

——也就是修改條約——仍然尚未達成。

捨松優秀表現的消息，也傳到了日本。「過去從來沒有任何一場外國人的演說，能如此感動美國觀眾的，」《朝日新聞》熱烈報導著。「山川小姐不只為自己帶來榮譽，也讓她的祖國感到驕傲。」[53]而岩倉具視和他的使節團成員們（在日本大多已成為擔任要職的重要人物）也從沒想到過，當初和他們一起去日本的小女孩，會像現在這樣成為新聞裡的主角。

現在，已經沒什麼工作要處理了，除了打包行李和填寫「離校學生」的表格：「你想要搭哪班火車離開波啟浦夕市？你希望學校幫你把行李運到火車站嗎？如果是，有幾件行李？」[54]對於其他三十八位畢業生來說，這趟火車將會帶她們回家，有些可能會去教書，但大部分可能會進入婚姻。然而，對捨松而言，這只是漫長歸途中的第一段而已。

在畢業照中，捨松堂皇而沉穩地站立著，身上穿的白色繡花絲綢禮服顯得非常耀眼。此時她是二十二歲，和十年多以前站在簾後接見她們的皇后正好是相同年紀。

第九章 返「鄉」之路

凱薩琳．培根沒有去波啟浦夕市參加養女的畢業典禮，因為她的健康狀況不佳。到了七月底，她被安葬在丈夫位於紐哈芬的葛洛夫街公墓（Grove Street Cemetery）的墓旁。捨松再次失去了雙親。

「我不懂為什麼會有這麼大的改變。」她在凱薩琳過世後幾天，寫信給艾麗絲時提到。「這就像一場噩夢，雖然我一直思考，卻還是無法理解。對你而言應該會比較真實吧，而我也忍不住一直想到你那轉變極大的生活。」不過她這位親愛的培根家姊姊現在擁有的獨立成人新身分，也將是一個轉機。「無論你決定要在哪裡度過冬天，」捨松繼續寫道，「時間應該不會太長吧，因為我熱切希望明年春天你能來日本。我不知道你的親戚們會不會支持這樣的決定，但我希望你能來日本和我一起工作，以便實現改善日本社會的夢想。我知道你在這裡將可以大展身手，而且你一直想奉獻自己造福別人，這個夢想在日本將有許多機會可以實現。」[1]

雖然培根家沒辦法送艾麗絲去讀大學，但她仍靠自己的力量繼續著學業。拉德克利夫學院（Radcliffe College）一直到一八九四年才獲得特許執照，然而哈佛大學從一八七四年開始就有提供給女性的特殊入學考試。這項考試和一般男性的哈佛大學入學考試內容相同，且在許多城市都有舉辦。女性應試者若分數及格的話，將會收到一張由哈佛大學校長頒發的認證書，以證明其能力符合。在一八八一年，艾麗絲收到了三個科目的哈佛認證書。她的表現讓她可以進入「女性大學教育學會」（the Society for the Collegiate Instruction of Women in Cambridge，通常稱為「哈佛分院」Harvard Annex）接受教授的指導。[2]但是她沒有錢付學費，此外，家裡也需要她：她那同父異母的大姊，也就是能幹的蕾貝卡，在捨松前往瓦薩女子學院後不久就去世了。現在凱薩琳也去世了，只剩下艾麗絲孤單一人。一旦處理完家裡的事務，她就可以自由的去追尋自己的事業了。事實上，她也別無其他選擇。

對她們兩人而言，人生新的篇章即將展開了，而心情則是惶恐中又夾雜著興奮。她們一致認為，自己的未來將會奉獻給工作而非家庭。沒錯，身為一個女性，最崇高的使命是成為一個好妻子與睿智的母親；但是對一位受過教育的婦女而言，她也能在教室裡完成自己的天命，甚至能對下一代有更深遠廣泛的影響。對這兩位極具抱負的年輕女子而言，婚姻不像是她們會選擇的道路。因此，或許她們可以攜手在一片極需幫助的土地上有所貢獻。

對捨松而言，待在利奇菲爾德山丘的那年夏天是完全沒空休息的。因為即將啟程返回日本，所以她決定盡可能吸收任何對婦女教育有用的資訊。在七月和八月的期間，她進入了「康乃迪克護士訓練學校」（Connecticut Training School for Nurses）。艾麗絲的同父異母大哥法蘭西斯・培根（Francis Bacon）是耶魯醫學院的手術科教授，而他的妻子喬吉安娜（Georgeanna）曾經在內戰期間照顧過受傷的士兵，並寫了一本相關主題的書：《家庭護理與常用事項手冊》（*A Handbook of Nursing for Family and General Use*）。十年多前，他們曾幫忙建立該所護士訓練學校，所以現在他們可想辦法讓捨松在暑假時進去學習。

「我現在在廚房裡幫忙，我發現這是非常不容易的工作。」她寫信給在科爾布魯克的艾麗絲時提到。「然而，做這些工作是對我有益的，包括洗鍋子、鏟煤炭和洗地板等等……我每天要熬煮兩到三加侖的牛肉湯，以及一加侖半的雞湯。除此之外，我還要做卡士達奶油、稀粥和麥片粥等等。這些當然都非常有趣，不過我還是比較喜歡一般的護理工作。」[3]

紐哈芬的夏季是非常悶熱的，讓捨松不禁沉浸在幻想回到日本後會是怎樣的生活。她希望在日本時可以和在新英格蘭時差不多，生活能夠充滿有意義的工作、高雅的休閒生活和有趣的朋友。她覺得自己可以和艾麗絲一起維持家計，而她在東京的母親則可以當監護人，當有培根家的親戚或瓦薩女子學院的校友來訪時，她們可當主人招待。艾麗絲可以教英文，而捨松則負責教生理學和體育。「如果你喜歡的話，我們可以維持在美國的生活方式，並為我母親保留一些日式的空間，或者乾脆弄成一半一半。」捨松繼續想像著。「當暑假來臨時，我們可以往北方去看看我小時候住的地方。既然你對民族學很有興趣的話，我們還可以往更北到蝦夷（北海道）去看看愛奴族。」[4]

這年夏天，捨松的身分處於一個轉換期。之前她還是個美國的女大學生，不過接下來她決心成為一名日本的教育改革者。面對未來的不安，捨松很努力的將注意力放在光明的那一面，而非往下窺看那可能存在的深谷。然而這並不容易。「或許我這麼做，有點像是在數算著尚未孵化的小雞，又像是在建立一棟空中樓閣。」她冷靜的說道，「但只是想像一下應該沒什麼關係吧，畢竟不會造成任何傷害。」[5]

當秋天逼近時，捨松與她瓦薩學院的朋友之間，頻繁的通著信件與明信片。「我希望在回到遙遠的東方之前，可以見你一面。」[6]捨松寫信給她的同學潔西·惠勒（Jessie Wheeler）。捨松的語氣聽起來比較像一個即將旅居異地的宣教士，而非一位即將回到祖國的日本女子。一個星期後，她原本從容的語氣變得尖銳了起來，且隱約透露著焦躁感：「你是說你要十月十號後才會來紐哈芬嗎？」她寫信給惠勒小姐。「你這樣拖拖拉拉真的很討厭，你明明知道我很想趕快看到你……所以快點來吧！」[7]

艾麗絲也忙著重新整理自己的生活。她和她的手足們繼承了那間位於教堂街的白牆屋子，但因為經濟拮据，所以會把房子出租以獲得一些收入。到了九月底，捨松懊惱地發現，她其實無法邀請瓦薩的朋友們過來住一陣子了：「每件事都亂七八糟的，而房子的狀況也很混亂。」[8]現在紐哈芬已經沒有什麼值得她留戀的了，因此捨松在十月時離開了紐哈芬，前往紐約與小梅會合，並準備一起回國。

小梅此時已經十七歲了，而當捨松從瓦薩女子學院畢業時，小梅也收到了亞契學院頒發的高中畢業證書。就像許多獨生子女常常會熱愛閱讀一樣，小梅在高中的表現也一直很好，除了向來最愛的狄更斯和司各特的小說之外，她也開始閱讀莎士比亞和華滋華斯的作品。「津田小姐在拉丁文、數學、物理學、天文學和法文等方面的學習，領先班上同學許多。對於所研讀的每個學科，她都有很清晰的理解力。」[9]她的亞契學院畢業證書上這樣寫道。

在蘭曼家當了十年的養女之後，小梅已經長成一位活潑、有教養、有愛心且有主見的女孩——而她也是喬治城社交圈裡的熟面孔。因此為她開的送別舞會甚至還登上了媒體版面。「大家都對這離別真心感到不捨，」《晚間評論報》（*Evening Critic*）報導道。雖然小梅對於日本的記憶可說是所剩無幾，但這撫養她十年左右的國家，卻也無法真正把她視為美國人。「津田小姐是位非常聰明的年輕女孩，雖然說她的臉的確是日本民族的臉孔，但是也頗具魅力，甚至可以說是漂亮。她的頭髮又長又濃密，其重量對於她的小頭顱來說應該是一大負擔吧。她已經完成了學業——在我們最好的學校之一，相信回國後將可成為一位優秀的英文學者。」[10]

在捨松和小梅返回美國西邊的旅程中，蘭曼夫婦以及艾麗絲也陪了她們一段路程。到了芝加哥時，小梅的養父母才依依不捨的和她們道別，並將女孩們託付給戴維斯（J. D. Davis）和他妻子照顧，他們是即將返回日本的宣教士。於是他們一行人繼續往西方前進。她們再次透過火車車窗驚嘆著羚羊群及土撥鼠鎮的景色後，然後停留在懷俄明州的夏安（Cheyenne）。而在這裡，艾麗絲也向她一直視為妹妹的捨松道別。

這些女孩們從沒想過，會在夏安造成這麼大的轟動。夏安是個沿鐵路的城市，位於北美大平原的西邊，在十五年前還是個荒蕪之地。雖然對捨松她們而言，在美國的日常生活中常會遇到他人的注目或竊竊私語，但在喬治城、紐哈芬及波啟浦夕市等熟悉的生活圈裡，大家已經對她們習以為常。然而到了夏安，她們似乎又再次引起眾人的好奇。戴維斯先生預計在鎮上發表演說，講述他在日本的工作。事實上，他曾在幾年前幫忙建造了夏安的第一間教會。自然的，負責招待他們的牧師誤以為這些日本女孩也同樣會發表演說。當鎮上各會眾的人群聚集在夏安歌劇院（Cheyenne Opera House）前時，牧師桑德斯（Sanders）先生宣布戴維斯太太將在第二天主持「女士宣教聚會」——而其中一位日本小姐也將會發表演說。

「我感到很震驚！」捨松之後曾在火車上寫信給艾麗絲，並忿忿不平的提到。「我從來沒聽過這件事。我認為桑德斯先生在沒事先告知我們的情況下，向大家發布這樣的訊息，是很不恰當的做法。」[11]讓她感到錯愕的，並非要在公眾面前演說（畢竟一個月之前她才在瓦薩的畢業典禮上驚豔全場），而是大家好像把她當成一個什麼奇觀，而且還期待她當眾表演。

夏安鎮的居民們很期盼能聽到一位真正日本女孩的演說，但捨松卻一點也不想把自己最私人的回憶與陌生人分享。「我不知道要說什麼好，」她寫道，「但戴維斯太太建議我可以說說剛來美國那年夏天的事，以及我回日本後想要做些什麼。」[12]如果來參加宣教聚會的女士們想要聽的是遙遠東方國度的私人故事，那她們後來大概很失望。

女孩們成了鎮上的熱門話題。「自從來到夏安，我們好像真的變成什麼知名人物了。」捨松不敢置信的寫道。「事實上，有位記者甚至想要來採訪我們！幸好我們當時不在，所以逃過一劫。」當再度搭上西行的火車時，她們覺得鬆了一口氣。「那裡的人們非常好客且溫暖，但就是太好奇以至於有點令人厭煩。」

然而生性比較大方的小梅，似乎能設法在眾人的注目下找到一些樂趣。在這趟旅途中，有一次有兩位「真正的印地安人」搭上了這班火車，他們坐在餐車裡。此時，坐在小梅和捨松位置附近的小孩央求父母讓他們去看看。「他們的母親認為這樣特地跑去觀看是很不禮貌的，而且可能會讓對方不悅。」小梅寫道，「於是我就說了，如果是捨松和我去看的話，對彼此都很公平。因為，就如我們覺得印地安人很少見一樣，對他們而言日本人可能也同樣稀奇。」[13]

到了舊金山之後，他們被招待至柏克萊的約翰．勃朗特（John H. C. Bronte）先生家居住。勃朗特先生是查爾斯．蘭曼的朋友，也是加利福尼亞大學的董事會秘書。她們停留在那的時候，有一連串的娛樂活動。從捨松寫給潔西．惠勒的信裡那急促的口氣可窺見一二：「我們一到這就被邀請參加兩個派對而明天在這家中就有一場，還有我們星期六要去參加一個叫做『青少年日』（Junior Day）的活動，其中包含學生的演說之後還有舞會。」[14]事實上，加州乍看之下或許像另一個世界，花園裡開滿了吊鐘花，而在十月的餐桌上可吃到綠豌豆和草莓，但這個大學城的菁英圈社交生活，其實和她們之前的生活圈很類似。在這段時間，捨松和小梅暫時放下了對未來的焦慮。勃朗特家的女孩是很好的玩伴。「昨天我們全爬到了一棵樹上，」小梅寫信給蘭曼太太時提到，「捨松和我不知道該怎麼爬下來，然後我們全都哄堂大笑到有點無法克制。」[15]

自從在芝加哥分開之後，小梅就開始很頻繁的寫一些閒話家常的信給阿德琳·蘭曼，而且這習慣接下來還持續了三十年。比捨松小了好幾歲的小梅，對於周遭環境變化的反應，就和一般被保護良好的美國年輕小姐沒什麼兩樣：她用一種輕快的語氣說出了不太得體的話。「在這裡看到這麼多中國人真的很奇怪。」[16]她在柏克萊寫的信中這樣提到。

> 在舊金山的時候，我們看到了通往中國城的街道，真的非常髒亂。芳妮（Fannie）小姐〔勃朗特的女兒〕說，女性在沒有男伴陪同的狀況下到那邊去，是很危險的。那裡真是城裡很恐怖的一個地方。這裡所有的僕人都是中國人，而且他們有時候很奇怪，會在沒有告知的狀況下突然離開。他們多半是誠實的，不會偷竊而且很節儉，但需要小心看著叫他們注意整潔。而且很多人會說謊。您應該對擁有有色人種的僕人感到感激。如果說，「華盛頓到處都

是黑人的話」，和這裡的中國人比起來根本不算什麼。

現在的小梅聽起來像是個宣教士。「他們喜歡吸鴉片，而且常常聚在恐怖的小房間裡，似乎沒什麼辦法可以接近他們，以及幫助他們變得更好。」

女孩們到達舊金山的時間點，正好是種族對立情勢緊張的時候。反中國人的暴動隨處可見：美國內戰結束及淘金熱潮消退後，出現了低工資和經濟蕭條的狀況，而那些幫忙建造了東西橫貫鐵路的中國工人，則被認為是造成這些狀況的原因。在五個月之前，國會通過了排華法案（Chinese Exclusion Act），開始禁止所有中國移民進入美國。心思單純的小梅皺皺鼻子寫下這樣的話語，卻沒發現其中的諷刺之處：「我大概可以理解，為什麼這裡的人希望中國人不要再來了。」[17]若不是因為身穿優雅服裝，以及身邊有地位顯赫的監護人，小梅自己很可能也會被誤認為中國人。

在她們啟程之前，有一位日本外交官打電話來。「您知道嗎？他英文講得不好，所以我們幾乎聽不懂（他在講什麼）。」[18]小梅這樣寫道。費了一番工夫後，女孩們才漸漸了解他的意思。原來他是擔心一件關於外交禮儀的事：接受了勃朗特家的熱情款待之後，她們要怎麼回報呢？驚訝之餘，女孩們說自己是以朋友身分來作客的，如果用金錢回報的話，將會非常奇怪。「因此外交官說他會請日本政府寄送一份禮物給他們。對此我感到很高興，但我們做什麼或（去哪）拜訪是私人事情，他這樣做還是有點奇怪。世界上有趣的人總是很多。」這是小梅的結論。然而這件事卻應該要提醒她一點（也是小梅早已忘記許久的事）：她的身分是日本政府派到美國的官方代表，因此只要是與日本政府相關的，她的事就是政府的事。

停留在舊金山的日子很短暫，而她們即將啟程回國。留在柏克萊的最後一天，小梅從打包的工作中暫停下來寫信。「我想，我終於感覺真的要離開美國了。」她這樣告訴蘭曼太太。「在這之前，我覺得好像是在享受一趟暑假旅遊，但眼前的長途海上航程則是完全不同的事。」被周遭的旅行箱和成堆的衣服圍繞著，小梅望向窗外並懷疑她是否會再回來。「我仍抱著一線希望，期待明天會是光明美好的，我也希望美國的未來會非常光明。」她這樣寫道。「過去從來沒有哪一天是灰暗的，如果未來不是一樣美好的話，我會感到非常遺憾。」但想到位於華盛頓的蘭曼夫婦應該很擔心，因此她又努力望向樂觀的一面。「讓我們把一切交在上帝的手裡，並相信無論發生什麼事都將是最好的。」[19]她這樣告訴養母。

汽船阿拉比號（Arabic）於十月三十一號啟程離開了舊金山。「津田梅和山川捨松現在已經在海面上了。」約翰．勃朗特在第二天寫信給蘭曼夫婦時提到。「對她們兩位，我們懷抱著最深的敬意和最溫暖的愛，而我無法分辨究竟是哪一種感情更深刻一點。很少美國年輕淑女能夠像她們一樣，在短時間內贏得這麼多愛與尊敬。我們真是依依不捨的與她們道別。」[20]

「我期待在一開始暈船幾天後，接下來就能好好享受這趟海上旅程。」小梅在啟航之前寫信給蘭曼太太時提到。「希望就像在海邊度假一樣。」[21]

然而事實卻非如此。儘管季節有點晚了，但阿拉比號的船長選擇了北方的航線，雖然比較短但天候也比較差。捨松和小梅原本買了優雅的藤條胡桃木躺椅，希望可以在甲板上享受日光浴，但後來也都沒用到。雖然阿拉比號由橫濱開往舊金山的航程最短紀錄是十三天又二十一個小時，但由舊金山開回橫濱的航程卻長達三個星期。

「這艘船的事務長已經在這海上航行過五十五次了，但他說從沒遇過氣候這麼糟的。」捨松寫信給艾麗絲時提到。「事實上，由於風浪實在是太大了，所以大部分時間我們都無法安心的好好坐著、走路、睡覺或吃飯。有時候我必須緊緊抓住椅子，以免被摔在地上。晚上也幾乎都醒著，因為怕會從床鋪上掉下來。」[22]每次吃飯都有盤子被摔到地上，而行李也會因碰撞而爆開，裡面的東西全散落到包廂裡。而因為他們的航線行經阿留申群島南方，因此氣溫非常的寒冷。

同船的旅客也沒有給她們帶來什麼安慰。在頭等艙裡的十九位旅客中，有十三位是宣教士。「雖然有這麼溫和及穩重的人們一起是很好的，但我還是希望能有不那麼安靜且不那麼善良的年輕人作伴。」[23]當小梅恢復精神可以握筆時，她在信中提到。顯然的，船長也抱持相同意見：「他說我們會遇到暴風雨是因為這艘船上有太多宣教士了。」捨松寫信給艾麗絲時提到。「我想他是認為船上有太多約拿（Jonah，聖經人物）了，但我希望他不會真的想要把誰丟出船外。」[24]捨松還帶了一疊撲克牌到船上，但是她和小梅不太敢拿出來玩——因為宣教士們不會樂意見到。

撇開這些惱人的事不說，船上的設備是很豪華的——而這次女孩們也懂得如何好好享受。臥鋪旁設置有電鈴能夠呼叫女服務員，乘客能夠在床上享用茶和吐司，中午和晚上則有很多套餐可供選擇。除此之外，還有藏書豐富的圖書館、一間女士休息室、男士們的吸菸間，以及「人手充足的服務生和中國男僕」[25]隨時可供差遣。大部分的旅客（包括戴維斯夫婦）用餐時都和船長同桌。而日本女孩、其他幾位年輕單身旅客以及一對中國夫妻，則和事務長同桌。捨松和小梅都注意到這用餐位置安排中所顯示的差別待遇，也就是船長不和非白人旅客同桌。但是小梅想得很開：「在我們這桌其實有趣多了。我們一直笑和聊天，氣氛真的很好。」

小梅發現那對中國夫妻是「令人好奇的對象」。[26]因為在頭等艙內，中國乘客真的很少見。阿拉比號當初是為了載送過去三十年間大量的中國移民而特別建造的，所以下等客艙內住的乘客比頭等艙多出許多。當捨松與小梅在寬闊的頭等艙包廂內，挑剔著茶和吐司時，有幾百位中國苦力正待在下面不甚舒適的低等艙房裡，同樣準備回國。

正當阿拉比號搖搖晃晃地行經狂風暴雨的太平洋時，在頭等艙這群特別平靜的乘客的陪伴下，捨松和小梅有很多時間思考那不甚確定的未來。她們對日本有怎樣的了解呢？小梅手上有幾張照片，是十一年前母親讓她帶在身上的：一張是她雙親的房子、一張是全家與祖母的合照，還有一張是她和母親手牽手的照片。過去，她曾遇到過一些日本達官顯貴人士，也曾聽過養父在家裡討論日本公使館的事情。

但是因為當時才七歲，實在無法保留太多在日本的兒時回憶，而當她成熟到足以對自己的祖國產生興趣時，她已經開始覺得自己像是個道地美國女孩了。她已經被蘭曼夫婦所深深影響，擁有了根植於基督教道德體系的世界觀。她對「日本人」的看法，和阿拉比號上其他年輕宣教士婦女的差不多：抱著好奇的心態，並決心要將光明帶入那未盡開化的國家，雖然有點不安但也不會太在意。「我們不可以樹立敵人，或批評他們的品味。除此之外，雖然要盡量適應他們的社會，但也要幫忙改善他們的習俗和穿著打扮。」小梅這樣寫道。戴維斯太太曾警告她們說，在日本皈依基督教的人，大多很貧窮。「因為我們跟隨神，所以不會被顯得無知或是覺得不如他人。」小梅這樣寫道，「我想我們也大概知道會遇到什麼困難，但我們倆都認為，應該和過去所做的不會有太大差別——我們仍然想要去做，就算遇到的會比之前黑暗或困難，我們也不會（如果可能的話）回頭。」日本是一個「漂亮的新國家」，小梅口氣堅決地向蘭曼太太宣稱道。「快點來日本看我吧，您將會看到我在家裡快樂的生活著。」[27] 像是要用輕鬆的語氣驅散不安般，她這樣寫著。然而此時，她已經是一個日文字都不會講了。

捨松對日本的認識，則比小梅深刻得多。當她離開日本時，年紀幾乎是小梅的兩倍。她記憶中那古老的房子、三代同堂的大家庭，以及被天皇勢力所打敗的藩國，都沒有褪去過。因為哥哥健次郎的緣故，捨松對於日本轉變迅速的政治現況一直都有所了解。當小梅從裡到外都變成美國女孩的同時，捨松則一直認同著自己日本人的身分——雖然有時會對這樣的身分感到不安。「日本已經不再是一個神祕的國家了，」她在大學三年級時，曾向菲拉雷西恩社投稿，文中提到：[28]

> 雖然有許多人去過日本旅遊，還有無數關於日本的書籍和學者，但只有很少數的美國人真正知道日本是怎麼樣一個國家。不久前，一位聰明且受過良好教育的年輕小姐很認真地問我，日本國內是否有湖和河流。另外一位則天真地問道：「你在日本有墓地嗎？」……或許我曾聽過最聰明的問題是一位七歲的小女孩問的。她在問過我是否覺得老鼠肉很美味後，真誠地看了我一會兒，然後認真地問道：「妳為什麼看起來和我們如此不同？是因為你被上過漆嗎？」*

捨松應該覺得這些美國人無知笨拙的問題很惱人吧，但是在經過了十一年之後，就某方面而言，日本在她眼裡或許也已成了一個神祕的地方（雖然她常表現得不是這麼一回事）。不過，無論如何日本仍然是她的祖國：

> 也難怪美國人會對我們國家有這麼奇怪的想法，因為在這個世界上，不同地方的生活方

式差異是很大的。你們說，我們無論做什麼都和你們相反的。我們的書籍是從左翻到右，書寫時是從上到下，而非水平式的，還有我們會把姓氏放在教名（Christian name）的前面，諸如此類等等。我們的古怪事似乎講也講不完。

她的語氣雖然嘲諷，但也帶點不確定感。此時的捨松已經無法讀或寫日文了，她所翻閱的書籍（從右翻到左）都是英文的。而她簽自己名字時是寫Stematz Yamakawa，而非正確的日文拼法（Sutematsu Yamakawa）。或許她宣稱別人認為日本「很古怪」，但是她自己面對這些事時，並不會比那些大驚小怪的年輕小姐來得適應多少。

捨松將這篇文章命名為〈日本家庭生活的回憶〉，後半部都在討論她兒時住的那間大宅邸的回憶：包括盛開的蓮花、許多優雅的房間以及忠心的僕人。她所描寫的那個世界，其實在她啟程前往美國之前，就已經逐漸消失了。她的家人在戊辰戰爭中失去了一切，而在她剛要離開日本之前不久，舊有的藩國制度已被取消，改成了縣制。在一八七六年，明治政府完全廢除了武士階級。捨松兒時記憶中的那個世界已經完全消失了。

「因此，您必須將舊的日本與新的日本區隔開來。」她語帶自信地告訴讀者們，「舊日本是被

---

*註：原文Japanning指的是一種黑色漆，用來塗在從日本進口的裝飾品上。

封建制度及中古世紀的黑暗所支配的，新日本則擁有電報、鐵路、銀行和大學，以及正努力轉型為君主立憲政體的政府。」[29]在這個新政府裡，她將要創造自己的未來。很快的，過去一直只存在想像裡的新日本，就快要與她見面了。

就一位在紐哈芬長大的瓦薩學院畢業生來說，捨松對於日本的看法是出奇的正確。四年級時，她曾為《瓦薩文集》撰寫了一篇探討日本政治的論文，從該文對於日本改革所下的結論看來，她認為日本的未來走向仍然不明朗：[30]

在這一連串的動盪不安之後，沒有人能預測結果會是如何。事實上，現在日本人可以分為三類族群：第一類是保守派，他們相信舊的統治方式，而且極力反對引進任何新理念或外國文明。第二類是擁護改革，但希望改革速度可以緩慢而穩健。第三類是對過去與現狀非常不滿，願意不計任何代價進行改變。然而，究竟哪一派的勢力可以勝過其他兩方，目前仍尚未明朗。

如今，為了國家的緣故，捨松的人生必須再次從已熟悉的環境中連根拔起，並轉換到新的環境中生活。而她所受過的文化陶養，是她的同胞們從未接受過的。捨松只能期盼，最後在日本成為主流勢力的不是第一類人士。

後來，天氣終於放晴了，海水也由混濁的灰色轉為漂亮的深藍。再過一天，就能到達橫濱港了。從不輕易表達自己情感的捨松，在船上寫下最後一封給艾麗絲的信時，只提到很晴朗的天氣，以及她覺得「非常好只是有點冷」。小梅則如往常一樣，將心裡最深的想法都告訴了蘭曼太太。「我非常的開心，幾乎無法克制自己——但下一刻突然又充滿了不安。」她寫道。「您可以想像一下，從現在開始我的臉會因為興奮，而一直紅得像個甜菜根。」[31]她在船裡跑來跑去，想要記住船上的掌舵室、廚房、統艙甲板和軍官的住處。當她望著海面時，正好看到一群海豚。「牠們圍繞我們游著，因為距離很近，所以能清楚看到牠們在水面下。而當牠們跳躍起來時，則可以看到全身。因牠們游來游去的緣故，四周的海水濺滿了泡沫。我們饒富興致與好奇心地看著牠們。能在海上看到生氣勃勃的動物，且看到牠們樂在其中，是很開心的事。」[32]

這是個好的預兆。「明天我的人生即將開啟新的一頁，」小梅在結語時寫道，「希望一切將會非常美好。」無論阿拉比號靠岸後會發生什麼事，小梅已經決定要實現家人與國家對自己的期許。而在未來的幾年內，只有少數幾個人能得知小梅煩惱的是什麼。在信末的署名旁，她寫了一行附筆：「這封信只給您及蘭曼先生本人閱讀。」[33]

在船上的最後一晚，捨松和小梅幾乎都沒睡，一直在房間內聊天到凌晨。當一八八二年十一月二十日星期一接近清晨破曉時，她們終於開始打起盹來。然而，隨後就被外面傳來的大叫聲驚醒了：「陸地！」她們趕緊套上衣服，爭相跑到甲板上去。在霧中，隱約可看到遠方有山脈的剪影漸漸浮現在視線裡。

「現在您已經看到自己的國家了，您心情如何呢？」有一個人問到。

「我無法告訴您我的心情如何，」捨松回答道。「但我真的想要大叫一番。」34

幾個小時後，阿拉比號終於拋下了船錨。很快的，船邊出現了前來迎接的許多小船隻，但捨松只是淡然地看了它們一眼。因為阿拉比號的到達比預定時間慢了好幾天，而在不確定什麼時候抵達的狀況下，她不確定家人們是否會出現。但小梅的眼比較尖，她突然倒抽一口氣並指向某處。在一艘漸漸靠近的拖船上，有幾個人站在甲板上拚命揮著手帕。當他們越來越靠近時，女孩們認出了那些興奮的臉孔：那是小梅的父親和姊姊，捨松的姊姊，以及她們最親愛的繁。

十一年前，她們曾在另一艘汽船的甲板上，望著漸漸接近的異國土地。而現在，那曾經陌生的國度已成了她們唯一的家鄉。真正陌生的，反而是此刻出現在眼前的土地。

PART 3

對我而言，祖國和婚後前往的第二個國家，這兩地的文化標準是如此不同，然而我對他們的愛卻都是如此的真摯。因此，有時候我覺得自己好像是站在空中雲端，用一種超然的角度俯視著這兩個不同的世界。

——杉本鉞子，《武士的女兒》（*A Daughter of the Samurai*, 1926）

由左到右：小梅、愛麗絲、繁以及捨松，約於1901年。（圖片來源：瓦薩大學圖書館特別收藏）

第十章　兩場婚禮

有一艘拖船被迅速的拉到了阿拉比號旁，拖船上坐著許多熱切等待的人。顛簸的航行終於結束了，現在捨松和小梅只要再搭一艘小船，很快就能到達橫濱港，並再度踏上陸地。當她們向船上的美國軍官道謝，並揮別那艘困了她們三個星期的汽船後，雖然覺得鬆了一口氣，但卻也帶著一點不捨[1]。船上的工作人員對她們很好，而阿拉比號雖然不算太舒適，至少讓她們感到熟悉。一旦上岸之後，感覺就真的完全離開美國了。

上了碼頭後，她們很快就被許多人力車包圍住。「這些人力車伕雖然有禮貌卻很固執。」[2]捨松寫道。她和繁因為急著想與家人團聚，不想多耽擱片刻，所以就搭上了一輛雙人車，其他人則搭乘單人車。距離上次捨松搭人力車已經是十一年前的事，那時候她就已經覺得很狹窄。現在她更是覺得好像「坐在一輛大型娃娃車上，穿梭在狹窄的巷弄內，街道兩旁都是小小的房子，我覺得好像來到了小人國」。而小梅則決定樂觀看待日本的一切。那些奇怪的交通工具「很棒也很舒適」，她寫信給蘭曼太太時提到。「您絕想不到有多好。」[3]

她們停留的第一站是位於附近的高木三郎的家。高木之前曾在紐約擔任日本領事，和三位女孩們也很熟稔。他和妻子來迎接她們，並在她們前往東京之前，先邀請她們在橫濱共進午餐。高木的妻子詢問捨松和小梅，比較想吃日式還是西式餐點。她們很快的回覆：當然是日式。但是當餐點端上桌時，一時之間卻出現了短暫的尷尬氣氛。這些客人還記得如何使用筷子嗎？

出乎大家意料之外的（其實她們自己也是），這兩位年輕女子使用起餐具竟沒什麼困難。「我這頓午餐吃得非常自然，就像從來沒離開過日本一樣。」[4]捨松這樣寫道，口吻雖然有點困惑，但也鬆了一口氣。「奇怪的是，能使用筷子好像是日本人天生就會的技巧，而且永遠不會忘記，除非他放棄日本國籍。」小梅也因此特別受到鼓舞——至少有一件事她知道怎麼做——而且因主人的認可而感到開心。「我和他們也相處得很好，就跟別人一樣。」她這樣告訴蘭曼太太。「大家都這樣說。」[5]

午餐之後，她們一起走到火車站。這條連接東京與橫濱的火車路線，在她們當初離開日本時，還尚未興建完成。而如今已經是融入日常街景的基礎建設了。一個小時後，她們已經到達東京的新橋站（此站離皇居不遠）。在這裡，還有十一位小梅的家人彎著腰並微笑的歡迎她們，另外還有好幾輛人力車等著要搭載她們。[6]不過在這裡她們要分道揚鑣了——捨松要往西北方母親的家去，那是一個叫做牛込的地方。而小梅則要往西南方，也就是她父親位於麻布的農場。從現在起，她們又得靠自己了。從今以後她們必須接受再教育以便成為日本人。

坐著人力車又搖晃了一個小時後，捨松終於來到山川家的大門前。她的母親唐衣住在這裡。這幾年來，她一直堅持等待著那如同已經捨棄的女兒，如今終於有了回報。還有哥哥健次郎，比起六年前捨松在紐哈芬見到他時，現在不僅變得更加高大而且更具威嚴。他身旁的妻子則與捨松素未謀面。健次郎現在是東京帝國大學的物理學教授，這個職位以往都只由西方人的指導教授擔任。另外則是捨松的姊姊們：大姊二葉每個星期有一半時間住在「女子高等師範學校」（Women's Higher Normal School），這是當時日本唯一訓練女性師資的學校，而二葉則擔任那裡的宿舍舍監。另一位姊姊操是從俄國留學回來的，在日本的工作是擔任法文口譯員。另外還有常盤和她的丈夫及一個小兒子，這個小男孩看到新阿姨奇怪的服裝、鞋子和髮型時，忍不住放聲哭了出來。[7]他是這群人當中唯一敢大聲發表對捨松感想的人。現在，捨松真的感覺自己已經脫離那凡事誇張華麗的美國了。十一年後的今天，山川家的人們用日本特有的矜持態度，表達他們對捨松的歡迎之意。

這房子頓時變得非常擁擠和忙碌，因為山川家除了三代同堂之外，還有三位寄宿學生，一個男僕和三個女侍。但是最讓捨松感到尷尬的是，她發現自己成了大家注目的焦點。「他們很怕我會因為氣候或服裝的變化而不適，所以很專心照顧我，讓我覺得自己可能會被寵壞。」[8]她寫信給艾麗絲時提到。他們還每天從附近的餐廳訂購西式餐點到家裡，這種特殊待遇是捨松從沒接受過的，幸好這情況並沒有持續太久。「過了一個星期之後，他們就開始願意讓我吃日本食物和肉類了，一天兩次。」[9]

而健次郎十歲的兒子也很高興看到這位「美國姑姑」[10]的受寵地位開始下降。因為他自己向來是最受奶奶寵愛的，所以很怕捨松會搶走這個地位。「哇，她實在太大了，沒辦法當奶奶的寶貝。」當他第一次看到姑姑時，鬆了一口氣說道。（捨松對於她母親竟然如此寵愛這個姪子也感到很驚訝，有時甚至覺得他是個小討厭。）

捨松現在很感激當初在紐哈芬時，健次郎一直堅持要她學日文，以及在瓦薩學院時常用日文和繁聊天。現在她的日文雖然不算流暢，但意外的卻能溝通。「當我一踏上祖國土地時，舌頭好像突然就被解開了。」[11]她這樣寫道。不過，說的能力雖然很快就回復，讀和寫就是另一回事了。無論如何，捨松已經決定要重拾往日的一切。「我的膝蓋現在好痛，像要裂開一樣，」她坐在榻榻米地板上寫信給艾麗絲。「我還得趕緊幫自己做些日式的衣服。」[12]

捨松和小梅剛回到日本的第二天晚上，是與繁一起度過的。那是繁兄長的家，一棟位於品川的優雅宅邸。而當初因為眼睛不舒服而提早回國的吉益亮，也前來與她們短暫相聚。「十年的歲月似乎沒改變她的外貌太多。」[13]小梅寫信給蘭曼太太時提到。然而，似乎沒人知道第五個女孩上田悌後來過得如何。而在與亮（這位曾與她們的生活短暫交會的女子）見面時，一開始雖然非常驚喜，後來卻也不知道要說什麼才好——而且也不知道該用哪個語言。

亮離開之後，她們才能開始比較自在的聊天，而且有好多話可聊。繁為了等待這兩位友人的歸來把婚期延後了，現在她已經等不及了：她和瓜生外吉將於十天後結婚。「當這封信隨著汽船寄送出去時，她就是瓜生太太了。」小梅寫信給蘭曼太太時提到。「捨松和我常聊到這件事，我們都沒想過事情會這樣進展。」[14]

現在她們對周遭的環境感到很困惑，就像多年前剛到舊金山時一樣。捨松和小梅也很難想像她們的朋友繁，即將要住在一棟日本風格的房子內。晚餐時，繁為她們不停端上「各式各樣你想像得到的餐點，」小梅這樣寫道。而這些奇怪的味道竟然讓她覺得有點熟悉，讓她感到很驚訝。捨松和繁還幫小梅穿上了和服，「您都不知道我看起來有多怪，」小梅報告道。「然後我還去泡了日式熱水澡，對你們而言可能會覺得很奇怪，但我覺得很乾淨且舒服。」[15]其實這對小梅而言，應該也很不適應，只是她沒有說出來。

當她們終於舒服的窩在繁的房間內時（這也是家裡唯一配有西式家具的房間），三個女孩開始不停聊到深夜。「繁給我們很多的幫助，她告訴我們什麼事可以做，以及什麼事不能做。」小梅寫道。「日本的禮儀非常嚴格，所以我總是很怕會出什麼錯，或是不小心表現出無禮的態度。」[16]

對小梅而言，要再度融入津田家並不是件容易的事。一開始，歡迎是很熱烈的：有很多親戚來訪，她父親則收到許多道賀信件，還有糖果、魚和漂亮的紅柿子等禮物，晚餐還吃了慶祝的「赤飯」（即加了紅豆的米飯）。「所以您看，我回到日本真的是一件大事。」[17]小梅到家第三天後驕傲的寫了封信。此外，津田家裡還預備了許多小梅熟悉的物品。父親為她準備了西式的床架，小梅則在上面鋪上日式被子——「比美國的輕又溫暖許多。」[18]她房間內還有一張桌子，以及臨時的盥洗台。他們還有西式的客廳，裡面有椅子、地毯、火爐和一個時鐘。在小梅離開日本的期間，她的雙親和姊姊琴都已經改信了基督教，所以在每次開飯前（同樣也是坐在桌前的椅子上用餐），都會做謝飯禱告。

但他們的房子是位於郊區，附近都是農田，而且屋內擠滿了兄弟姊妹（大多是小梅去美國後才出生的），因此小梅常覺得不是很舒適，特別是在那些非西式的房間內。「最麻煩的就是……要一直脫鞋子，」[19]她寫道。琴特別為小梅織了屋內穿的襪子，讓她屋內走動時可以穿，但小梅覺得沒配上鞋子還是很怪。小梅沒有拖鞋，只有附著一長排釦子的靴子，所以「每次無論要去哪，都必須扣上以及解開扣子，真的很麻煩。」

她不想換上和服，也沒辦法放棄慣穿的束腹、內衣、襯裙或是長襪等貼身衣物，因此帶來了一些不便。「我還沒辦法像他們一樣正坐」[20]——就是挺直背跪著，將腳跟置於臀部下——「但他們也完全不強迫我。」事實上，「他們」將小梅視同一個外國娃娃般對待。所有的家人以及來拜訪的賓客都不停感嘆著她身上每個細節。「我的衣服已經被展示了好幾次——包括身上的所有物品、帽子、緞帶和每樣東西。」她寫信給蘭曼太太時提到。「您若看到這裡每天下午上演的戲碼，一定會覺得很驚訝。」[21]多年以前，她曾在舊金山的格蘭飯店走道上，被幾位好奇的女士攔下來，還被仔細端詳了身上的刺繡和服及頭髮裝飾，現在她又遇到了幾乎一樣的狀況。

就像在那間遙遠的飯店內所發生的一樣，小梅再次發現，自己聽不懂身旁的人在講什麼。「如果我會說日文就好了。」[22]她這樣寫道。那個曾用天真爛漫的話語得到蘭曼太太寵愛的小女孩，在這即將成人的時刻，卻不得不安靜下來。而因為她父親以前曾是翻譯員，姊姊琴也曾在使節學校學過英文，因此他們試著盡量幫她翻譯。但是她發現真正能發洩自己沮喪情緒的，仍然是寫往美國的信。她把想法都寫進了信裡。「我覺得自己似乎被困住了，好像是又聾又啞一般。」[23]她悲嘆道。「父親答應要幫我找一些指導書籍，但是還沒拿到。琴雖然試著要教我，但我目前只學會了一點。因為當一個意思有六、七種說法時，我反而更迷糊了。」另外還有一件令她煩惱的事，就是她發現繁回到日本才一年多，但是英文卻已經變得沒那麼流利了。「喔，我真的不想像繁那樣把英文忘掉。」她驚恐道。「我一定要持續讀、寫、說英文，並永遠記住。」[24]

這也是小梅人生中第一次感到手足無措。她過去一直是老么，嬌小又淘氣。在喬治城時，還曾經為了搆到房間窗戶而爬到樹上。「但是在日本，我覺得自己好高大，」她寫道。「像捨松對日本人而言就真的是太高了。這裡的人真的都好嬌小！」[25]因為身邊圍繞著許多陌生的臉孔，小梅也開始對自己的身分認同失去自信。當她寫信給喬治城最好的朋友時——正好是三位名字以M開頭的女孩：馬蒂（Mattie）、瑪姬（Maggie）和瑪米耶（Mamie）——她開始擺盪在不安與蔑視的情緒之間。「你知道嗎？讓人驚訝的是，我竟然開始變胖了!!!」[26]她哀嚎道。「我跟你保證，一定是日本食物的關係，而且日式衣服都太寬鬆了，還有那襯墊讓我看起來很胖。要不是因為我不太在乎外表的話，我差點就想要去吃減肥食品*了。」她認為自己是一位由國家選出來的學者，而不是那些急著想結婚的女孩。而可能是因為防衛心理，她的語氣變得有點尖銳：「就這方面而言，我不像國內其他女性，她們把自己的外表和美貌看得比什麼都重要，因為這是她們唯一的吸引人之處。」

在她的人生中，小梅第一次覺得她的身形外表與周圍的女性相似，然而她還是覺得自己很突兀。雖然她的臉龐不再吸引大家的眼光，但是行動卻惹大家注目。她總是在錯的地方做出錯誤的事。她的鞠躬不夠得體，笑容又不夠內斂。「我想要可以自由地跳來跳去和奔跑，而且不會被投以奇怪的眼光。」[27]她這樣寫道。然而小梅已經不再是孩子了，她現在是個年輕女人，面對曾送她出國念書的政府，覺得身負重任。「前幾天，父親提到政府花在我身上的錢。」她口氣有點低落的提到。「他說這錢足夠讓一個日本家庭過很不錯的生活。」[28]小梅在美國享受的自由，以及身為女孩的歡樂時光，似乎在同時間消失了。

而沒什麼比繁即將結婚這件事，更能凸顯這三個女孩生活上的改變。「捨松和我都不希望繁結婚，並脫離我們女孩般的生活。當然，我們並沒有說出口。」小梅寫信給蘭曼太太時提到。她們抵達日本一個星期後，她就和捨松一起出門購買要給繁的結婚禮物。「如果我們早知道她要結婚，就會從美國幫她買個可愛的禮物了，但是在日本很難找到與她西式房子相配的物品。」[29]小梅雖然這樣抱怨著，但她這樣說其實有點不夠坦白。她們在美國時就已經知道繁要結婚了，但是因為當時還遠在世界的另一端，所以她並沒怎麼把這件事放在心上。而關於「不結婚的女人是否能在日本快樂的生活下去」這個問題，則尚未找到明確答案。

小梅選了一對漂亮的花瓶送給繁（「只要十二日圓，非常合理的價錢」），[30]而捨松則是選了「一種我無法用英文描述的泡茶器具，包括一套茶具和一個裝糖的盤子。」[31]她這樣告訴艾麗絲。她們無需煩惱禮物是否會恰當，因為繁一定會喜歡這些禮物的，不管它們是否符合日本人的期望。

在一八八二年十二月一日星期五晚上七點，一小群親戚和好友聚集參加了這場婚禮。「這些人是非常特殊的組合，」小梅寫道。「這樣的婚禮，以前不曾出現過，未來也不會再有。」[32]這對

＊註：艾倫減肥食品（Allan's anti-fat）是一種由海藻抽出物製成的減肥食品，是維多利亞時期非常流行的一種減重補給品。

日本新人從頭到腳都穿著西式的服裝，顯得非常好看：瓜生穿著他的海軍制服，而繁則身穿褐紅色的絲綢禮服配上天鵝絨滾邊，這是特地從巴黎訂購的。[33]因為兩人都是敬虔的基督徒，所以他們選擇了基督教的典禮（雖然證婚的是一位日本牧師，而且誓約是用日文念的）。聚集的賓客們包括：瓜生在安納波利斯海軍學院時的室友世良田亮，他也身穿海軍制服。還有繁的兄長益田孝，他身穿日本男性的外褂（羽織），下半身則是日式的寬褲（袴），這是有地位的日本男性在正式場合穿的服裝。益田孝的美國朋友羅伯特．歐文（Robert Irwin）則身穿燕尾服，而捨松和小梅穿的是她們最好的黑色絲綢禮服，其他的女性賓客則穿著和服。雖然有些人身穿西式服裝，不過所有人都坐在榻榻米地板上。

當典禮結束後，賓客一起享用西式晚餐，並由穿西裝的服務生隨侍服務。現場甚至還有一塊結婚蛋糕，「這是幾年前皮特曼家的女孩為瓜生的婚禮預備的禮物，雖然當時還不知道會由誰來一起切這塊蛋糕。」小梅寫道。（這一定是非常耐放的糕點，因為瓜生離開皮特曼家已經超過一年的時間了。）「繁看起來非常漂亮且快樂，他們真的很般配——而且彼此互相愛慕著。」[34]小梅繼續寫道。在這場極為特別的婚禮中，有許多不一樣的細節，然而在日本人眼中是最特別的一點或許是：他們是彼此愛慕的。

婚禮帶來的興奮感，正好可以讓捨松和繁暫時忘卻即將面臨的問題。目前前景尚未明朗。相較之下，繁回日本後的日子是比較輕鬆的，不僅是因為已經訂婚，也因為她所學的特性之故：教鋼琴的老師並不需要會講流利的日文。很快的，她就在文部省的「音樂取調掛」（音樂研究部門）獲得一份職位。這個部門是為了將西方音樂引進至日本正規學校課程而設立的，且後來很快就變成了由政府資助的東京音樂學校（Tokyo Music School）。而這個職位提供給繁的薪水，是當時日本婦女所能獲得的最高薪資。

捨松和小梅因為沒有未婚夫，也沒有受過正式的音樂教育，因此無法依循繁的路線來走。而且老實說，她們的目標也的確比較高。繁對於目前的教職感到滿意，並急著想進入家庭，但捨松和小梅的夢想卻是要建立一所學校。所以她們決定要回到最初的原點：去找黑田清隆，就是當初招募她們出國留學的人。不過因為黑田負責的「北海道殖民委員會」在當年的稍早已停止營運，甚至還蒙上了醜聞的陰影——傳聞黑田曾試圖要將「北海道殖民委員會」的資產賣給自己以前薩摩時期的密友。而且，他妻子死亡的消息又更加損壞了黑田的形象，因為有傳言說是他在喝醉時暴怒殺害了妻子。所幸後來這項指控被澄清了。（這些負面消息並沒有給黑田帶來太大的影響。在十年之後，他成為了第二任的內閣總理大臣。）

儘管有這些旁枝末節的事件，但黑田仍然是她們可尋求的第一個幫助。在到達日本一個星期後，捨松和小梅就前往黑田的宅邸拜訪，並由小梅的父親陪伴及擔任翻譯。黑田清隆在一間西式的房間內接待這兩位年輕客人，而這或許是第一次有女性私下來拜訪他。「他看起來是一位軍官樣貌、地位尊貴的男人。」小梅寫道。「他非常親切地和我們交談，並依照日本習慣，不停地稱讚我們接受了良好的教育，令人覺得有點尷尬。但我們還是有禮貌的答謝了他。」[35]後來黑田把這些貴客留了下來。他找來一些同僚，並請來一班盲眼的樂師演奏傳統樂器：包括三味線和古箏。「所以我們留了下來。他找來一些娛樂表演，我們也用了餐點，還聽了奇怪的音樂，但聽在他們耳裡似乎是很棒的音樂。」但讓這些年輕女孩感到不舒服的是，他們還請了藝伎來唱歌。而且在過了將近三小時後，黑田竟轉向這兩位身穿西式服裝的貴客，並要求她們也唱幾首歌助興。女孩們對這要求感到非常驚恐。

只有一個方法能夠逃離此困境。「因為我們沒有辦法拒絕，而且在場沒有其他懂音樂的人，所以捨松和我只好唱了〈黃昏時刻〉和〈耶穌，我靈好朋友〉兩首歌。我以前從沒做過這樣的事，甚至現在想起來還是覺得好笑。」[36]小梅後來說道，而且因此覺得很困惑。她們前來拜訪黑田本是要討論正經事，也就是今後兩人在日本必須完成的任務，但後來卻變成得和專業表演者一樣獻唱——而這是當時出身良好的日本婦女絕對不會做的事。雖然她們將這兩首抒情歌曲詮釋得很好，曲調也很高雅，但是在場除了小梅的父親之外，沒有人聽得懂一個字。

當天晚上，兩位年輕女子聚在小梅家裡討論她們的未來。那個下午發生的事，讓她們感到沮喪。「這些位高權重的日本男人，不僅都不是基督徒，而且道德方面也有待商榷。」小梅這樣寫道。「我們覺得就像掉落在海裡的一滴水珠。」[37]如果連黑田這樣有影響力的人，都只是把她們當成特殊有趣的人物對待，又如何期待他們會伸出援手支持呢？還有如果這些男人這麼喜愛藝伎的殷勤服侍（連在星期天也是一樣！），難道真能期待他們會贊成透過教育來提升婦女地位嗎？

另一方面，她們急著想找工作也是因為家裡的因素。山川家現在已經是個頗有名望的家族，流放時期的飢餓與絕望已經是過去的事。然而，他們卻稱不上富裕。健次郎和他的哥哥山川浩（當時是日本陸軍大佐），仍然覺得有責任必須照顧那些流浪的會津武士們。當時總共有二十幾位親戚和朋友，定期接受他們的經濟援助；此外也常常會有好幾位學生來寄宿。「我不想再成為家裡額外的負擔。」[38]捨松這樣告訴艾麗絲。

因為以前在培根家時，不需要煩惱錢的問題，所以現在小梅也沒那麼擔心津田家的經濟。她比較煩惱的是津田家對她的期望。「我父親很好也很寵我，但他似乎對於我這位外國女兒的期待有點過高了。他常用一種驕傲的態度向別人介紹我，而且也開始要求我做很多我不懂的事。我希望他對我的高期待不會突然變成失望。」[39]她這樣告訴蘭曼太太。雖然在寫給位於美國養母的信中，小梅並沒有提到父親期望的是哪些事，不過這當中最令小梅害怕的應該是「一樁好姻緣」。

據小梅所知，日文裡似乎沒有「老處女」這個詞。「捨松和我在內心默默的為我們必須孤老終生感到難過，」小梅寫道，「但我們不會結婚，也不想結。就算我們真的結婚了，應該會覺得婚姻很困難，因為日本丈夫總是希望妻子全心全意照顧及順從他們，而且一點也不尊重和愛護妻子（如果他們懂這是什麼意思的話）。」那繁呢？「當然，事情總會有例外。不過大部分狀況皆是如此。」[40]小梅堅持道。讓小梅懊惱的是，繁挑戰了她向來堅持的立場，而且隨著日子過去，捨松竟然也開始動搖了。小梅覺得似乎被兩位姊姊所拋棄了。「她們兩位似乎都覺得（而她們的意見向來很難一致的），我們應該要現在就決定是否單身一輩子。」換句話說，這件事還沒做出最後定論——至少對捨松來說是這樣（不是小梅）——而且她們必須快點做出決定：「每個人都很早婚，所以如果再延遲的話，可能就會嫁不出去了。」[41]

繁因為急著和好友們分享自己的喜悅，所以把自己位於根岸（位於東京的東北方）的新家裝潢得像俱樂部會所般，好讓她們三個女孩以及丈夫的好友都能在此聚會。「這些年輕男子都曾出過國，所以會比從沒出過國的人好相處。」捨松這樣告訴艾麗絲。「我們這個社交圈非常特別，和全都是日本人或外國人的團體都不一樣。」[42]她可以從容的和這裡的男士們聊天。他們大多是安默斯特學院、康乃爾大學或耶魯大學的畢業生，除了會講流利的英文，也都熟悉西方學術界，且不會對聊這些話題的女性感到驚訝。在瓜生夫妻的帶領下，年輕人們在這裡可以自在的討論太平洋兩岸各種議題，並玩玩遊戲。年輕男性與女性能這樣自由自在的相處、大笑，並享受愉快時光，完全是屬於美式風格。

小梅當時才快滿十八歲，且還沒上過大學，因此她在聚會中總是最小的妹妹，不過捨松在這樣的環境中卻是如魚得水般活躍。在繁的家中，捨松覺得「非常自在」，[43]能夠完全放鬆並和一些年輕男子建立不錯的關係。這些人都是從海外學成歸國的，而且立刻就能在大學或政府內獲得很不錯的職位（她試著不去想，為什麼自己沒辦法獲得這樣的工作）。唯一讓她感到有點厭煩的是，繁一直想要幫她找對象。「〔她〕已經提出六位人選，要我在當中選擇一位。」捨松向她在瓦薩女子學院的同學潔西．惠勒抱怨道。「但是我不可能拋棄單身這個崇高的志向。」[44]

但是看到繁如此快樂，加上日本文部省似乎並無意願提供她工作職位，捨松覺得很難堅定自己的決心。「喔，艾麗絲，我不知道該怎麼做。」[45]在一八八三年一月，捨松這樣寫道。此時，她才剛回日本不到兩個月。

> 生活真的很令人困惑。好像一直在掙扎著什麼……如果我訂婚的話，你說會怎麼樣呢？但不用擔心，我已經拒絕了三位男士，今後就算我想結婚，可能也不會有機會了吧？其中一位男士不僅有地位也很富裕，但我拒絕了那樣的誘惑……另外兩位——如果嫁給他們應該會是因為愛吧，因為他們沒有錢也沒有地位——但我也拒絕了。所以當你來到日本時，我應該還是個老處女。艾麗絲你知道嗎？在這裡只要超過二十歲就是老小姐了，我已經是其中一位。而母親說可能不會再有人求婚了……我唯一能確定的就是，我不知道日本的未來會變成怎樣，然後對於工作我感覺非常沮喪。

她的雄心抱負與自尊不停地交戰著。事情越來越明朗：在日本，一位老小姐無論多麼有成就，都會淪為他人憐憫的對象（如果不是全然輕蔑的話）。

到了一月底，繁的哥哥益田孝舉辦了一個活動，正好可以讓她們暫時忘卻生活和工作的煩惱。益田孝決定舉辦一個派對，以便把新婚的瓜生夫婦介紹給他自己的（更大的）社交圈。他詢問三位女孩以及她們的朋友是否能演一齣「私人戲劇」來當作娛樂節目。[46]很快的，她們決定要演出莎士比亞《威尼斯商人》的最後兩幕——這可以當作一堂英文課，同時也是一場文化表演。「這場派對將會很盛大，而許多知名人物將會出席。」捨松興奮的寫道。「然而，既然他們大多數人都不懂英文，所以我們在舞台上一點都不用擔心會怯場。」[47]

這十天彷彿回到了在瓦薩學院「菲拉雷西恩社」的時光，她們忙著選角、排練和治裝。「你能想像嗎？我竟然要演波西亞（Portia）！」[48]捨松這樣告訴艾麗絲。其實這角色對捨松來說並不勉強。在劇中，波西亞是個可愛、聰明又尊貴的女孩。而當她為了拯救高貴的安東尼奧（Antonio）脫離殘忍的夏洛克（Shylock）之手，而打扮成法學博士出現在法庭時，是如此的具有說服力。若說到美麗、風度與才智，在日本又有誰能比捨松更勝任這個角色呢？「在審判的那一幕，我將會穿上我的毛皮斗篷、戴上一頂天鵝絨帽子，並穿上黑色洋裝。」捨松報告道。「在下一幕，我將會穿上畢業典禮那件禮服。」而小梅則恰如其分的扮演波西亞那聰慧的年輕女侍奈莉莎（Nerissa），當她假扮成波西亞的秘書時，則會穿上橡膠的雨衣。她們無疑是這兩個角色最適合的人選：兩位極有學術教養的年輕女子，在戲中假扮成年輕男子去達成女兒身時無法完成的任務。

瓜生外吉扮演的是高貴慷慨的安東尼奧，而神田乃武（一位安默斯特學院畢業生，同時也被認為是當時在日本英文講得最好的人）則扮演波西亞的熱情追求者巴薩尼奧（Bassanio）。另外，繁則扮演公爵的角色，就是那位公義的仲裁者。她身上穿的「貂皮」外套是捨松用黑色棉布製成的。而在戲中極搶風頭的就是夏洛克這個角色，將由繁的弟弟英作來扮演。他也曾出國留學——「是我所見過最佳的業餘演員。」[49]捨松宣稱道。

從各方面來看，這個派對都非常成功。小梅特別樂在其中：益田家接待廳內，那許多漂亮的木製家具在燭光下閃閃發亮，每位賓客都穿得優雅又得體。而最棒的是，「演員們不需要和大家一起端正的坐在那聊天，所以我們坐在另一個房間內修補我們有趣的戲服。」[50]此外，他們還安排了一位隱藏在幕後的旁白者，用日文描述劇情。「然後我們就優雅的表演著每一幕，賓客們似乎很享受也很喜歡。」至少他們證明了在「上流人士」的社交場合，不需要邀請專業娛樂人士，也能享受娛樂，小梅滿意的下了此結論。但是過去兩百五十年來，日本一直是禁止女人上舞台的。因此除了這三位身穿戲服的女孩之外，當天晚上來到派對的女賓客永遠不會夢想要演出「私人戲劇」——或甚至是猜字謎遊戲——只因其參與者有男也有女。

雖然那天晚上的主角本來是繁和她的丈夫，但事實證明，捨松所扮演的波西亞可能給大家留下了最深的印象。當晚，有兩個男人對捨松抱持著極大的興趣。其中一位是神田乃武，當他念著巴薩尼奧（波西亞的情人）的台詞時，那裡面蘊含的熱情完全不是演的。自從捨松回國之後，神田就很喜歡在繁所舉辦的聚會裡與捨松碰面。神田也已經把心意表達得非常清楚，事實上，他就是捨松信中提到的追求者之一。神田是大學裡的英文教授，同時也是一位虔誠的基督徒，從各方面來看和捨松都很相配。聽了母親和繁的建議之後，捨松沒有立即拒絕，只是告訴神田她沒辦法立刻決定，因為她才剛回國不久。如果他希望立刻得到回應，那麼答案只能是否定的。神田決定等待。「所以我們經常見面，而且是很好的朋友。」捨松稍後告訴艾麗絲。「如果身邊有一位英俊的年輕男子總是對你很殷勤，而且對你有求必應，那當然是非常開心的事。」[51]

這齣戲劇所帶來的效果，也使情況突然變得緊繃了起來。在派對結束三天後，捨松在極為焦慮的狀況下，寫了封信給艾麗絲。「人生真的是太煩了！」她匆促寫道。「我陷入了極大的麻煩，而且不知道該怎麼解決。你是我唯一的慰藉（，）因為寫信給你可以抒發我的心情。我甚至不能和繁講這件事（，）因為問題就是從她那邊開始的，而我擔心會和她吵個沒完。」因為這不安與尷尬，她不願意解釋詳細狀況，甚至對艾麗絲也是如此。「我不需要告訴你這個麻煩的狀況，」她寫道，「讓你知道我陷在裡面就足夠了。」[52]

過了三個星期後，捨松才告訴艾麗絲整件事的過程。因為在那齣戲中扮演了巴薩尼奧的情人波西亞，反而讓捨松本來猶豫不決的心有了最後決定。「我的確曾認真考慮過要答應他，」捨松寫道，「因為我非常喜歡他，而且他非常真誠。」但是她的未來真的就交給這位巴薩尼奧了嗎？在莎士比亞的戲劇中，這位年輕男主角非常有魅力、衝動且浪漫，但也有點運氣不佳。到頭來，還是波西亞的機智挽回了整個局面。而捨松的確有著和波西亞相同的沉穩冷靜與能力。「我越思考就越覺得這不是最好的決定，」她寫道，「因為神田另一方面太年輕也太孩子氣了。所以後來我寫信告訴他，最好把我們之間的一切都忘了。」[53]

神田並沒有輕易放棄。第二天，這位「瘋狂的男孩……出現在我們家門口，要求要見我」，捨松詳述道。當她說身體不適時，神田又要求見她姊姊二葉（就是那位老師）。但因為二葉正在工作，所以神田就跑到女子高等師範學校去陳述自己的苦情。二葉聽他說了一個小時，然後在當天晚上把他懇求的內容帶回家告訴捨松。然而捨松心意已決。「現在他寫了一封很長的信給我，讓我覺得很害怕，」捨松向艾麗絲訴苦道。「這感覺就像被咒詛了。」[54]

然而，一切的門似乎都關閉了。當聽說師範學校可能缺一位教授生理學和動物學的老師時，捨松曾覺得燃起一線希望。「這個職位正好適合我，因為我最想教的就是生理學。」她興奮地說道。這是她在瓦薩女子學院最拿手的科目，而且薪水甚至比繁還要高——正好可以重振捨松軟弱的自尊心。然而，因為教科書都是用日文寫的，而捨松還沒辦法讀寫日文。「在兩個星期內，我必須重新學日文，就像學一個新語言一樣，然後還必須用這個語言教書。」她寫道，「母親說這是個不太可能的任務，但如果他們提出要求，我願意試試看。」[55]然而，後來她只能承認這個任務真的是太艱鉅而難以克服。看來，想找到有意義又薪資不錯的工作幾乎是不太可能了，然而若選擇婚姻（如果她還不算年紀太大的話）又好像是承認失敗一樣。因此，當她二十三歲生日到來時，真的是一點慶祝的心情都沒有。

過去捨松在紐哈芬所憧憬的對象，就是那些未婚、獨立的女人，例如繁的「阿姨」奈莉・阿柏特是她自己學校的主任。而艾麗絲・培根的大姊蕾貝佳則是漢普頓師範暨農業學校的副校長。然而在日本找不到這樣的女性。「喔，艾麗絲！我對很多事物的看法都快速的改變了，」她嘆息道，「現在我知道為什麼日本女人必須結婚……當我真的住在日本並成為一個日本人之後，我才了解，但這的確是必須的。」[56] 捨松欠著她的國家一筆債，但沒有人知道她該如何償還。「我不知道你是否同意，但我覺得一個人最快樂的時期是在童年。」她這樣寫道：[57]

> 我從未像現在這樣，感受到自己的未來背負著這麼重大的責任……並且真心希望可以再次回到瓦薩那段無憂無慮的日子。喔，艾麗絲，人生真的是一團混亂！我以前從來不會多想關於人生的黑暗面，而且對未來以及自己的能力總是充滿自信，但現在我對兩者都感到不確定。人們總會說，能為自己國家捐軀是很光榮的事，但對我而言，能夠為了國家堅強活著似乎更是一種自我犧牲。如果犧牲生命真的可以讓日本獲得利益的話，我很願意且很樂意，但這是不可能的。

前面似乎無路可走。

一個星期之後，小梅匆忙寫了一封信給蘭曼太太：「我有好多事想要告訴您，」在賣了好幾頁的關子之後，她終於寫到重點了；「我現在要進入本信的重頭戲了，這個祕密正在我的筆尖上燃燒著，而現在即將揭曉。其實這已經不再是個祕密了，因為捨松已經答應我可以說出來。那就是，您知道嗎？捨松很快就要成為一位尊貴的女士了，而且將是日本地位最高的其中一位。」58

在兩個月前的派對中，台下有位觀眾，他的眼光也一直跟隨著在台上演出的捨松。他是一位外表穩重，極具威嚴的中年男子，且是當晚出席的賓客中，地位最高的人物之一。那天晚上，他一直仔細觀察著這位富有國際氣質的年輕女子。在成功演出波西亞一角之後不久，捨松的哥哥收到一份正式（且出乎意料之外）的請求：陸軍大臣大山巖要向他們最小的妹妹求婚。

這份請求令人非常震驚。大山是當時明治政府最有權力的男人之一。他當時四十歲，剛成為鰥夫不久，育有三個女兒。除了是一位戰績彪炳的大將（即使他寬闊的胸膛也容不下所有曾獲得的動章）之外，他還是個薩摩出身的男人，而薩摩曾是與會津勢不兩立的敵人。

這一點是最讓捨松家人驚訝的。在鶴城的圍剿戰中，也就是戊辰戰爭最後的日子裡，大山曾經是那些「番薯武士」的一分子，與眾人從外圍的山丘一起攻擊會津。他發射的砲彈曾讓捨松和她姊姊們在城內四處躲避，而大山自己也在這場戰爭中留下了疤痕（讓他留下傷痕的砲彈，極有可能是捨松與其他女孩們一起製作的）。十五年過去，戰爭早就結束了。現在大山巖還是軍階高於山川浩的上級軍官。但在內心深處，他仍是他們的敵人。因此山川家斷然拒絕了。

然而，事實上大山和捨松有著比外表看起來更多的共同點。在捨松於一八七一年與岩倉使節團前往舊金山的一個月後，大山也搭上了一艘法國郵輪橫渡了印度洋，前往歐洲學習軍事科技。為了學好法文，大山在日內瓦住了下來（對他而言巴黎有太多日本移居者了）。他在國外居住了將近三年，回國之後已習得一身歐洲品味。他比大多數人都更了解，政治家需要一位能夠適應公眾生活與熟知時事的配偶。而且他知道三位女兒將可以從這位繼母身上學到許多西方文化。

大山巖仍然在喪妻之痛中（他的前妻年紀不比捨松大，是在前一年夏天生產時因併發症去世的），因此他其實並沒有想要這麼快再娶。但捨松是當時日本唯一擁有學士學位的女子。她能講流利的英文，也懂一些法文。不但身材高䠷苗條，姿態優雅從容，衣著時尚得體，還懂得跳舞。她實在是一位最好的人選。

大山那精明能幹的表弟西鄉從道（當時的官職是農商務卿，且是東京區薩摩的高階領袖）打起了這項任務，開始來往於山川家。[59]他想盡辦法說服對會津極為忠誠的山川家。是的，薩摩和會津過去曾有段不愉快的歷史。但現在的新日本需要有才華的國民們同心合作，帶領國家向前進步。而會津家如此出眾的女兒，若能與陸軍大臣結合（他就是那位挑選了《古今和歌集》裡的詩，使之成為新國歌歌詞的人），將會成為幫助全日本國民脫離過去仇恨的好榜樣。聽到這樣的說法之後，似乎變得難以拒絕了。雖然山川家仍保有許多會津的傳統觀念，但他們也受了許多西方文化的影響。因此他們了解，這件事不是他們能做決定的。最終選擇權仍然在捨松的手上。

若是在一年之前，捨松會認為這樁婚姻非常荒謬。大山巖是個陌生人，一個政客，而且年紀大得足以當她的父親——感覺就像波西亞最後嫁給了公爵而非巴薩尼奧。一直以來，捨松都認為自己的使命就是要推動日本婦女受教育的權利。她怎麼能夠讓自己的生活附屬於大山，或附屬於任何人呢？

然而在她回到日本後，這幾個月內所體驗的一切已讓她的想法有所改變（無論是找工作或是關於日本婦女的社會地位方面）。她可以辛苦一點，先私底下教英文，直到她的日文進步流利之後，或許能夠成為一位師範學校的老師，就像她姊姊一樣。但是一輩子站在講台上教導女學生，真的能帶來什麼改變嗎？

自十一歲遠離家園起，捨松一直過著與周遭女孩不同的人生。總是與眾不同且惹人注目。現在，她是否要成為那位唯一終身不嫁的日本女性呢？難道在自己的祖國還要繼續如此格格不入嗎？以前，至少還有繁的陪伴。現在繁也踏入婚姻了，只剩下小梅，但和小梅的友誼本來就和繁不太一樣。現在當捨松思考著未來，她感到前所未有的孤單。她不愛大山巖——畢竟他們才剛認識不久——但是他很聰明且受尊敬，而且他似乎能了解捨松的尷尬處境。和他在一起的話，或許捨松能有機會為國家服務，也能讓自己過得好：她能夠成為一個有用且開心的女人。

「我們必須做的是，改變社會的現況。」她寫道，「而且只有已婚的女人才能完成這項任務。」[60]九個月前，她曾於瓦薩學院的畢業典禮上站在大家面前演講，當時她是一位明星學生、一位強有力的演說者和領袖。報紙也刊登了她對國際政治的看法，同學和教授都認為她前途非常光明。如果成為大山的妻子，她將能接觸到非常高層的權力，這樣一來或許有機會能完成他們的某些期許。

「對了，你還記得我說過，有一位地位非常高的男士向我求婚嗎？」捨松寫信給艾麗絲時，故意若無其事的提到。「他又問了一次，而我正在慎重的考慮。」[61]這是四月的第一個星期。事實上，捨松心裡已經下了困難的決定，要接受大山的求婚。然而，要開口告訴艾麗絲，似乎是件更困難的事。「如果我認為自己對日本的貢獻只有教書一途，那我會毫不猶豫地投身教職。但現在我覺得，放棄原本的計畫或許能對國家更有貢獻。」她繼續寫道，「然而，我也感到很奇怪和困惑，到底該怎麼做才是正確的呢？」當捨松改變了原本的心意，到底算是自私還是無私呢？

捨松花了很多時間與繁和小梅進行私密的談話，爭論這個決定。「因為擔心和搖擺不定的緣故，捨松變瘦了許多。」小梅這樣告訴蘭曼太太。小梅自己對這件事的反應，也是介於羨慕和鬆了一口氣之間。一旦做了這個決定之後，捨松的地位將會一躍超越所有的人——包括那些以前地位在她們之上的人。之前的駐華盛頓日本大使吉田清成（曾與捨松她們一起參觀費城百年紀念展覽），現在也已回到東京了。「我好奇當他知道這件事時會怎麼想，又會說些什麼。」小梅寫道。「因為他一直認為我們是小女孩，然而現在捨松的地位即將要超越吉田夫人*了，而且捨松的丈夫甚至比吉田先生年紀更大。」[62]

捨松將永遠無需為金錢煩惱了。「大山先生很富有，擁有一棟完全西式的可愛房子，裝潢是法國風。而捨松將可永遠穿著西式服裝，擁有一切她想要的。」小梅寫道。她可以「享受各種有趣的娛樂、舞會、晚餐派對等等，招集淑女和紳士們齊聚一堂，讓那些大人物們看看女人能夠有什麼樣的風采與什麼樣的表現。她即將成為高貴的大山夫人。」小梅想像著。然而與此同時，捨松將「不會再是我們的領導者、瓦薩畢業生、醫院護士，或是學校老師。」[63]大山那些掌握權力的同僚們，永遠不可能會尋求捨松的意見，而他們妻子的才智也比不上捨松。她們再也不能窩在繁家裡，徹夜盡興聊天和討論，因為捨松的新地位將不再允許她這麼做。雖然大山巖的名聲是無可挑剔的——「他從不喝酒，或像其他人一樣做些糟糕的事情，而且他很親切，我相信他一定是個非常非常好的人」——不過對小梅而言，大山巖是個她無法理解的對象，他們甚至連語言都不通。不，小梅無法想像自己能夠做出和捨松一樣的決定。

*註：吉田夫人原本是一位藝伎，因此她的地位是靠婚姻獲得，而非天生的家世背景。許多明治政府的高階領導者都把他們最愛的藝伎娶為了妻子，這或許是因為他們接觸了西方文化後，了解到因愛情而結合的美好。另一方面，也可能是因為一個善於音樂演奏與社交的女性，比較能勝任西式文化中政治家妻子的角色。

對捨松而言，這樁婚姻不只是牽涉到金錢或是影響力而已，這也是一個能往下扎根的機會。到了七月，她終於可以清楚地解釋給艾麗絲聽（其實艾麗絲早就知道這個驚人的消息，因為小梅不小心說漏嘴給蘭曼夫人知道，蘭曼夫人又告訴了她）。「雖然家人們都很愛我，但我在家中並非不可或缺的。」她寫道：[64]

> 我有一種感覺。母親有一個最愛的孫子，此外還有許多其他小孩。我的哥哥姊姊們不是結婚，就是已經生了小孩。繫也有自己的丈夫，所以沒有人是需要倚靠我的。但現在不同了，有某個人的快樂可能會維繫在我身上，而他小孩的福祉也與我息息相關。

十一個月前，她曾極力要求艾麗絲快點搬到東京，然後和她住在一起並建立自己的學校。然而這段時間內有了許多變化。「在沒經過深思熟慮之前，我是不會貿然做決定的。然而我認為這樣做是正確的。」她很堅定的對艾麗絲說道。「他是個很好的男人，我相信我應該把未來託付給他。我猜你可能不會喜歡這個決定，而且我也仔細考慮過了。但我覺得當涉及這種問題時，是沒辦法讓每個人都滿意的。」然而她字裡行間似乎也透露著一點不安。「我覺得好像有點對不起你，但我知道你的心胸如此寬大，一定不會這樣想的吧。」她寫道，「此外，你應該也不會樂見我讓這種心情，影響了我未來的幸福和快樂，對嗎？」她似乎故意不去思考這樣的決定，是否會影響艾麗絲未來的幸福和快樂。「我希望你不會因此生氣，因為這是最好的決定。」

艾麗絲後來如何回應，並沒有留下資料。而捨松在接下來的一年內，幾乎很少再寫信給她。她變得非常忙碌，而且現在學法文變得比學日文還要重要，此外，她還要拜訪大山巖的朋友們，以及忙著辦嫁妝。從這個時候開始，她寫信給艾麗絲的次數和頻率就減少了很多。瓦薩女孩那直率的自信漸漸消失了。現在陸軍大臣的妻子必須內斂的處理自己的各種情緒。

這場婚禮規很模小，而且沒有對外公開。這對一位踏入二次婚姻的鰥夫而言，似乎是比較合宜的做法。而繁和小梅也都沒有出席。小梅在幾天前，曾在捨松家先偷看了一眼婚紗：那是一套極為精緻的刺繡絲綢禮服，後面有長長的裙襬，頸邊有特製的蕾絲花紋，她這樣向蘭曼夫人報告道。大山送給捨松一只鑽石戒指，上面有三顆圓明亮形切割（Brilliant-cut）的鑽石，特地在瑞士訂做。[65]（這「戴在我瘦削的手指上，似乎有點太華麗了」，捨松寫信告訴艾麗絲。）[66]但是對小梅而言，這場婚禮似乎有點虎頭蛇尾：「一切都很腳踏實地，簡單安靜，所以感覺很奇怪。」[67]小梅寫道。「她只是離開了原本的房子，然後進入了另一間房子。雖然穿了一件很華麗的禮服，但只有房子內的人看得到。沒有婚禮旅行、沒有熱鬧氣氛，也不需要去送行。」如果嫁給重要人士，卻不能舉辦一場隆重的婚禮，那又有什麼意思呢？「因此，」小梅寫道，「我一點都不覺得捨松已經結婚了。」

結婚典禮是在大山巖的家裡舉辦的。之後，親友們都收到一張象牙白的方形卡片，這張結婚啟事上面用草寫字體寫著：「陸軍大臣大山巖與山川小姐於一八八三年十一月八日舉辦結婚典禮」（Le Ministre de la Guerre General Oyama Iwao a l'honneur de faire part de son marriage avec Mle Yamagawa qui a eu lieu à Tokio le 8 Novembre 1883.）[68]第二天晚上，最親密的幾位朋友被邀請共進晚餐。此時，在小梅眼裡，捨松看起來已經不同了。「捨松看起來就像是一位女主人，在她身上看不太到過去的影子了。」[69]小梅很想要跟捨松獨處，聽她講講關於婚禮的事，並問她是否有收到什麼豪華的禮物。但是這位大姊姊、曾經的知己好友，卻因為太忙碌而無法與她獨處。「我必須控制自己，不要在大家面前叫她Stematz，而是要叫她『夫人』或是大山太太。」小梅說道。「繁一直是繁，不管旁邊有沒有其他人。但是捨松的話，若旁邊有其他人，我就不能和她太親近。但我們卻又沒太多時間可以獨處。」小梅發現這頓晚餐吃起來並不是太愉悅舒適：大家都是用日文交談，而捨松——大山夫人——也無法幫助她。

當天晚上，繁也沒有到場為摯友慶賀。她現在已經沒辦法搭乘搖晃不已的人力車前往參加晚宴了。因為四天後，繁就生下了她的第一個孩子，是個名叫千代的女孩。

捨松現在結婚了，而繁則成為了母親。「我必須習慣這一切。」小梅寫道，「我必須學習今後一個人繼續往前。」[70]

美子皇后穿著宮廷朝服，一八七二年
（攝影者：Kyuichi Uchida；圖片來源：
Getty Images, Hulton Archives）

由左至右：繁、悌、亮、小梅和捨松，
身穿在芝加哥時購買的西式服裝
（圖片來源：津田塾大學檔案室）

岩倉具視（中央）和其他地位較高的大使，包括木戶孝允（最左）、伊藤博文（右邊數來第二）以及大久保利通（最右）。
（圖片來源：維基共享資源）

森有禮，一八七一年駐華盛頓日本代辦
（© 2015 Museum of Fine Arts, Boston）

李奧納德．培根，紐哈芬第一教會牧師
（圖片來源：耶魯大學神學院圖書館特別收藏）

阿德琳．蘭曼
（圖片來源：津田塾大學檔案室）

瓜生外吉，安納波利斯海軍學院學生
（圖片來源：瓜生節子）

由左至右：捨松、繁以及她們在瓦薩的朋友瑪莎・夏普（Martha Sharpe）
（圖片來源：瓦薩大學圖書館特別收藏）

瓦薩女子學院一八八二年畢業班。捨松坐在第四排的左邊數來第五位。
（圖片來源：瓦薩大學圖書館特別收藏）

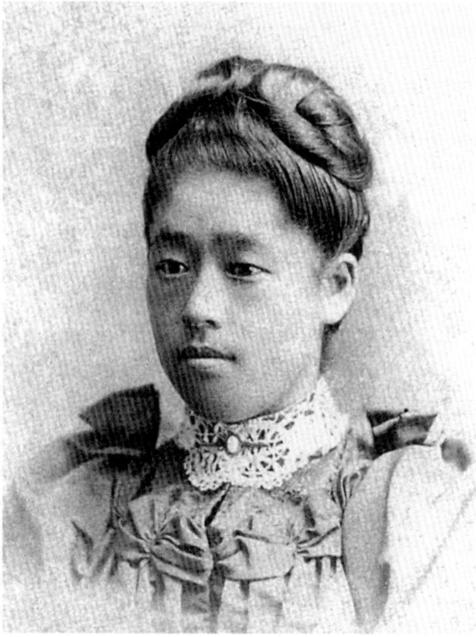

小梅在東京，一八八三年
（圖片來源：津田塾大學檔案室）

捨松的一八八二年畢業照
（圖片來源：瓦薩大學圖書館特別收藏）

大山巖，陸軍大臣
（圖片來源：日本國立國會圖書館，東京本館）

明治天皇穿著宮廷朝服，一八七二年，以及穿著西式軍服的模樣，一八七三年。
（攝影者：Kyuichi Uchida　圖片提供：[左]維基共享資源[右]Getty Images, Hulton Archive

伊藤博文，日本的初代內閣總理大臣
（圖片來源：Getty Images, Universal Image Group）

艾麗絲・培根
（圖片來源：津田塾大學檔案室）

鹿鳴館
（圖片來源：日本國立國會圖書館，東京本館）

捨松，約攝於一八八八年
（圖片來源：瓦薩大學圖書館特別收藏）

一八八九年，小梅獲得布林莫爾學院入學許可的模樣
（圖片來源：津田塾大學檔案室）

美子皇后，約攝於一八八八～一八九〇年之間
（圖片來源：Getty Images, Hulton Archive, Apic）

女子英學塾的新校舍，一九〇一年（圖片來源：津田塾大學檔案室）

大山一家。一九〇四年刊登於科里爾百科全書（Collier's）的照片。由左到右：捨松、高、大山巖侯爵、柏、久子。（圖片來源：瓦薩大學圖書館特別收藏）

第十一章 獨自前行

「請不要再寫信給我討論關於結婚的事——再也不要。」回到東京後的第一個夏天，小梅寫信向蘭曼太太抗議道。「我對這個話題感到好厭煩，我一點也不想再聽到或討論這件事。到了我想結婚的時候，我就會結婚。」[1]她和捨松以及繁曾經是非常要好的三人幫——或許力量微小，彼此關係卻很緊密。然而現在事情都變了樣。雖然友誼還是存在，但是三人幫如今卻成了（至少在小梅眼裡是這樣）得靠自己的獨行俠。

在明白表示自己對婚姻的反感之後，小梅能夠選擇的道路就只剩下工作。往好處想，她比（日本的）任何人都更適合教導英文或西方事物。麻煩的是，突然之間大家已經不再急著想學這些新技能了。經過了十年追逐西方事物的熱潮之後，這種過於心急的態度已經開始讓某些改革者感到厭煩。「幾年前，大家認為只要是外國的東西都是好的，而且熱潮不斷。但現在日本的事物也一直在進步，大家也不再認為外國的東西就一定比較好。」小梅寫道。「我們回國後，一直希望政府能資助開辦一間女子英文學校，然而現在真不是個好時機。」[2]

一八七〇年代，這幾位女孩正在外國留學。而在這段期間，日本也開始雇用好幾千位美國及歐洲的工程師、技術人員和顧問，並支付他們極高的費用。在岩倉使節團出國後不久，明治政府就將傳統的農曆改成了公曆、開始徵召軍隊、收取土地稅以及實施四年的義務教育（包括男孩與女孩）——這些重大的改革不但使日本國情更穩定，也獲得國際認可。在一八七七年，也就是美國費城百年紀念展覽後一年，日本也在東京上野公園舉辦了第一屆的內國勸業博覽會（而十年前，幕府才在附近的寺廟裡投降）。展覽內容包括園藝、農業、製造物與畜牧等等。在日本自己的機械廳裡，也展示著由日本人自行製造的機械織布機。

那時，雖然在東京用這樣的博覽會慶祝日本的大幅進步，但是在國土的另一端，卻有一群人仍然想要恢復過去的傳統。西鄉隆盛是一位體型高大，極具個人魅力的政治家，他因著明治政府過於快速的改革，而和政府的領導者們決裂了。在西鄉的心中認為，日本仍然應該由武士階級來主導，並且應該更加積極的掌握政權*。因此，西鄉回到了位於鹿兒島南部的薩摩根據地，蓄勢待發。後來，雖然西鄉的身邊聚集了幾萬名不滿現狀的武士準備謀反，但終究敵不過新政府那配備精良的軍隊。在那一年的夏末，薩摩的反叛軍就被打敗了，位於南方的反叛軍被剿滅，精神領袖西鄉隆盛自盡身亡。現代化的勢力似乎是完全得勝了。

兩年後，也就是一八七九年，美國前總統尤利西斯．格蘭特（Ulysses S. Grant）拜訪日本。

明治政府的領袖們為此非常的興奮（特別是那些曾於一八七二年與岩倉使節團一起前往拜訪白宮的人）。這位美國內戰的英雄，很自然地被這些前武士當成偶像般看待。因為他們自己也剛在日本內戰中生存下來，並利用了西方的軍事科技平息了南方的叛亂。然而，格蘭特給日本的建議，其實是希望明治政府在解放社會方面不要操之過急。「聽說格蘭特在日本受到的禮遇，勝過所有曾經到訪的領袖。」十八歲的克拉拉·惠特尼（Clara Whitney）這樣寫道，她是一位美國宣教士的女兒。「一位日本女士曾說，格蘭特將軍受到神明般的禮遇，讓人不禁懷疑，是否過不久就會為他蓋一間神廟了。」[3]而藝伎們則穿著紅白相間的條紋和服，內層穿著裝飾星星圖案的藍色內袍，頭上戴著銀色的星星飾環，為格蘭特跳舞（這些服飾的圖案正象徵著美國國旗）。[4]天皇本人也與格蘭特握手——這也是天皇第一次握西方人士的手。[5]

當初岩倉使節團前往國外之後，睦仁天皇也經歷了屬於他自己的轉變。在一八七一年，睦仁天皇曾對即將出發的岩倉使節團發表了致詞，當時他是穿著全套正式的朝服，過去也只以這樣的穿著出現在大眾面前。然而在兩年內，他捨棄了過去的袍子，開始穿上西式軍服，並將頭髮剪短。現在他也開始經常性的出現在大眾面前。過去，天皇一直是帶著神話般的存在，現在則已經

＊註：西鄉隆盛的弟弟西鄉從道是個留著濃密鬍鬚的男人，而且比起西鄉隆盛的魁梧身材，從道則顯得較為精瘦。他當時擔任農商務卿的職位，後來還曾幫忙勸說捨松嫁給大山巖。

走出那層遮蔽的面紗。而他現代化的服裝正象徵著日本改革的決心。

在日本，關於西方文化及城市景點的書籍賣得很好，其中最暢銷的是由蘇格蘭人山謬爾．斯邁爾斯（Samuel Smiles）所寫的《自己拯救自己》（*Self-help*，立緒文化）的譯本。日本人把這本書當作學習西方人成功學的指導手冊。「個人能夠真正成長與發展的關鍵，就在於自助的精神。」斯邁爾斯寫道。「此外，當這種精神存在於許多人的心中時，就能成為國家能力與優勢的來源。」[6]美國之所以能在獨立後的幾年內，就能夠蓬勃發展，就是拜這種精神所賜。因此，日本當然也能夠做得到，甚至可以做得更好。

在一八七二年（當時岩倉使節團的幾位女孩們在華盛頓第一次接觸到英文），明治政府的領袖們則發表了新的基礎教育法令，特別強調自我進步與個人機會。舊的藩學校向來灌輸給武士子弟們的是忠誠與孝道，但從今以後，社會各階層的小孩都將有機會上學，並以「建立品格、發展心智、培養才能」為目標，以便「在世界上開創自己的道路、明智的累積財富、讓生意蓬勃發展並達成人生目標」。[7]就算是山謬爾．斯麥爾斯本人也會同意這遠大的目標吧。

但某些仔細閱讀斯麥爾斯著作的人，也發現另一項論點：「外來的幫助也常使成效不彰。」[8]日本所請來的這些外國專家，難道不算是外來的幫助嗎？日本在仿效西方的道路上，是否走得過頭了？對這些新建立的勢力進行妥協，是否會造成危險？一八七八年天皇出外巡視各省時，是由元田永孚陪同的。元田永孚是當時的侍補（以儒家思想輔佐指導天皇者），對天皇的影響極大。

在這次出巡中，天皇在各省的學校教室中觀察到的景象，讓他感到沮喪。回來之後，元田將天皇的觀察心得寫成了《教學聖旨》。這是在格蘭特訪日的那年起草的，裡面指出對教育方針應有的修正。「近年來，人們對於西方文化的追求已過於極端，」文中還提到：[9]

人們接納了西方的文明思想，而這種西方思想只重視事實的搜集和技術，並違反了禮儀規則，傷害了我國傳統習俗……若毫無保留的仿效西式文化，最後將會導致我國人民忘記了規範君臣與父子關係的倫理道德。

文中還寫道，道德論理應該是所有教育的最重要目標，而為了達成此目標，「儒家思想是最佳指導原則」。智識啟蒙不該損害了君主的權柄。教育應該提倡的是順服，而非自恃。日本應該拒絕一味推崇西方進步的假神祇。

當初日本抱著一股熱情，決心學習西方的一切，因而使得這三位女孩有機會能到美國進行一趟冒險。但在她們停留美國的期間，日本亟欲改革的動力卻也漸漸冷淡下來。因此，雖然當初送她們出國的是天皇，但如今開始阻擋西方文化的也是天皇，這使女孩們的處境變得很尷尬。在她們剛回國的這時刻，正好是日本人對西方新奇事物（如牛肉或是舞會）熱潮漸趨冷淡的時刻，取而代之的是重新對傳統文化（如茶道）的重視。「他們必須使用某種特定的木炭或是茶壺，」小梅抱怨道，「杯子必須擦拭和清洗過很多次，擺放的位置也很講究，而且只能用這種方式來泡茶。光是這些規則我就可以寫滿好幾張紙，但我真的認為這些規定很累人且無用。」[10]

但事實上，這不只關乎潮流和娛樂而已。儒家思想（就像捨松小時候在會津背誦的《女大學》裡所寫的一樣）的教導認為女人就應該凡事順服男人。在一個被這種思想主導的社會中，女性教育的體制是很難建立的。儘管新的教育制度要求女孩也應該上學，但許多家庭仍希望把女兒留在家中。如果年輕女性真的要受教育的話，所學的也應該是如何成為好妻子、智慧的母親以及忠誠的順服者——而非成為教師。事實上，當時的日本並不存在任何的女性教育課程（除了基礎教育以外），而任何為此做的努力也開始面臨反對。「捨松說，在一般的學校內，他們已經開始捨棄西式的教室、地板、椅子和床，並恢復日本式風格。」小梅寫道。「他們這樣做其實有點不明智。因為過一兩年後，他們又必須把這些西式擺設買回來，而這樣改來變去又會增加很多支出負擔。說起來，為什麼他們往前踏出了一步之後，又要往後回踏半步呢？」[11]

然而再過了幾個月後，就算是小梅也開始看清現況了：這股保守勢力的反撲是認真的。當時將這幾個女孩送出國的政府，現在對於她們在那裡學到的東西已經沒什麼興趣了。

在這第一個夏天結束時，小梅對於自己是否能還清積欠國家的債務感到絕望。在心情特別不好的時候，小梅所透露的心聲，正和捨松結婚前猶豫不決時的說法很相像。「如果我的死能夠幫助提升日本女性的地位，我很願意如此做。」她寫信給蘭曼太太時提到。「如果放棄生命能讓這些事情被好好的完成，那似乎還容易得多。在永遠看不到盡頭的黑暗中摸索嘗試，然後一直為不可能的事苦惱和擔心，真的困難多了。」[12]

對小梅而言，捨松結婚後的那段日子似乎是最陰霾的。她被困在位於麻布的農莊裡，「飽受跳蚤凌虐」和蚊子的攻擊，但小梅盡量讓自己多做點事情：她會幫客人倒茶水、整理自己的房間、讀日文，以及幫忙訓斥七個年幼的弟妹好讓他們聽話。她唯一的慰藉是一架珍貴的鋼琴，這是蘭曼太太用小梅剩下的津貼所購買的。在千里迢迢且完好無傷的從華盛頓寄送到日本之後，這架鋼琴現在正放置在津田家那小小的客廳裡。[13]

在喬治城，小梅是菁英家庭的女兒。但是在東京，她的家庭的社會地位就比較微妙。當小梅在美國的那幾年，她的父親津田仙曾追求過各樣的發展。在一八七三年，津田仙曾到奧地利參觀維也納世界博覽會，回到日本之後的那幾年，他則幫忙建立了一所女子教會學校、一所聾盲學校以及一所農業學校。他也是明六社（明治時代初期設立的一個近代啟蒙學術團體）的成員之一，在那裡結識了許多明治時期的菁英領袖。在商業上，他也曾靠著「津田繩」獲得短暫的成功。這是將羊毛繩沾滿了蜂蜜，然後將其輕觸稻穗前端的一種授粉技術，是從荷蘭引進的。他還曾安排種植了一棵樹，以紀念格蘭特總統來訪日本。[14]

但是對津田仙的一些武士朋友而言，津田對農業的熱心似乎是一種會傷害社會地位的舉動。

而他對美式生活的追求也同樣有點過於極端，因為他甚至把自己的社會階級從武士改為平民。當小梅回到日本時，正好是國家對外國事物的興趣銳減的時期，因此她父親的影響力也開始下降。而雖然小梅對於父親改信基督教一事感到開心，卻很驚訝的發現：父親在信教之前不久，竟然曾和一個女僕生下了孩子。[15]雖然這種事對當時的日本武士來說，並不值得大驚小怪，但是對一個在美國喬治城中上階級家庭長大的女孩，卻是極為震驚的事。此外，津田仙雖然身為一名指導者與資助者，但是小梅卻發現他的形象並不是那麼完美——特別是與永井繁那有錢的商人哥哥，以及捨松那極有權勢的未婚夫比起來。畢竟這兩個男人都散發著國際化的優雅氣息。

在三位女孩中向來最有母愛的繁，看到小梅自我封閉的模樣，不禁擔心了起來。她特地請了一位音樂學校的同事，到小梅家裡幫鋼琴調音，此外寫到美國的信中也提到她的擔憂。「蘭曼太太，小梅很想念你。她想念你的愛、你的家和你的國家，更甚於我們其他人。」[16]繁寫到喬治城的信中這樣提到。「我們音樂學校的主任，很希望小梅能來學校教書，但我想距離真的太遠了，而且小梅的家裡也需要她。」（其實距離只是小梅的一個藉口。她曾對蘭曼太太透露：「我覺得教音樂沒辦法為我帶來什麼影響力。」）[17]

知道繁寫這樣的信給蘭曼太太後，小梅感到很生氣——「我覺得繁寫這樣一封信給您是很不明智且無禮的」[18]——而且也很惱怒大家一直討論她最討厭的主題：婚姻。捨松一直想要撮合她和神田乃武（之前追求過捨松），而蘭曼太太則一直暗示世良田亮（瓜生外吉在安納波利斯海軍學院的室友）是個不錯的對象。[19]「請不要再寫任何關於世良先生的事了，」小梅抗議道。「我對於這個提議和對象向來都一笑置之，因為我對他根本沒特別的好感。他太窮了，其他方面也不怎麼樣。」[20]看來，三人組中年紀和身材都最小的妹妹，似乎是那個眼光最高的人。

然而，受到小梅最嚴重批評的，應該是位在東京傳教的美國傳教士們。這似乎也透露了小梅自身的不安全感。「他們真的太高傲了，所以只能接觸到一些社會最底層的人，因為他們不願意融入日本的生活方式。」她寫道。「說到艱困和辛苦，他們每個人都有自己的家庭和房子，生活舒適又穿著體面，能夠去享受度假和過好日子，所以他們一點也不了解日本。雖然如此，他們仍說自己是在為主做工。到底是做什麼工呢？」[21]這些人和她在華盛頓時所遇到的人差不多：他們深信——甚至洋洋得意——自己是在為神做事，但卻享有極為舒適的家庭生活，有教會發給他們津貼，也不需要勉強自己融入異國的環境。反觀小梅自己，現在沒有明確的目標或生活支柱，對於自己在祖國所處的尷尬地位也深感不安。所以她不願意承認，她對這些傳教士的想法其實有部分源於嫉妒。孩童時期的她一直是受到他人讚賞的，周遭也都是極卓越的人士。而如今雖然身邊都是日本同胞，卻因為覺得被低估且備受煎熬。

坦白說，小梅其實是有點勢利眼的。因為當談及自己要去哪裡教書時，她卻完全排除了去教會學校的可能性。「只有貧窮學生才去那裡念書，家世背景好的女孩不會去那邊上課。」[22]她這樣寫道。但是到了一八八三年五月，無所事事開始讓她感到難以忍受。在一八七四年時，她的父親曾經在衛理公會（Methodist）傳教團的資助下，在築地的外國人集居地幫忙建立了「海岸女學校」。[23]而小梅的姊姊津田琴也是在這裡學習英文的。衛理公會很希望小梅能在這間學校教導英文、世界歷史和地理，雖然薪水不多且人力車通勤要花一個小時，不過只須要在夏天這學期過去上課就可以了——時間只有六個星期。

小梅對這份任務的想法，則是混合著驕傲與一些輕蔑。「對於我即將要去學校當老師並教導這些小小的日本人，您是否感到驚訝呢？」[24]她語氣輕快的寫信給蘭曼太太。「太好了！這也算是一個開始，雖然目前人很少。去學校教課，並要求孩童們保持安靜，似乎會很有趣，而且真的可以賺錢。其實我還覺得自己仍是個小孩和女學生，事實上我也才十八歲而已。」

當老師的時間過得很快。「您都想不到我有多忙碌。」[25]小梅宣稱。然而事實上，她每天下午只須要上三個小時的課，而且每堂課學生都不超過八個。教書對小梅來說，有點像是在扮家家酒：「如果您看到我上課時嚴肅的樣子，應該會嚇一跳吧。」不過，她也的確非常盡力地扮演好自己的角色。「蘭曼太太，請不要認為這些女孩都像我之前認識的女孩那般有教養、榮譽心或是道德情操。」[26]她寫道。當學期結束後，小梅很高興校方要求她秋天繼續回來教學，不過她拒絕了。她發現教書不是一件容易的事。「我覺得自己還太年輕，而且我討厭必須一直重複那些單調的苦差事。」[27]

孩童時在喬治城所度過的美好歲月，讓她對目前的景況毫無預備。婚姻是令人厭惡的，而單調沉悶的教書工作又太吃力不討好。她那渴望被他人認可的夢想，顯得遙不可及，然而她並沒有因此放棄。「我想要建立自己的學校，且永遠單身。然而我不會說自己一定永遠不婚，因為要自己一個人走下去真的太難了，真的非常難。」[28]特別是當捨松因著決定放棄單身而突然晉身為高層階級人士時，因為這身分正是小梅夢寐以求的。

當捨松透露，有人想要聘請小梅擔任皇后的貼身翻譯時，小梅的想像力開始爆發了：「但那會是怎樣的職位呢？應該會是一份很清閒的工作吧！因為畢竟新年或是正式場合並不是常有，而且也要這些大官的太太小姐們有出席的時候，才會用得到翻譯。這不是很好嗎？我將有機會可以看到那些身分最高貴的人。」[29]這份工作看來不但地位高且環境舒適，而且工作量還很少——還有比這更好的工作嗎？雖然小梅寫信給蘭曼太太時，顯得好像很興奮，但她知道其實自己的日文甚至還無法與家中的女僕們溝通，更別說要翻譯宮廷裡那些華麗正式的詞彙了。但是知道這些重要人士曾想到她，仍讓小梅覺得非常感激。

此時，小梅收到了當時的外務卿井上馨寄來的宴會邀請函，這對她而言是另一個好消息。「老實說，我的確很想要參加政府舉辦的舞會，」她寫道，「因為這樣一來，就能遇到很多達官顯貴。我希望自己能看起來很體面，而且這對於我想要建立學校的計畫可能也有所幫助。」[30]

在十一月三日天皇生日當天，近千位賓客齊集於外務卿的官邸。煤氣燈照亮了大門上象徵皇室的菊花紋章，各色燈籠懸掛在整個庭園內及屋簷上。會客室裡擺滿了花朵，與賓客們華麗的衣著爭奇鬥豔：有鑲金邊的軍裝，有從巴黎購進的禮服，還有幾種傳統的朝廷服飾。「非常特別，也非常漂亮。」[31]小梅報告道。他們還為會跳舞的人士舉辦了舞會——雖然大多是外國人。空中綻放的煙火，使得星星瞬間失去了光彩。

繁因為剛生下女兒不久，所以被迫待在家裡無法參與（在稍後的同一個星期內，她也錯過了捨松的婚禮）。瓜生陪著身穿白色禮服的小梅一同前往（這顏色對她的長裙襬而言，是不甚明智的決定），而捨松則穿著「非常美麗的藍色縐綢禮服」。[32]美國總領事和倫敦市市長也都出席了。但當天小梅遇到最特別的人，卻不是這些外國人。當慶祝活動進行到一半時，一位高瘦且優雅的年長男子出現在小梅面前，他身上的軍服掛滿了勳章及金色穗帶。

「你知道我是誰嗎？」他下巴上留著修剪整齊的山羊鬍，帶著一點淘氣的笑容問道，「要猜猜看嗎？」[33]

小梅感到困惑，然後又漸漸開始覺得尷尬。最後只好承認，她不知道。

「我是伊藤，」他說道。「你不記得了嗎？上次看到你的時候，」伊藤把手比畫在腰間的高度，「你才這麼高——現在你終於回來了。」

原來他是伊藤博文。當初這五個女孩和岩倉使節團一起坐著船前往舊金山，在船上暈船又想家時，伊藤曾給了她們一些醬菜撫慰鄉愁。後來在鹽湖城被大雪困住時，也是伊藤講床邊故事給她們聽。而在五位資深的使節中，伊藤是最年輕的那一位，現在他則擔任內務卿的職位。（在兩年後，他將會成為日本首任內閣總理大臣。）「他現在是個位高權重的人，」小梅有些懊悔的寫道。「所以當他問我是否已忘記他時，我覺得很尷尬。」[34]然而，事實證明這又是一次命運般的相遇。

「若我告訴您，自從上次寫信給您之後，我就開始工作了，您會相信嗎？」[35]小梅急忙寫信給她在美國的養父母。距離上次在外務卿舉辦的舞會上，小梅尷尬的站在伊藤博文面前以來，還不到一個月。雖然她沒認出對方，但這件事並沒有帶來任何損害。「看來他似乎很急於在教育及各方面上幫助婦女，而他也是個思想非常新穎的人。」[36]小梅寫道。她終於找到了願意資助她的人

伊藤介紹了一位名叫下田歌子的女性給小梅認識。下田步上成功的路線是非常傳統的，與小梅的特殊經歷極為不同。下田年長小梅十歲，同樣也出身於武士家庭，並在幕末時期經歷家族的沒落。當天皇掌權後，下田逐漸在宮廷中獲得一席之地。她不但精通古典文學，且擅長創作和歌，因此深受皇后的寵愛。皇后還因她創作和歌的才能而賜下了「歌子」一名（她原名為平尾鉐）。後來，下田因為結婚的關係離開了宮廷，然而這段婚姻並不順遂。後來在一些有權勢的朋友（包括伊藤博文）幫助之下，她建立了桃夭女塾。桃夭一詞是從中國詩詞得來的，意思是「初熟的桃子」。[37]這是一間為教育菁英分子的妻女所建立的小型私人學校，所以提供的其實是如何成為才德婦女的教育，而非師資的培育。伊藤自己的妻子（原本也是藝伎）和女兒也是該校的第

一批學生。

伊藤希望在下田的學校內，可以增加英文指導課程。還有誰比小梅更勝任這個教職呢？此外，這兩位女老師還可以彼此教導——用一個小時的英文交換一個小時的日文——而既然伊藤位於永田町的宅邸就在附近，小梅上完課後還可以與伊藤夫婦一起共進午餐，然後再為伊藤家的女士們上課。小梅本人非常的興奮。「喔，我覺得非常感激與感恩——你絕不會了解我的心情。就好像上帝在我最需要的時候，把這位朋友帶到了我面前。我深信是神回應了我的禱告。」[38]她這樣寫道。「想想看，我現在是個老師了，而且是這些地位顯赫人士的老師。現在我能夠賺錢了，開始邁向新的未來，這不是非常好嗎？」伊藤的權勢和個人魅力深深吸引著她，所以她試著不去注意伊藤在其他方面的名聲——依據捨松的說法，就是熱愛日本式的娛樂活動[39]（伊藤後來也被懷疑與下田歌子之間有緋聞，但小梅對這件事並不知情）。

捨松也很贊同這項安排。「有了伊藤這位朋友，你什麼都不用擔心了。」[40]其實，捨松私底下並不認為小梅非常適合教書——「她在美國太受寵愛了，」[41]捨松對艾麗絲說道——但現在小梅的新學生們人數不多又有教養，非常適合她。「整體而言，我很喜歡工作而且很喜歡教書。」小梅寫道。她還跟蘭曼太太說，她的會話課程非常需要「聰明才智與體力」。[42]

小梅很享受伊藤家那正式有禮的午餐氣氛。這幾乎可以彌補小梅對捨松這位大山夫人的欣羨——包括那位於隔壁的豪宅，以及最近被宮廷召見的榮幸。這對目前的小梅來說，還是件不太可能發生的事。這五位十二年前被皇后召見並派遣到國外念書的女孩中，目前唯一有機會再次出現在皇后面前的，就只有這位嫁給了政府官員的大山夫人。小梅試著不要去想太多，「（捨松）說召見的過程沒那麼嚇人，而是非常輕鬆簡單的。」她語氣輕快的告訴蘭曼太太。「皇后是透國某位大臣對她說話的，並問了她許多問題。他們還一起共進晚餐，然後才離開。」[43]

事情的發展並沒有就此停止。當這些新安排開始一個星期之後，伊藤又在小梅上課時來拜訪她。如果小梅能夠住在他的宅邸裡，不是會更方便嗎？伊藤這樣問道。這樣一來，小梅就不需要搭乘人力車來往通勤，也更能節省金錢和時間。此外，她的朋友捨松也正好住在附近。還有，伊藤家的女士們將可以教導小梅日文和日本禮節。「他還希望我能多多參與高階層人士的社交圈，認識更多的人。如果我住在家裡的話，是沒辦法做到的。」小梅這樣寫道。「若將來想要做更多有意義的事（而這些大多必須仰賴高社會地位人士的幫助），我現在必須加緊學習。」[44]雖然在喬治城時，大家都認為小梅很有能力，但她現在最需要的是趕緊學習日本禮儀。而小梅也會給予伊藤家的女士們關於西式穿著與儀態的基本訓練，因為這些知識也是身為明治時代政治家的家屬們所必須熟知的。

不過面對這樣的提議，小梅一時之間不太知道該如何回應。伊藤的慷慨大方是無庸置疑的，但小梅是否會有其他疑慮呢？此外，她也暗忖：「我們三個女孩應該要常常提醒自己，我們算是國家財產的一部分，」[45]因此只要是能幫助改善日本婦女的事，我們都應當義無反顧的去做。不過在這樣正經嚴肅的想法底下，小梅也有無法抑制的興奮：「想想看我竟然要住在一位內務卿的家裡了!!」[46]隔天，小梅的父親收到一封來自伊藤的信。「我想與您談談關於小梅小姐的事，」信中寫道，「還請您過來一趟。」[47]

在這些一連串的新發展之中，最讓小梅開心的莫過於麻布的老家收到一封極為優雅的邀請函。原來大山元帥及夫人將於十二月十三日舉辦一場「盛大的晚宴」。[48]這場舞會是為了慶祝他們的新婚，而這也讓小梅第一次有機會參觀當時最特別的建築：鹿鳴館。

當時鹿鳴館才剛開放不久，是象徵明治政府遠大抱負的一幢建築物。這是一棟白色磚瓦蓋成的兩層樓義大利風格建築，主要目的是為了接待外國賓客。裡面有一間舞會廳、餐廳、音樂室、撞球間，和幾間精緻的套房供外賓住宿。正當一般大眾對於西方潮流的熱情漸漸衰退時，鹿鳴館卻成了日本社會少數菁英分子追求西方時尚的集中地。而鹿鳴一詞取名自《詩經．小雅》中的「鹿鳴」之詩：「呦呦鹿鳴，食野之蘋。我有嘉賓，鼓瑟吹笙……」象徵賓客齊聚享受主人豐盛慷慨的饗宴之意。

與政治家們齊聚飲酒、並有藝伎作陪的傳統茶室不同，在鹿鳴館內，政治家的妻子們會身穿巴黎最流行的時裝加入丈夫的聚會。她們也一起享用西式餐點，甚至會嘗試跳首華爾滋。對於贊成者而言，這是明治政府展現自己的好機會，表示日本也能與西方齊頭並進。但對於保守的反對派來說，這只不過凸顯了日本凡事想要模仿西方的窘態。外國評論家甚至說這就像「在法國的溫泉度假地常可見到的二流賭場」。[49]

在舞會當天晚上有近千名賓客到場，而大山夫婦就站在寬廣的樓梯頂端迎接客人。他們與每位外國客人握手致意，對本國客人則是正式的鞠躬禮節——「這麼高難度的動作，若要求美國女士做起來真的是會要命。」[50]一位美國觀察家這樣寫道。捨松當天則穿著婚禮禮服，頭上戴著三顆星形的鑽石別針，[51]展現了高雅的國際性氣質，也贏得了全場人士一致的讚賞：「她是一位完美的女主人，而這也是東京有史以來最令人愉悅的舞會。」[52]不久之後，捨松就成為了知名的「鹿鳴館的貴婦人」。

繁因為剛產下女兒，因此仍必須待在家裡。而小梅則是覺得如魚得水，「能夠見到那麼多人，以及和大家聊天，讓我非常開心。這也是我第一次穿上後面拖地的長裙，我覺得自己很適合。」[53]她寫道，並享受這自我滿足的時刻。還有什麼能比這更好呢？與最高層的上流人士一起共度熠熠生輝的夜晚、擁有名聲良好的工作，以及即將到來的各種美好期待，而這些都不需要倚靠一位丈夫才能享有。小梅也用驚恐的語氣，描述捨松已經成為了「一個典型的日本太太」，而繁也是凡事都必須聽從瓜生的指示。「這樣的生活實在是太糟糕了。」小梅寫道，「看到這些恐怖的男人，以及極為順從的女人，總讓我覺得既驚訝又有些生氣。在美國，狀況是如此的不同！」或許捨松的生活真的是充滿了派對和隨侍在側的僕人，但小梅宣稱她不會因此動搖。「工作會讓我比較快樂，我如此確信。」

而小梅的工作也已經開始為她的生活帶來改變。關於搬家這件事，伊藤已經說服了她的父母，他們願意讓小梅自己做決定。隔週，小梅就搬進了伊藤家的宅邸。離開那狹窄又樸素的家庭所帶來的一點罪惡感，很快就被對新環境的新奇與讚嘆所取代。「我在樓上有兩個房間，又大又舒適。」小梅得意地說道。「您想不到有多好——身邊隨時有僕人等待服侍你。」[54]從她房間窗戶看出去，就是美麗的花園。三餐都是西式的，而小梅也特別被允許可以穿西式服裝，因為畢竟她是教導西方文化的老師。「捨松所擁有的一切舒適與奢華，我都同樣享有了。」她信中的語氣顯得很滿足。「而且暫時不需要像捨松那樣，必須靠著結婚才能得到。」[55]

在一八八四年的新年，小梅漸漸適應了伊藤家的生活（用她向來混合著熱情與抱怨的態度）。因為下田小姐學校的工作要從三月才開始，所以她目前的工作比較像是伊藤家女士們的女伴，而非老師：例如幫助伊藤小姐去橫濱的店內選購組裝衣櫃（「真是件非常麻煩的事」）[56]，或是教導她彈鋼琴。在某些正式晚宴的場合，則必須尷尬的站在伊藤太太身邊，幫忙翻譯那些外國賓客的客套話。

小梅最享受的時光，是與伊藤博文用英文聊天的時候：「我們會針對各種話題作認真的討論。」[57]她在喬治城時，也經常參與這種討論，而她現在覺得非常懷念。就和蘭曼夫婦一樣，伊藤似乎也是真心對小梅所說的一切感到有興趣。「有時候，當我告訴他許多與書本相關的知識，或是婦女工作相關的事情時，他說我應該要把這些事都教給日本的女士們知道。」小梅寫道。「他要我繼續學習，並且他會幫助我往前進，好讓我將來能達成目標。他真的非常好。」

不過，小梅大部分的時間仍然是與伊藤家的女士們一起度過的。她們還一起到熱海的溫泉度假地去住了三個星期。一開始，小梅還很讚嘆那裡美麗的景致，但過不久就開始感到很無聊。她對伊藤是很感激的，但是面對生硬拘謹的伊藤太太，以及她那被寵壞的大女兒，上起英文課來真的感覺「非常困難而且時間過得很慢」。[58]而除了英文課之外，就沒有人在其他時間說英文了。小梅知道自己應該好好利用這段時間增進日文能力。但是每當她急於討論一些複雜的事情，卻只能吐出幾個簡單的日文字時，就讓她覺得非常沮喪。「我願意放棄許多東西，」她從熱海寫給蘭曼夫婦的信中提到，「只為了能夠再一次成為您最寵愛的小女兒。」[59]

回到東京以及日常的生活節奏後，對小梅來說真是鬆了一口氣。每個星期有三天早上，她會到下田小姐的學校教英文，吃過中餐後則教導伊藤家的女士們。週末則會回到位於麻布的家裡。「您看，我的生活每時每刻都是非常充實的。」[60]她信中充滿了自豪的語氣。然而事實上，她心裡對於職業婦女的看法仍是矛盾的。她想起還在念書時，曾寫了一篇作文：「論工作究竟是祝福或咒詛。」「我認為，如果生活可以衣食無慮的話，我寧願不工作。」[61]她這樣寫道，雖然內心深知這是不可能的事。但如果她必須工作，那麼她想要當個老師。不過在字裡行間，仍可看出她的信心是起起伏伏的。「您知道我討厭縫紉的工作，也不太喜歡做家務事。所以我確信現在的選擇是正確的，並相信您也會為我高興。雖然我現在只是個老師，不過老師確實是份高尚的職業。」

至少，比起過去幾個月，小梅現在有更多機會見到大山夫人了。捨松當時組織了一個學習「墨繪」的團體，每個星期聚集一次。她邀請小梅免費加入他們，小梅感到非常高興。「這不是很棒嗎？」她寫信給蘭曼夫人，「能夠在這麼宜人的環境中，和同伴一起學習繪畫。」[62]大山元帥不久前出發到歐洲了，因為明治政府派他前往學習普魯士的軍事系統。雖然他們也曾討論過，是否需要捨松陪同他一起前往，但是因為捨松身體不適，所以最後他單身前往。他將會在海外停留一年左右。

因為大山不在國內的關係，捨松能夠暫時卸下身為大臣夫人的一些繁雜責任。她現在可以將重心放在一些一直以來想推廣的活動（而當初她也認為這樁婚姻能讓她做起事來更加順利）。之前被召進宮裡時所看到的景象，讓她覺得頗為氣餒（後來又被召喚了第二次，是在新年的時候擔任皇后的翻譯）。「如果我告訴你在宮中的所見所聞，你將會訝異日本竟然是個如此未開化的國家。」[63]她寫信給艾麗絲時提到。「宮廷內就像是個與世隔絕的世界，住在裡面的人不知道外面的事，也不想知道是否有更好的可能性存在。」[64]在這幾年以前，當保守派的反對勢力還沒有興起時，皇室也曾努力擺脫傳統的窠臼。皇后甚至曾經騎過放置著橫式馬鞍（雙腿在同一側）的馬。

但在那之後，革新改變的大門又再次緊緊關上了。捨松內心不禁懷疑，若皇后本身也被過去幾百年來的傳統所束縛，那麼又如何期待一般日本女性能接受教育的啟蒙呢？

面對日本皇室的退步與日本女性的景況，伊藤也與捨松有同樣的擔憂。在二月底，伊藤邀請了捨松、下田歌子、外務卿井上，以及好幾位「有智識的女性」[65]到他的宅邸聚會。而小梅當然已在現場。面對這群當時日本最傑出且受過最高等教育的人士，伊藤提出了一個問題：要怎麼做才能帶領日本婦女走出未開化的黑暗？當聚會結束後，他們大致想出了一個辦法：先為家庭背景良好的女孩們創辦一所學校，而且這所學校將由皇后來贊助。

「你知道嗎？我的那個夢想就要實現了！」[66]捨松寫信給艾麗絲時興奮地提到。現在，他們終於要有一所學校了，而這所學校可以讓菁英權貴們放心的把女兒送進來學習。這些女孩可以在這裡接觸到西方文化。同時，「因為皇室也參與了贊助，所以皇后和其他貴婦人也必須前來拜訪此學校。這表示皇室的核心人物們也有機會接觸到教育和西方文化了。」因此，這間學校可以說是「一石二鳥」之計。而伊藤也指派下田歌子和捨松兩個人擔任負責的委員。

事情如果順利的話，小梅將負責教導英文。「如果一切都能夠順利圓滿的話，該有多好呢！」[67]小梅在信中提到。然而開會的時候，她的注意力有一部分都放在朋友捨松所戴的美麗珠寶上。「我必須告訴你，那天晚上捨松戴了大山先生送的結婚禮物，是一顆約這麼大的鑽石」——小梅還在旁邊畫了個直徑半英寸的圈圈——「事實上有可能更大，因為它旁邊還圍繞著五顆更小的鑽石，這是我看過最漂亮的別針。它是如此的光彩奪目！」

但是對捨松而言，這個為貴婦人建立學校的夢想，比任何大山所送的奢華禮物都更加閃閃發亮。「我們可以依據自己的理念來建立學校，沒有任何人來干涉我們，還有充足的資金可運用。」她告訴艾麗絲。「這不就是當初我所夢想的嗎？」[68]一開始，捨松的態度還有點保留。畢竟她手邊的工作不少，除了必須學習操持豪華宅邸的家務外，還必須看顧三位年幼的繼女。但是伊藤的態度很堅定：她必須償還積欠國家的債務，她也是當時日本唯一擁有大學學歷的女性。而且這樁婚姻正好讓她有地位能發揮影響力。在伊藤的要求之下，捨松把瓦薩女子學院時期的修課內容和課程表都寄給伊藤過目。

捨松過去總覺得，自己沒有能力將在美國所學的一切，用來幫助日本的未來。然而，伊藤博文積極的態度，總算吹散了捨松心裡的一些疑慮。而除了對這間學校的長遠規劃之外，捨松還投入了另外一項可立即執行的計畫——而且這活動不僅東京地區的女孩們可以參與，她們的母親也可以一起加入。

捨松在美國時曾去康乃迪克護士訓練學校待過一陣子，那時就已對護理工作有興趣。最近她則去拜訪了剛成立沒幾年的東京慈善醫院。[69]在當時，另一間東京醫院大學只有在對研究有幫助時，才會診療貧窮的病人（這是受到德國觀念的影響）。不過這間東京慈善醫院則是遵從英國人道關懷主義，其宗旨就是要為窮人服務。雖然這間醫院受到某皇室成員的經濟資助，但其實當時東京上流社會還沒有參與慈善事業的習慣，因此該醫院一直面臨資金不足的問題。

另一方面，為善事募款則是紐哈芬人們生活的一部分。當捨松還是小女孩的時候，也經常在星期天與「吾輩社」的婦女們一起製作縫紉物，或是參加義賣活動。若希望幫助日本婦女也能了解慈善活動的意義，那麼為這間新醫院的婦產科募款，應該是很不錯的方式。在伊藤的鼓勵下，捨松很快就著手籌畫日本首次的慈善義賣活動。

「您都不知道這是項多麼困難的工作，」小梅寫信給蘭曼太太時提到。「這些日本小姐們，特別是地位比較高的人，大部分都沒聽過慈善活動這種事，也從來沒參與過或想過。現在竟然要她們自己動手做東西，然後贈送或賣給別人？對她們而言，將自己做的東西拿去賣是有失身分且很奇怪的事。因為她們都很驕傲且自視甚高。」[70]

在幾個星期內，由捨松、她那會說法文的姊姊、小梅、伊藤太太，以及其他幾位地位較高的已婚貴婦組成的委員會，已經成功說服了超過兩百位女士參加此慈善活動。她們將製成的手工藝品等，全都堆放在伊藤的家中：包括繪畫、刺繡、籃子、衣服、腳凳和玩具等等。[71]小梅會捐贈兩尊穿著西式洋裝的瓷器娃娃，大山所處的單位願意提供軍樂隊的義務演出，而鹿鳴館則會在六月的某三天提供作為活動場地使用。

到了十二日的早上，一切都準備就緒了。鹿鳴館到處裝飾著日本旗子，還有常青樹做成的拱門狀入口。一共有十五個攤位，上面販賣著各式閃閃發亮的物品，包括一種扇形的髮夾，上面刻印著英文「Ladies Benevolent Society」（婦女慈善協會）。[72]「這些髮夾是為了本次義賣活動特製的，就像是個紀念品。」小梅寫道，「幾乎每個人都想要一個。」另外，印著同樣文字的菸草袋也「賣得非常好」。女性工作人員身上都掛著紫色絲繩做成的花結。小梅在伊藤太太的桌邊幫忙，而繁則加入捨松那一桌。[73]茶室裡面同樣都是女性工作人員，並提供檸檬水和冰淇淋。

活動剛開始的早上，一切都很安靜。從十點到中午，只有身分最高貴的客人可以進入場內。那時，坐在桌子後面的女性工作人員都顯得有點害羞。若有客人表現出興趣，她們會起身幫忙，不然就只是坐在那。但是到了下午，當會場開放給一般大眾後，她們就變得活潑了起來。讓小梅感到有趣的是，「她們開始勸說人們購買東西，並一直稱讚自己的商品很棒，甚至還把自己的朋友帶到自己的攤位，迫使他們購買。」[74]丈夫們對自己太太的改變也感到很新鮮，而這一切都是為了做好事。「如果您也能親眼看到，這些男士在女性工作人員的勸說下，花光身上所有的錢的樣子，您一定不會相信這些人竟然是那些害羞內斂的日本女士們。」小梅寫道。而外國人身處在這些熱心購物的人群中，也「說覺得自己好像身在美國一樣」。

高級手帕銷售得很好，因此委員會必須在第二天開場前，趕快購入新貨補到各個攤位上。鹿鳴館前面的道路擠滿了人力車，而穿著和服的顧客們排成一列耐心的等候，準備脫下木屐並進入會場。總共有超過一萬人次來到了慈善義賣的現場，客人們大多是因為能買到官太太們親手製作的小飾品的新鮮感，而被吸引來的。當初，捨松和委員會成員們期望能募達一千日圓，但他們後來的收益是這個數字的六倍。

「看到上流階層的貴婦們，也有十足的能力辦好這樣一場慈善義賣活動，贏得了眾人的欽佩。她們親切熱心的態度，也讓那些來到義賣會場的人留下很好的印象。」[75]某日本報紙這樣寫道。然而，在這一片稱讚聲中，也夾雜著批評的話語。另外一間報紙就不太欣賞，並抱怨這個活動「不夠精緻優雅，也不值得讚賞」。[76]而外國媒體雖然贊成活動本身，卻嘲笑日本婦女表現過了頭：「我們向來欽慕日本女士們的高貴優雅與內斂特質，因此我們不樂意見到這些迷人特質被西方女士在慈善活動中採取的態度所取代。」[77]而《中外物價新報》（是繁的兄長益田孝所創辦的經濟報）則諷刺地寫著，下次可以讓商人們將賣不掉的舊貨拿出來，將價錢提高好幾倍，然後讓藝伎們去販售。[78]

不過，這次活動整體的成功仍是無法否認的。後來，這個慈善活動成為鹿鳴館每年一次的固定活動，也成為慈善醫院資金的重要來源。捨松和她委員會的成員們，也成功地讓東京地區上流社會的婦女們了解到，如何能為自己國家的福祉盡一份心力。

這是一個享受成就感的時刻。雖然她們對婚姻的選擇不同，而且明治政府的領袖們大多對她們所做的事漠不關心，但捨松、繁和小梅三人卻仍為了日本的利益而努力著。她們把從美國帶回來的新理念，教導並介紹給了日本的女性。如果伊藤所規劃的新學校也能實現的話，那麼未來看起來是很有盼望的。

一八八四年六月所瀰漫的興奮之情，漸漸在盛夏的高溫曝曬下變得乾涸。冬天時捨松因為「感到不適」，所以沒有和丈夫一起前往歐洲。現在她告訴小梅，那其實是孕婦的晨吐。她已經懷孕一陣子了。「我必須說她手腳很快，」[79]小梅笑道。捨松的長女久子將於十一月出生，時間就在捨松結婚週年紀念的前一個星期，也是大山巖回日本的一個月之前。而捨松也因此必須暫時放下創辦貴婦學校的相關工作。

同時，繁也發現瓜生家可能又有一個孩子要誕生了，雖然發布這個消息可能還稍嫌太早。因為這第二個孩子離第一個很近，因此將會加重繁在音樂學校教學工作的壓力。除此之外，最讓繁擔憂的是她丈夫的健康狀況。在春天時，瓜生的喉嚨出現一些狀況，因此繁必須暫停教學工作照顧丈夫。

此時，又傳出了第三椿懷孕的喜訊，是來自令人意想不到的一方，而這也迫使小梅必須暫時離開東京的菁英社交圈。小梅的媽媽快要臨盆了，所以她必須趕緊回家。「在這樣的時刻，依據日本的習俗以及兒女應盡的義務，我必須回家且留下來幫忙。」[80]她這樣寫道。所以小梅將回到位於麻布的家裡幫忙。雖然小梅總說，伊藤家的繁文縟節有時候會讓「喜歡輕鬆自在的小梅」覺得很累，但其實離開伊藤家讓她很捨不得。「能夠有機會一窺與我自己及美國如此不同的階級的生活，讓我沒有遺憾了。」小梅寫道。「我想我應該不會再回去了。我不知道未來會有怎麼樣的轉變。」

孩子們按著順序出生了：首先報到的是夏天出生的都美，她是小梅最小的妹妹。接著是捨松的第一個女兒久子，是在十一月出生的。然後是繁的第二個孩子，是在早春出生的男孩，叫做武雄。在小梅即將滿二十歲時（她的生日在十二月），她寫了一封回顧的信寄到喬治城。「總之，我很高興一八八四年即將過去了。」小梅若有所思道。「在今年，我有這麼多事要操心，還要試著教導伊藤家的小姐們，雖然我對日本的習慣和語言都不甚知悉，但還是盡力做到最好了。是的，這些都很困難，我很高興這即將要過去了。希望明年會更好、更順利，還有我未來的道路也能更明朗。」[81]繁和捨松現在都是母親了，她們心思都被育兒的責任所填滿了，然而這是小梅無法體會的。不過在一八八五年過完之前，小梅將會經歷另一件值得相提並論的重大事件：一間新學校的誕生。

到了九月，在經過好幾個月的延遲和猶豫之後，一卷正式公文送達了位於麻布的津田家。文中指示小梅必須在某個星期天早上十點抵達內務省，「並由一位親屬陪伴」。[82]小梅將被正式指派成為這間新貴婦學校的創辦成員之一。

「我必須說，文件中提到『由一位親屬陪伴』是很體貼的想法，因為按慣例本來沒有這種做法。」小梅寫道，「我本來一直很擔心，該如何自己一個人接受這份任務，因為我的日文實在不太好。」當天，小梅穿上了她最好的藍色絲綢禮服，與她的父親一同走過了內務省的大廳，接受了這份珍貴的文件。根據這份文件，她將被聘用為明治政府的官員，負責教導英文，年薪四百二十日圓，官階則是準奏任官。（小梅很快地告訴蘭曼太太，繫在政府音樂學校任職的官位，是比她低階的判任官。）

在下田歌子（她是新學校的學監）的陪伴下，小梅當天還去拜訪了伊藤博文，以及與此次雇用相關的其他官員。當她終於筋疲力盡回到麻布之後，卻發現家裡也陷入了騷動：原來父親趁她不在時，已經把這個好消息發布出去了，因此所有的親朋好友都跑來道賀。「這天，我們吃了一頓很不錯的晚餐作為紀念。大家都恭喜我能獲得這個職位，特別是這份官職。」她驕傲的寫道。至少目前看來，之前她所有的擔憂和沮喪似乎都消失了。「我有了正式的聘用文件，而且現在是皇后所資助的貴婦學校的老師。」[83]

在十月五日，這間貴婦人的學校（日文名稱為：華族女學校）正式開學了。小梅對自己所處的新環境感到很滿意，特別是學校教職員室。「我有一張又大又好的桌子，位在房間內較偏遠的靠窗處。那裡的光線宜人又很舒適。無疑的，這是房間內地位比較高者的位置，也是最好的。」[84]她對蘭曼太太誇耀道。因為沒太多事情需要忙，而且身處新同事中間也覺得有些尷尬，所以小梅當週寫了一封特別長的信給她的養母。這讓她有藉口可以長時間坐在自己那張新桌子前，並看起來顯得很專業。她每天只須要上三個小時的課，而且學生們最近似乎有點分心。大家的注意力都放在即將到來的落成典禮，因為皇后本人也會前來參加。

小梅發現彩排非常累人，而她對於即將到來的正式典禮也感到很緊張。「我知道要做些什麼，可是我擔心到時候會因為驚慌而忽略這許多的指示，然後把女孩們安排到錯誤的位置上。」她擔憂道。「例如當我正在放空的時候，突然有人做出指示，但我卻在眾人面前忘記自己要做什麼。」[85]當初在小學同學面前輕鬆背誦〈白足鹿〉的小天才，如今似乎不再那麼有自信了。在喬治城時，每一次的表現機會，都是讓她成為一個小名人的機會。但現在處於東京這個非常注重禮儀的上流社會，每次公眾場合卻都讓小梅擔心自己可能會出糗。

在典禮當天，小梅仔細地穿上了為此特製的金色綢緞禮服。[86]「我的禮服真的很好看，大家都稱讚它很漂亮，雖然實際上沒那麼昂貴。」[87]小梅寫道，試圖表示除了自我滿足以外，她也很注意現實面，因為這是職業婦女應有的態度。「我的禮服後面有拖地裙襬，當它在後面擺動時，讓我覺得自己很尊貴。」當皇后搭乘著一輛豪華的馬車抵達時，後面還跟著一排較小型的車輛，裡面乘坐著皇后的隨從與侍女。

在小梅還沒有機會詢問正確的禮節前，她就被召喚進前謁見皇后了。雖然這次地點是在女子學校的教室裡，而非在華麗的宮廷大廳內；但在這樣一個早晨，當這位在美國受過教育的二十歲老師站在皇后面前時，卻覺得自己好像又變回了那個穿著和服、滿臉困惑的六歲小女孩。「我不知道該怎麼做，而且我確定自己表現得並不是很正確。總之，我就在沒有人告知該怎麼做的狀況下走進去，鞠了躬。用了自己認為正確的方法。」她寫道。「但因為進去時必須低著頭，而鞠躬後又立刻出來了，所以我根本不知道皇后在哪，或是她長得如何。」[88]

在皇后接見了各界人士之後，所有人員都聚集到了大廳，還有許多地位顯赫的賓客來觀禮。小梅和其他教職員一起站在女學生們的前面，捨松則和其他夫人與貴族們站在另一側。捨松現在已是大山伯爵夫人了，因為根據一八八四年的華族令，大山巖元帥被賜予伯爵的爵位。所謂的華族令，就是將爵位賜給對日本政府有卓越功績表現的非貴族人士。「伯爵是個非常空泛的頭銜，而且意義很模糊，捨松自己也這麼說。不過這是她應得的，而今後也該這麼稱呼她。」小梅字裡行間有難以掩飾的嫉妒心情。「我覺得這頭銜聽起來很不錯，至少是個不錯的稱呼。而這對於來訪的歐洲人，應該也多少能產生一些效果。」[89]

接下來，由樂團進行演奏。「在音樂結束之後，皇后站起身並發表演說，但我只聽得懂一點。」小梅說道。「她應該是在談論關於女性的教育，以及學校的必要性。她也催促老師們和學者應該要努力向著目標邁進。」[90]如果小梅能夠完全了解皇后在說什麼的話，她可能就不會那麼同意了。「我們認為女性的責任是要擁有順服的美德，並致力於照顧雙親、公婆，以及輔助丈夫和妥善維持家務。而當她們成為母親之後，要能給予孩子適當的家庭教育。」當天下午，皇后如此諄諄勸告著這些貴族階級的女孩，「為了達成這些目標，女性們必須學習相關的知識。」[91]

學術教育應該要幫助這些女孩更加的追求貞潔、仁慈與孝道。畢竟以當時的主流思想而言，若學術知識沒有道德教育作基礎，說好聽一點是毫無用處，往壞處來看則是非常危險。小梅身為一位老師，雖然身分地位是很榮耀的，但她所擁有的這些（受教育、未婚以及自己賺錢維生）卻不是她那些貴族學生們想要仿效的

自從由美國回到日本——也就是再一次離開熟悉的地方，來到完全陌生的環境後——捨松、繁和小梅已完成了許多偉大的任務。雖然回來之後，發現當初派遣她們出國的政府已經幾乎遺忘她們，且日本對學習西方文化的態度也漸趨矛盾，但她們仍然堅持恪守職責，並努力完成任務。除此之外，她們也仍然是與周遭環境格格不入的女孩——特別是小梅。當十一月天皇的生日即將到來時，依據規定，像小梅這樣身分的人應該要前往宮裡朝見。這份榮耀也是小梅自從回日本後，就非常期待的，因此她帶著緊張又興奮的心情盼望著。但是除了下田歌子以外（她以前是皇后的女侍，所以另當別論），小梅是這官階中唯一的女性。在宮廷聚會的場合，一位女子若沒有男伴是不合禮儀的。「所以他們私下要求我，就是，希望我不要參加。因為他們不知道該拿我怎麼辦。」小梅告訴蘭曼太太，並用看似鬆了一口氣的語調來遮掩內心的失望。在天皇生日的當天，當同事們都前往宮廷朝見時，小梅則請了一天假——「休息一天真的比去宮廷裡低頭鞠躬來得輕鬆多了。」她語氣堅定地說道。[92]

第十二章 艾麗絲來訪東京

接下來的三年似乎轉眼間就過去了。這當中除了規律的學校生活外，偶爾還伴隨著孩子出生的好消息。繁在忙碌的教書工作之餘，又生了兩個孩子，現在總共有四個孩子。捨松也生了第二個孩子——再加上原本的三個繼女，總共有五個孩子。而隨著大山巖的官階不停升高，捨松也越來越受到大眾的矚目。

小梅則安穩的保有她受人景仰的教學工作，且無需擔負生養小孩的責任，因此生活過得很愜意。她的信件裡也開始討論起八卦消息與社會事件。一八八六年夏天，東京爆發了大規模的霍亂傳染，但小梅告訴蘭曼太太不需要擔心，「因為上流社會的人很少受到傳染。」[1]信中也提到吉益亮（當初和岩倉使節團一起前往海外的五位女孩中，最年長的那位）因感染霍亂而去世了。亮後來也結婚了且育有一子，但除此之外，小梅對她所知甚少，只知道她的生活環境「不甚富裕」。她們三個女孩後來並沒有和另外兩位保持聯繫。「她看起來變得很不一樣，且改變了很多，所以後來就失去聯繫了，」小梅這樣寫道。「想到亮後來變成這樣，讓人覺得很難過。」[2]

而從小梅寫的信件中也能看出，她身處兩個文化之間的特殊自我意識：雖然她認為自己是日本人，卻是用美國人的觀點在思考。當吉伯特與薩利文（Gilbert and Sullivan）的喜劇《日本天皇》在倫敦與紐約上演，並受到極大歡迎時，小梅覺得非常憤慨。「想想看，如果有人製作了描述維多莉亞女王和英國皇室家族為主題的鬧劇，並在日本東京的戲院舞台上演的話，將會如何呢？」她忿忿不平的對蘭曼太太說道。「英國代表一定會立刻要求改掉劇本，並且以此大做文章。」不過在她憤怒的表現之下，仍然掩飾不住好奇心。「純粹為了好玩，可以請你寄一份劇本給我看看嗎？」[3]

同年秋天，又發生了諾曼頓事件（Normanton incident），這事件大大的震撼了日本。一艘英國的載貨汽船從橫濱開往神戶時，意外觸礁並導致沉船。船上約有二十幾個日本人全都淹死了，但外國籍船長和船員卻全部獲救。英國籍的船長宣稱，這是因為他雖用英文勸導大家逃到救生船上，但日本人卻都聽不懂所以才會罹難。日本輿論非常憤怒不平，進而爆發了仇外情結。「在我寄給您的報紙上，有一些關於此事的報導，內容真的非常詭異。」[4]小梅寫信給蘭曼太太時提到。不過對她而言還有另一件更重要的事：她被加薪且升職了。而且天皇的母親邀請整個學校去參觀車利尼（Giuseppe Chiarini）的皇家義大利馬戲團（Royal Italian Circus），當時他們正好到東京進行表演。

小梅對於她同胞們日漸增長的仇外意識，似乎不甚以為意。當總理大臣伊藤在一八八七年四月於鹿鳴館舉辦一場化裝舞會時，小梅很高興能收到邀請，並大大讚嘆了舞會的光景：「在那裡可看到年長的皇族與農村女孩及荷蘭少女一起跳華爾滋，還有大名們和自由女神一起跳波卡舞，甚至人力車伕與日本木匠竟然與伊麗莎白女王出現在同一場合。」[5]但是，那些不屬於伊藤社交圈的人士，則對這個舞會感到非常厭惡。而且後來又爆發了伊藤引誘某位年輕貌美的伯爵夫人（戶田極子）的醜聞，因此狀況又變得更糟。或許可以說，這場舞會是日本文化歷史上的一個轉捩點，也就是日本對於西方時尚的追求與嚮往正式結束了。「這場華麗的舞會似乎造成了不小的騷動，有些報紙甚至把這整件事當作一個笑話來嘲弄。」小梅漫不經心地提到。「但我仍覺得這是一場很成功的舞會，而且到場的人都玩得很愉快。」[6]

接下來那年夏天，小梅搬離了父母的家，搬到學校附近去住。和她同住的還有一位表姊（是一位寡婦），同樣也在華族女學校教書。這個決定除了有實務面的意義，同時也具象徵上的意義，因為這代表了小梅想要獨立的決心。她的新家人包括了該名表姊的小外甥女，以及她自己的妹妹吹（同樣在華族女學校念書）。這是個很不錯的安排，只是夜深人靜的時候，總會有種渴望浮上小梅的心頭。「我喜歡想像在那舒適的客廳裡，你們兩位坐在火爐邊的樣子，就像我當初剛離開時的模樣。」那年冬天，小梅寫信給蘭曼夫婦時提到。「總有一天，我會出其不意地回去拜訪你們，回到你們向來居住的老房子裡。而我，我將要擠在你們倆的中間坐著。」[7]當繁和捨松把精力都投注在養育兒女時，小梅卻難以找到志趣相投的人陪伴。

雖然小梅對於她的工作感到自豪，但對日常的例行工作並不特別熱愛。「我收到通知要去學校報到。」第二學年開始的時候，她在信中提到，「雖然月初才開始上課，但我們老師卻必須提前一個星期到學校去。我們必須先決定好課程、時間，以及其他各項安排。這一切都很煩人。」[8]她那些出身高貴的學生們，因為受到階級及性別傳統規範的束縛，所以智力程度並不優秀。「這些貴族家庭的女孩們，向來不聰明。」[9]她這樣寫道。她也曾在另一個場合說過：「我真懷疑這些像人偶般的女孩究竟能學些什麼。」[10]雖然工作很穩定，但是小梅的內心仍然對於是否要工作抱持矛盾的心情：「每天從一個班級跑到另一個班級，從一個教室跑到另一個教室，而且不停重複著同樣的事情，教同樣的內容，並不是件輕鬆的工作。不過，您知道的，我仍然非常喜歡教學工作，也很享受在學校的生活。」[11]

這間華族女學校，和小梅以前在華盛頓讀的學校幾乎沒有什麼相同之處。伊藤博文在一八八五年當上了內閣總理大臣，並指派森有禮為文部大臣。儘管他們有前衛的理想，還有捨松在瓦薩女子學院所學習的新知，但華族女學校卻仍是一間非常保守的學校。校監下田歌子夫人每天都穿著傳統的朝服到學校，而大多數的學生（年齡介於六歲到十八歲之間），則是穿著和服加上紫色的「袴」（正式場合時穿著的寬大裙子）來上學。除了日文、中國文學、英文或法文之外，女孩們還要學習倫理道德、書法、繪畫、裁縫、茶道、花道、家務管理和正式禮儀。[12]當她們到了十幾歲之後，就停止學習算數了。大部分的學生都是搭人力車來上學（每輛車的後面通常都刻著屬於該家族的家紋），其後面還會跟著另一輛人力車載著女僕。女僕和人力車伕會在學校待一整天，等待課程結束後再接送小姐回家。[13]

隨著入學人數越來越多，而且因為年級較高的六個班都有英文課，所以小梅也越來越忙碌了。在第二學年結束之前，學校就決定要再聘請一位外國人來教英文。雖然小梅很希望趕快有人分擔她的工作量，但是雇用新老師的主意也讓她感到有點煩躁。學校最近才聘請了一位法國女士來教書，她教學時數雖然比小梅少，薪水卻比小梅還高。

後來小梅想到一個點子。如果讓艾麗絲．培根來當這位新的英文老師呢？自從一八八三年起，艾麗絲就開始在漢普頓師範暨農業學校教書，而她過世的姊姊蕾貝卡也曾是那裡的副校長。艾麗絲不久前也曾寫信給小梅，表達她對捨松身體狀況的擔憂。因此小梅設想，若在此時邀請艾麗絲來日本的話，應該會滿吸引她的。「您知道的，她受過良好的教育，也曾長時間擔任教學工作。她在漢普頓時也很有經驗，知道如何和印地安人及黑人相處。」[14]小梅寫信給蘭曼夫人時提到——而小梅也再次發揮了自己對美國人的影響力，並認為自己和艾麗絲是能替未開化文明帶來啟蒙的人。她很確信，若雇用艾麗絲將可以讓每個人感到滿意：華族女學校將能獲得一位極有才華的老師，而她自己也能再次享受老朋友的陪伴。

一八八七年秋天，學校的第三學年開始，而這件事也正式決定了。「我在一、兩天前收到你這封信及帶來的好消息，」艾麗絲在十月時的信裡提到，「我決定接受妳的提議，前往日本一年。」她將會為漢普頓的學校安排一位代課老師，然後於隔年夏天前往日本。然後她也提出了連珠砲似的問題：可以帶著狗一起去嗎？可以養馬嗎？學校一個星期上課幾天？在她開始任教之前，是否需要先學一些日文？「我還要寫些話給捨松，」她結尾提到，「所以現在要結束這些問題了。」[15]

艾麗絲在華族女學校的薪水將會是小梅的兩倍之多，但因為是艾麗絲，所以小梅覺得較能釋懷。「畢竟外國人的生活花費比日本人高，」她試著找出理由，「而且她是特意來到日本的，所以相較之下我不會覺得自己的薪水太低。」[16]

九個月之後，艾麗絲踏終於踏上了橫濱港的岸邊。當她在六月抵達日本之後，就立刻到各處去旅遊，最遠甚至到達京都。同時，她也託付小梅和捨松幫她安排回東京之後的住處。她們找到了一個很適合的地方：就是日本駐俄羅斯大使的宅邸，目前是無人居住的，而且離學校只有十分鐘的距離。這間宅邸當初就是用來接待國外賓客的，因此風格是一半日式、一半西式。如果小梅和艾麗絲將彼此的資源合在一起的話，這兩個家將可享有更多寬大的空間，是她們分開時無法享受到的。艾麗絲表示自己很高興，並於九月結束旅遊回到了宅邸。「艾麗絲忙著安頓所有的東西，包括添置家具、用品、火爐、地毯和其他東西。而我當然必須在一旁幫助她，因為她沒辦法和那些商人溝通。」[17]小梅九月時在信中提到。

這宅邸的建築風格充分反映出其居住者雙文化的特質。小梅和她的表姊渡邊夫人，以及一群年輕女孩（除了小梅自己的妹妹，以及渡邊太太的外甥女，還有幾位寄宿的學生）住在較寬廣的日式風格那處。雖然小梅自己的房間內有西式的床鋪和家具，不過其他房間則都是傳統的日式風格。在艾麗絲住的西式風格那處（有一個獨立入口可進入艾麗絲的住處，且可以穿著鞋子），窗戶都是玻璃製的，而非日式的米紙。門也都是往前後開的，而非側拉式的。地上鋪的則是地毯，而非日式的榻榻米。而這日、西式兩邊住處則由緣廊連接起來的。所謂的緣廊（日文為「緣側」）一種靠房子外側的磨光木板走廊，上方有延伸的屋簷遮蔽，往外可以看到庭院。就連廚房也分成兩種：艾麗絲的廚師會用進口的鐵鑄鍋爐為她準備西式食物，而另外一位廚師則用土製的日式爐灶煮飯和烤魚。僕人們都住在廚房後面的房間裡，外邊甚至還為艾麗絲預備了一個小馬棚。

在這間混合式的房子裡，艾麗絲是一個令人注目的存在。就字面上的意義而言，艾麗絲在身材上原本就比小梅及其他人需要更大的空間（更別提強烈的自我主見）。而就物質上的意義而言，當艾麗絲一抵達日本後，她立刻購置了新家具、貼上新的壁紙、並裝上最先進的黃銅製羅切斯特燈。這種燈的孔狀燈口所能提供的照明，會比一般的煤油燈來得明亮。渡邊太太「是一位可愛、嬌小又和藹可親的寡婦，也是我們這房子裡的年長監護人。」艾麗絲這樣寫道，「渡邊太太很有詩意的把我的燈比喻成太陽，而她們的小燈則像是星星。」[18]

然後還有布魯斯（Bruce）。布魯斯是艾麗絲最鍾愛的邊境牧羊犬。讓其他室友感到煩躁的是，艾麗絲也認為牠是家中的一分子。「不管艾麗絲走到哪裡，牠就跟到哪裡，所以有時候甚至會跟進我們的房裡來。」[19]小梅對蘭曼太太抱怨道。布魯斯沒有受過任何禮節訓練，更別提日式禮儀了。「我很想要擺脫這隻小狗，」小梅繼續寫道，「但是沒有辦法，所以只能盡量讓牠遠離我們這裡。」[20]一隻行為不甚乖巧的小狗布魯斯，加上外表引人注目的艾麗絲（她那隱藏在夾鼻眼鏡後的銳利眼神，將周遭一切都看得一清二楚），每次他們出門總會造成一陣騷動。每當午後他們到附近的商店街散步時，對附近的人來說並不是件日常小事。「顯然地，一位外國小姐帶著一隻狗，在這種傍晚時間出門散步，對這地區的人而言並不常見。我們開始覺得自己似乎是某種展示表演。」[21]艾麗絲冷靜的評論道。

兩個星期後，艾麗絲到學校報到。這時正好是華族女學校第四學年的開始，所以女孩們（其中包括了捨松的繼女們）依據身高排列整齊，舉辦了開學典禮。整體而言仍如同往常一樣中規中矩，只是今年學生們的衣著顏色更豐富了。現在學校要求學生們穿著西式的洋裝，只是很多家長們從來沒有過穿洋裝的經驗。雖然羊毛長襪穿起來有點發癢，不合腳的皮鞋也不太舒適，但女孩們仍維持安靜乖巧的樣貌。然而在艾麗絲的眼中，她看到的不是女孩們顯赫的貴族身分，也不是她們的奇特服裝，而是一群值得同情的孩子，就像她在漢普頓的學校裡看到的黑人學生一樣。「他們的生活同樣都受到出生環境的限制和阻礙，」她這樣評論著這兩種身分的族群。「黑人的孩子們受到貧窮與低社會地位的限制，而日本貴族女性則受到各樣嚴苛規矩與階級傳統的限制。」[22]

那天晚上，艾麗絲把她從學校圖書館借回來的英文課本拿出來瀏覽。其中一本是《世界歷史》，裡面寫著「唯一有意義的歷史是高加索人的歷史，其他種族則沒什麼值得記錄的。」看到這些字句，艾麗絲發出一聲帶著嘲諷的微笑。「在我看來，」艾麗絲思考道，「這說法對於課堂上的日本女孩而言，將會是個很有趣的新聞。因為她們對自己國家的波瀾壯闊與激烈的歷史已非常熟悉。」她問小梅，若女孩們看到課本上這些字句，會有什麼想法。「我想她們會說，這應該是一本由高加索人寫的教科書。」小梅聰明的回覆道。艾麗絲笑了，「我決定要跳過這個引言的部分。」艾麗絲寫道，「以免在學生面前顯示出我們種族的驕傲自大。」[23]

雖然艾麗絲很有自己的想法，不過她也向來（而且程度極高）非常開放。她用自己獨特的熱情，擁抱著陌生的環境。每天早上她到學校時，都要用新的姓名印章簽到。「我剛學會如何用正確的方向蓋自己的姓名印章，且學會認得上面的日文字。與之前什麼都不會相比，我覺得這是很大的進步。」[24]她滿意的說道。每堂課開始時，都會有鐘聲提醒。而五十分鐘過後，就會有男人在走廊上打著拍板，表示課堂結束。課堂與課堂之間，有許多繁複的鞠躬等禮節。「在我看來，這些禮儀非常的美。而這些上下課的禮節也非常有魅力。」艾麗絲評論道。「若這些禮節能引進到美國的學校，可能會使人們更加的文雅。」

除了能夠在課堂上教書之外，另外一件令艾麗絲感到開心的事，就是在分隔多年後，她終於能與捨松及她的家人們相聚。在一八八六年的冬天，捨松為大山產下了一個期盼已久的兒子，取名為高。（大山元帥還開玩笑的說，他本來期待如果又是女兒，就總共有五個女兒了。不過幸好他是男孩，因為他長得很醜。）[25]但自從高出生後，捨松的身體也漸趨虛弱。在一八八六年爆發霍亂時，捨松曾流產一次。但一年後又懷孕了，而當時為了治療某個女兒的喉嚨痛，她在彎腰處理一個蒸氣吸入器時，那個器具爆炸了，高溫的水噴了她一臉。[26]在這樣的驚嚇下，促使她早產了。這是一個女孩，但是兩天後就去世了。從此之後，捨松的身體就日益虛弱。

艾麗絲溫馨的陪伴，對捨松而言是很大的安慰——也是捨松極為需要的。除了這些身體狀況之外，對於保守的新聞輿論而言，這位「鹿鳴館的貴婦人」又成了一根避雷針。她那自然流露的西式風格，與公開支持女性教育的立場，都使她成為流言蜚語攻擊的目標。某報甚至暗示她的婚姻已經觸礁了[27]——雖然這是個毫無根據的傳言，但卻被美國記者拿來大做文章。「捨松對於新聞報導感到很難過，我想也是如此。」[28]小梅寫信給蘭曼太太時提到。但是小梅的同情之中，仍然帶有批評。「捨松並不想要太受矚目，而因為她的身體狀況，社交活動現在也已成為一種負擔，因此她常常拒絕接見訪客。但我覺得對於身處她這種地位的人，是不該這樣做的。」這一次，小梅難得對自己較低的社會地位感到滿意。「日本尚未做好準備，是否要讓女人享有和男人一樣的自由。」她這樣寫道。「對於任何想要打破傳統、走在前端的人，日本總是想辦法找他們麻煩。」[29]

因此捨松開始退縮了，她想要遠離那些愛批評的大眾，專心處理家裡的事情。過去在瓦薩女子學院的那些日子，就好像海市蜃樓一樣。「如果我能再次穿上那件綠色與藍色的格子洋裝，左右肩上有翻摺的領子，那該有多好。」捨松寫信給瓦薩的同學時提到。「哎！但是我現在的衣服都是從巴黎寄來的。相信我，親愛的豪威小姐，格子洋裝配上一束垂在背後的馬尾，比任何法國的服裝都來得舒適多了。」[30]顧及捨松虛弱的身體和低沉的情緒，艾麗絲幾乎每天都去她的宅邸看望她。

艾麗絲特別喜愛大山的兒子，當時年約三歲。小高「也很喜歡我」，她寫道，「一方面是因為我會騎馬，一方面是因為我和他小世界裡的其他東西大不相同。」[31]每當艾麗絲來訪時，小高總是要獨占著她。「當我親吻過他之後，他就變得更大膽了，甚至伸出胖胖的手來拍我的臉頰。」艾麗絲寫道。「我猜是因為我的膚色，讓他想要拍拍看——是否會有粉掉下來。」艾麗絲紅潤的臉色，不是小高唯一注意到的不同之處。拍完臉頰之後，「他又用小指頭撫摸我的眼窩四周，想弄清楚我的眼睛是否真像外表看起來那麼深邃。」讓艾麗絲心裡開心的是，雖然小高平常很好動，但他很喜歡縮成一團坐在艾麗絲穩當的大腿上。「他會叫我培根醬（「ちゃん」是日文稱呼親密的朋友、家人時所用的稱謂），是培根小姐的親暱叫法。」

艾麗絲的雙親已經去世了，兄弟姊妹也都已結婚或散居各處。因此她很享受與這個日本「家庭」相處的時間。在十一月的某天，她讓小梅、捨松和繁彷彿超越時空，回到新英格蘭度過一個下午。當天，她從學校趕回家準備了一頓感恩節大餐。天氣終於轉涼了，艾麗絲做了雞肉派、火雞沾牡蠣醬、芹菜沙拉和南瓜派。她甚至還設法弄到了一點蔓越梅醬。「非常難能可貴，」小梅宣稱，「自從我回到日本後，就沒再吃過了。」[32]這三個女孩，舒適的窩在小梅的客廳裡（因為艾麗絲的餐室太小了），吃到再也撐不下為止，並告訴艾麗絲她們彷彿回到了家裡一樣。[33]

艾麗絲在日本的生活，還遇到了許多特別的盛會。在一八八八年十一月天皇誕生日那天，因著大山元帥的幫助，當天皇在檢閱他那裝備精良的西式軍隊時（閱兵典禮），艾麗絲有機會能坐在前排近距離觀看。「在我看來，他和其他人沒有太大的差別，」艾麗絲就事論事的說道。「大家都說他的騎馬技術很好，但他是用傳統的日本方式騎馬的，像一個肉袋坐在馬背上，雙腳則直直的攏盪在馬肚兩側，而且手肘擺動的太厲害。」[34]

這二十年來，日本已經有了很大的改變：明治天皇不再像過去那樣深藏於宮中，而是常常穿著鑲金邊的軍服出現在國民面前，就像其他西方君主一樣。這典禮的盛況不僅令人讚嘆，也是完全公開的。而國民們在驚嘆於這些華麗場面之餘，很少人去思考：其實這場展現「皇室傳統」的典禮是日本最近才開始有的，而且大部分都是直接從歐洲引進的，包括這些槍枝與制服上的金色穗帶。

十二月時，華族學校和華族女學校的學生都被邀請至剛翻修完成的皇宮參觀。一八六八年，幕府將政權歸還給年輕的天皇後，同時也搬離了江戶城。江戶城後來被燒毀了，而當初五位女孩謁見皇后的大廳也不復存在了。現在，天皇終於預備好要搬進這個位於古城內的新居。雖然城內的房間仍然都是空的，但學生們特別被允許可入內參觀。

女學生先於中午時段前往參觀，男學生則於兩個小時後過去。然而，從學校前往皇宮短短的路程，卻是意想不到的挑戰。兩百五十位女學生必須搭乘兩百五十輛人力車，到達之後還要依照每個人的地位階級排列，然後才能開始繁複的謁見過程。「當我們的謁見終於結束時，看到大家沿著護城河蜿蜒排著黑色的行列，看起來就像是螞蟻一樣，真是有趣的畫面，」艾麗絲寫道。「我從來不曾像今天這樣，覺得自己好像是馬戲團的一員。」[35]

在皇宮大門那裡，還遇到另外一個瓶頸。那就是每個人都必須在那裡用手帕將鞋子上的灰塵拍掉，「以免他們身上有任何一顆灰塵弄髒了這個神聖的地方」[36]，然後這群人數眾多的學生開始在陽台和走廊上前進，觀賞公開房間和庭院的景色。艾麗絲對這一切景色甚為讚嘆（「謁見室真的很華麗」），但小梅已不再是當初那個對什麼都驚嘆不已的六歲小女孩了，因此她也比較具批判性：「有個缺點是，同一個地方有太多華麗和鮮豔的東西——裝飾得富麗堂皇的天花板，搶走了漂亮地毯的光彩，導致整個房間失去了焦點。」[37] 雖然私人住處是傳統式的裝潢，但公開的房間卻不是。皇宮的正殿有平頂鑲板的天花板，上面繪製著豪華的菊花、桐花與牡丹。暗紅色的帷幔裝飾在鋪著地毯的講台兩側，講台上則是天皇的寶座。那是一把鑲金的德國製扶手椅，背後墊著鮮紅色的靠枕。鑲嵌著圖案的地板，則在水晶吊燈的照耀下閃閃發亮。

女孩們因為被豪華的裝潢擺設所吸引，因此移動得較緩慢。在她們還沒參觀到一半之前，男孩們就抵達皇宮門口了。艾麗絲也饒富興致的觀察著這一切。「因為女孩比男孩對這些家具擺飾等更有興趣，所以男孩很快就要趕上女孩的隊伍了。」[38]她發現。但是因為明宮皇子*也在這群男孩中，所以若男孩們趕上的話，女孩就必須被迫停止前進並向明宮皇子鞠躬行禮。因此她們急忙前進，但卻仍然來不及。只聽見有人大喊一聲「皇子駕到！」「是皇子來了，」大家紛紛彎下腰來。「這一切行禮都是為了這個身穿小學生制服、背著後背包的小男孩。」艾麗絲寫道。「我必須說，這是很違背我的本性的。若要對官員或是位高權重的人士鞠躬，我不會在意。但是要對一個七歲的小男孩卑躬屈膝，我真的很不願意。」

在皇室正式搬進了宮內居住後不久，又有一件當年最重要的事件發生（對明治政府政權也同樣具有重要性）。在過去二十幾年來，日本領袖越來越了解到，真正能代表一個文明國家的，就是代議制政府。在一八八九年二月十一日（每年二月十一日是日本的建國紀念日，是傳說中日本初代天皇「神武天皇」登基的日子），明治天皇向國民公開頒布了日本的第一部憲法《大日本帝國憲法》，並授權創建了兩院制的帝國議會（這是以普魯士的體系為模型基礎）。儘管主權仍然穩妥的握在天皇等權貴人士的手裡（而非人民），但對於日本人民而言，憲法的公布仍然象徵向世界舞台邁進了紀念性的一步，因此他們進行了盛大的慶祝活動。

捨松、繁和小梅三人應該也對此改變感到很滿足吧。在天皇頒布的這份珍貴文件上，除了有天皇自己的簽名之外，還有其他十位官員的簽名。第一位就是黑田清隆，他就是當初提議將女孩送到美國留學的人，而他現在已是首相了。在黑田後面的是伊藤博文的簽名，他是上一任的首相，也是小梅資助者。此外他還是籌畫這份憲法的主要人士。伊藤和另外一位簽名者司法大臣山田顯義，當初也都是岩倉使節團的成員。其他還有捨松的丈夫大山嚴，以及文部大臣森有禮（曾在下著雪的華盛頓車站月台上，迎接披戴圍巾的女孩們），也都一同簽署了這份文件。當初那幾個無助困惑的女孩，她們後來的生活也一直和這些日本最有權力的人物們緊緊相關。

「這是我見過最精心策畫的流程，」艾麗絲這樣寫道。這也是天皇和皇后第一次共乘一輛馬車出現在公眾場合——這表示日本已經接受了西方觀念，認為婚姻已使皇后獲得與天皇同等高貴的地位。愛麗斯覺得這輛馬車特別的華麗，「馬車由六匹黑馬拉著，每匹馬都有一位身穿黑、白、金色相間的制服的馬伕帶領著。」馬車伕身上穿戴著許多金色的裝飾，讓他看起來不太像真

＊註：明宮皇子即後來的大正天皇嘉仁，他是明治天皇與典侍（柳原愛子）所生。而因為美子皇后自己沒有生下子嗣，所以就領養了明宮皇子。

人。車門和車身上的菊花紋章閃閃發亮，車頂上則有一個鳳凰形狀的金色頂飾。但此時此刻，艾麗絲被迫必須與大家一樣低頭鞠躬，「所以我能看到的只有，當皇后轉頭看這些女學生時，她的帽子頂端。她似乎特別關愛這些女學生。」[39]

艾麗絲對這件事的興趣，不僅只停留在儀式上。幾天後，當她去拜訪捨松時，大山巖也加入了她們的談話。他還拿出了這份日本新憲法的官方英文翻譯。「他很自豪地指出第二十八條給我看，上面明文規定保障日本國民的宗教自由。」[40]艾麗絲寫著，而她自己也同感驕傲。十七年前，李奧納德・培根與森有禮的各項交流與努力，直接促使了這條憲法的誕生。

然而，此時的氣氛也是悲喜交加的：在頒布憲法的當天，森有禮被一位國粹主義者刺殺身亡（因他認為森有禮過於激進的改革態度，是對日本傳統有所不敬）。就在天皇與皇后出席建國紀念日典禮的五天之後，艾麗絲看著森有禮肅穆的送葬行列經過她家附近。「這件事太恐怖了，我無法了解。」小梅回憶起當初森有禮如何幫助年僅七歲的她，不禁感到難過。「在美國時，真的受了他很多的幫助。」[41]

到了四月，艾麗絲一直想要仔細看清楚皇后的願望，終於獲得滿足了。身為華族女學校的主要資助人，皇后即將到學校拜訪，並會坐在培根小姐（艾麗絲）的課堂上觀摩。自從岩倉使節團前往海外之後，美子皇后本身也經歷了極大的改變，其程度不亞於她的丈夫。她不再將牙齒塗黑，不再修短眉毛，還放棄了過往圓筒狀的朝服。現在皇后都穿著從巴黎訂購的禮服，和西方政治家的夫人們一樣。此外，她也常常出現在慈善活動或其他公開場合。然而，儘管穿著西洋華服，她的身上仍然有一層神祕的面紗。

當天，當艾麗絲到達學校時，那些為皇后預備的物品都已經送到了[44]——包括上漆的餐具、銀製的菸具以及裝上了軟墊的椅子。每個人也都興奮不已。在與小梅練習過好幾次鞠躬禮之後，艾麗絲終於在窗邊坐下來等待。不久，透過窗戶往庭院那邊望過去，她看到遠方出現了一位騎馬的軍官，他拿著一支紫色的絲綢旗子，上面繡著金色的菊花圖案。在這位軍官後面的是「一排騎兵隊」，他們拿著紅、白色的細長三角旗。最後才是皇后搭乘的紅、金色相間的馬車。她的侍女們已經事先到達了，排成兩列站在從馬車直到校門口的路旁，然後皇后才緩緩地步入學校。

當艾麗絲走進教室時，她發現學生們正騷動不已，而她自己的桌旁則出現了一張沒看過的椅子：表面有精緻的黑色漆皮，座位的部分有金色的菊花圖案和紫色織錦。好不容易讓學生們安靜下來後，她們上了一會課，就聽到一陣腳步聲喀喀的經過走廊，然後門突然被打開了。「女孩們都站起來了，但門口只出現一位頭髮蓬亂、身材嬌小的秘書。他焦躁的掃視了教室內部之後，嘴裡嘀咕了幾聲，就又『砰』一聲地關上門。」艾麗絲寫道。「女孩們坐回位置上後，我也開始心跳加速，然後我們繼續上課。」[43]幾分鐘後，整個劇情又重新上演一遍：焦急的腳步聲、張大眼睛瞪視的秘書、嘴裡喃喃自語幾聲後大聲地關上門。隨後，學生們和老師就會爆發一陣緊張的笑聲。

「後來，我們終於聽見走廊上傳來絲綢裙子窸窣摩擦的聲音，於是我們就知道重頭戲正式上場了。」[44]艾麗絲繼續寫道。每個人都起立、鞠躬，然後維持頭部朝下的姿態，直到皇后坐上她的位置為止。之前看到學生們如此緊張與騷動，艾麗絲其實不期待她們會有很好的表現。「但我發現，其實我不怎麼了解學生們。」艾麗絲語帶敬意的寫道。「當必要的時候，她們能夠展現最完美的自我控制力，而她們在皇后面前的朗誦，也是我至今看過最好、最謹慎的表現。」

皇后停留了約半個小時，而艾麗絲也趁這段時間內，偷偷看了好幾眼。她看到的是一位嬌小的女人，「身上穿著看起來頗為沉重的鴿白色絲質禮服和巴黎製的女帽，上面裝飾著一支白色羽毛。」艾麗絲報告道。她對於皇后耐心及憂鬱的氣質感到印象深刻。「大家都說皇后是位非常聰明的女性，有堅強的意志力和美好的品格。」[45]

當每位女孩都朗誦完畢後，皇后就離開了教室，而艾麗絲也讓學生們下課。「我覺得輕鬆多了。」[46]但這天還沒結束。看來，皇后似乎想要單獨接見外國老師，以及其他資深的日本教職員。現在沒有時間演練了，小梅只能給予艾麗絲一些簡單的指示，並叫艾麗絲站在一個可以看到謁見室的地方，好讓她觀察小梅是怎麼做的。但是這個完美的計畫卻被破壞了。「當我遵照小梅的指示，準備站到門邊好好觀察的時候，」艾麗絲寫道，「我的宿敵——那位嬌小的秘書突然抓住我。在他古怪的小腦袋裡應該認為，若沒有外力制止的話，我這個外國野蠻人大概會不受控制地衝到皇后面前。」[47]

幸好這段時間並不長。小梅很快就出來了，現在輪到艾麗絲了。[48]她進去之後先鞠了躬，然後往前直走，接著往右轉九十度正面對坐著的皇后，往前走幾步，然後再鞠躬。一位隨員突然出現在艾麗絲面前，他手裡拿著一個盤子，上面放著一個大大的白紙包裹。艾麗絲將包裹舉到胸前，並用額頭碰觸了一下包裹。再次鞠躬之後，艾麗絲就往後退，並一直將包裹高舉著以表示敬意。當退到門邊之後，艾麗絲又再次鞠躬。後來，小梅和艾麗絲打開包裹，發現裡面裝著好幾碼的上等白色絲綢。不管是不是從皇室那裡獲得的，這些絲綢本身就價值不菲。

結果，皇后花了一整天待在學校。當活動結束後終於可以回家時，每個人都感到既疲倦又鬆了一口氣。「當我終於可以帶著馬兒，開心地騎上好幾圈時，我感到很開心。」艾麗絲表示，「在經歷一整天的鞠躬和緊張感之後，現在終於可以活動一下肢體，並再次做回真正的自己。一個自由的美國女人。」[49]

很快的，夏天又來臨了。艾麗絲停留在日本一年的時間就快接近尾聲了。她的學生帶了許多餞別禮物給她：某班給的是一個娃娃，它身上穿著日本十二歲女孩穿的傳統衣服，就和這些學生一樣。另外一個班級給的是天皇和皇后的娃娃，就是女兒節時擺在紅毯階梯最上層的娃娃。另外還有非常小尺寸的樂器、茶具和便當盒，可以當作娃娃周圍的擺設。[50]

其實，她們還有一個真的娃娃可以逗弄：捨松在六月初生下了第二個兒子，取名為柏。艾麗絲看到這個剛出生一週的嬰兒，感到非常新鮮：他身上穿的是寬鬆的棉布衣服，兩旁則用布條繫起來，而非使用扣子或別針。還有照顧嬰兒的人總是保持安靜的氣氛。「在這裡，沒有人會對嬰兒發出吵鬧聲，也不會為了讓他們停止哭泣而晃動他們。」[51]艾麗絲驚奇的說道。

到了七月中旬，正當東京的酷暑快要使人無心學習時，華族女學校終於舉辦了期末考試。一八八九年的期末考規模特別盛大，因為學校即將要搬到一個全新的地點，而皇后也會到場發表演說。與往常一樣，艾麗絲用好奇且饒富興致的態度，觀察著這精心策畫的典禮。她發現學生的畢業證書「和我們國內使用的羊皮不同，他們用的是精巧的日本紙卷軸，上面有棕色和金色的鑲嵌花紋」。[52]女孩們用無懈可擊的精準度，完成了一切的鞠躬禮儀（「光是在旁邊看，我的背都痛了起來」）。[53]而每場演講之間，則有音樂演奏，包括一首由皇后特別為學校寫的歌曲。學生們恭敬的鞠躬並唱了這首歌：[54]

即使是一顆鑽石，若不經過磨練，就無法散發光芒
人們也是一樣，若不學習，就無法發揮真正的價值
如果你願意整天努力學習
如同時鐘的指針般永不停歇
那麼有什麼事是做不到的呢？

鑽石和時鐘都是西方的先進發明，而這正表明了皇后前衛的想法。她的歌詞靈感來自於班傑明・富蘭克林的十三條美德（thirteen virtues）中的第六條：「珍惜時間，總是花時間做有意義的事，並戒除所有不必要的行為。」[55]富蘭克林是明治時期在日本最有名的美國人，他的理念是藉由山謬爾・斯麥爾斯的著作《自己拯救自己》而傳進日本的。但是，將做學問與機械化的鐘錶相比較，似乎並不是非常恰當，也不怎麼激勵人心。

皇后這次穿了全身白的服裝，再次令艾麗絲覺得她顯得楚楚可憐。她坐在講台上那精緻的金、黑色相間漆皮椅子上，面對著眼前那群年輕女孩，這兩者之間似乎有道難以跨越的鴻溝。「其實我心裡總覺得對她過意不去，」艾麗絲寫道，「我想，若她知道當一個美國老師是多麼有趣的話，可能會為她自己感到難過。」

一個多星期之後，艾麗絲前往了京都。和剛來的時候一樣，她再次以旅行度過停留在日本的最後一個月。九月份她就即將返回舊金山。身為一位非常務實的女性，艾麗絲並沒有寫下太多離別的話語。但她自己也知道，停留在日本的這一年已經永遠的改變了她。比起當時大部分的外國人，艾麗絲可以說是非常融入日本文化的一位，但她仍然覺得自己的存在似乎非常突兀。她到日本的目的是為了教書而非傳教，因此和那些外國傳教士不同。而她崇高的理想主義，又讓她無法與外國商人或外交官歸為一類。就像她的三位日本朋友一樣，她自己也常是與周遭環境格格不入的。不過當捨松、小梅和繁必須與沮喪和孤單奮力搏鬥時，艾麗絲的樂觀自信以及不受他人動搖的自我認同，讓她能在前景不明朗的時候，依然勇往直前。「『文明開化』（civilization）這個詞，實在太難定義和了解了，到現在我還是不了解它的意思，就像我剛離開美國時一樣模糊。」[56]她懊惱的寫道。

雖然狀況不明朗，但艾麗絲仍然毫無畏懼，而她與日本的淵源也沒有就此停止。在她將要離開三位日本好友時，同時也決定帶著「一個禮物」回到美國。當艾麗絲搭上回國的輪船時，她並不是孤單一人。在這艘前往舊金山的英國汽船比利時號上，《日本週報》上面列的乘客名單寫著「培根小姐、一個孩童，以及當地隨從」。[57]這位陪同她一起回到美國的小旅伴是五歲的渡邊光，是小梅的表姊的外甥女。雖然艾麗絲已經沒有家人的羈絆，但她卻熱切地想與日本的「家人」們繼續保持關係，所以領養了渡邊。在接下來的十年，渡邊光將會在美國長大，就和小梅一樣。

第十三章　前進與後退

「親愛的蘭曼太太，」一八八九年八月小梅寫了信給蘭曼太太，當時華族女學校放假後還不到一個月，「您認為我現在會在哪兒呢？」[1]此時，艾麗絲·培根還在日本的鄉間旅遊，享受她在日本最後一個星期的時光。而讓小梅開心的是，她自己則來到了費城的郊區。

自從成為華族女學校的教師之後，有一段時間以來，小梅開始感受到自己的不足。東京的女子高等師範學校已經開始有學生畢業，她們即將成為教師。雖然小梅不會去批評這些女孩的成就，但這些受過教育（且具有野心）的女孩，開始動搖了小梅對自己的信心。「我常常希望自己曾受過像捨松那樣的教育，」她寫道，「雖然這些教育現在看起來似乎對捨松沒什麼用處。」[2]她有點惱怒的加上這句話。

小梅其實感到很生氣：當初只因為年紀大了她幾歲，捨松和繁就能夠在回日本之前，到瓦薩女子學院就讀。但她們現在所享有的社會地位和經濟保障，卻又是因為婚姻關係，而非在大學所獲得的學術成就。當時只因為年紀太小，所以小梅沒辦法上大學，也無法獲得那些語言技巧或文化認同，而這些東西其實是有可能幫她在日本找到好歸宿的。現在她已經二十幾歲了，也決定終身不婚成為職業婦女，而這也使她更深刻體認到自己的確需要大學教育。「現在我的心智比剛回國時更成熟了，」她寫道，「也更了解學習的重要性。」或許教學會成為她一生的職業，但這不表示她必須默默無名。「或許我現在的教育程度已經足夠讓我度過平凡的一生，但我想要的卻不僅如此。」

事實上在艾麗絲抵達東京之前，小梅就已經寫信給蘭曼太太，請她幫忙收集大學的資訊：包括史密斯學院、衛斯理學院和曼荷蓮學院（Mount Holyoke）。[3]顯然瓦薩女子學院並沒有在她的名單上。這或許是因為她對瓦薩的校園已經太熟悉了——也或許是她想要選擇屬於自己的道路，而非捨松和繁走過的道路。小梅認為，若她是出國深造的話，華族女學校很有可能會繼續支付她薪水。不過，在提出此請求之前，她必須先弄清楚所需的花費約有多少。

很快的，幫助就出現了，而且來自意想不到的人們。自從小梅回到日本後，她開始與克拉拉．惠特尼變得親密了起來。克拉拉是一位美國宣教士的女兒，在十四歲時和家人一起搬到了日本（當時已是小梅跟著岩倉使節團前往美國幾年後）。因為年齡相近的關係，這兩個女孩逐漸變成了好朋友。克拉拉能夠講流利的日文，也是小梅認識的外國人中，少數對這兩個文化有真正了解的人。雖然小梅對於惠特尼家極虔誠的基督教信仰感到不太適應，而且當克拉拉（已懷孕六個月）要下嫁給一位小她好幾歲的日本男性時，她們兩人的父親都感到非常震驚。然而，克拉拉仍然是小梅的朋友，而小梅也把想要再去美國念書的計畫告訴了克拉拉。

克拉拉很快就展開了行動。她寫信給一位朋友瑪莉・哈里斯・莫利斯（Mary Harris Morris）。她住在費城，熱中於一連串的教育與傳教工作。而因為她的丈夫魏斯塔・莫利斯（Wistar Morris）是賓州鐵路公司（Pennsylvania Railroad）的一位主任，所以莫利斯太太有足夠的資金可從事慈善與助人的工作，而她也還記得小梅當初是住在蘭曼夫婦家裡。因此再也沒什麼可擔心的，小梅很快就成為莫利斯太太幫助的對象：她安排小梅成為一位特殊學生，可以減免學費進入剛成立不久的布林莫爾學院（Bryn Mawr College）就讀，並且可立刻入學。但因當時艾麗絲剛到東京擔任教職不久，小梅不方便就這樣離開。此外，如果小梅想要爭取華族女學校認可她的留學計畫，校方的管理階層也需要小梅幫忙處理一些外交的事務。小梅心裡雖然感激，但也必須謹慎處理此事，所以她暫時沒有接納莫利斯太太的提議。

接下來的那年春天，莫利斯太太再次提出邀約，但小梅對此感到猶豫不決。「莫利斯太太的心意固然很好，但您不覺得若由校方派遣我去留學，會比完全依賴她還要好嗎？」[4]她這樣問蘭曼太太。但後來讓小梅驚訝的是，華族女學校校長同意了她的計畫，答應讓她前往布林莫爾學院就讀兩年，並支付她與目前同樣的薪水——當然前提是小梅回日本後得繼續在這教書。「這不是很棒嗎！」[5]她興高采烈的寫道。（可預料的是，她的好心情很快又被一些煩躁的瑣事所破壞：

「您一定想像不到，現在有多少工作等待著我去做，而我一點也不想開始——真是一項巨大的工程。」)[6]

當學期末的典禮一結束，小梅就立刻動身出發了。這位二十四歲的年輕女子，雖然踏上了和當初同樣的旅程，卻已不再是那個徬徨無助的小女孩。這次，她自己決定了前進的方向。而且這次海外留學可讓她獲得雙重好處：除了有助於今後在日本的工作發展之外，也能讓她獲得短暫休息。過去七年，為了證明自己對國家的貢獻而拚命努力著，小梅感到非常疲倦。雖然她在費城仍會像在日本時一樣，是一個外來者。但對她而言，美國仍然比較有故鄉的感覺。

在一八八九年九月，小梅進入布林莫爾學院就讀，這也是該大學成立後的第五年。周遭都是聰明、獨立的女性（而且並不為此感到內疚），讓她覺得開心與如魚得水，而這樣的同伴也是她在東京時難以尋得的。布林莫爾學院的學生都極具野心，且熱切地想證明自己。據說，這間大學極為強勢的院長瑪莎·凱里·托馬斯（Martha Carey Thomas）曾說：「我們唯一的失敗是進入婚姻。」[7]現在，至少在這裡，沒有人會質疑小梅所選擇的道路，或試圖幫她找一個丈夫。

在布林莫爾學院，小梅遇到了一生中最好的朋友——她是小梅在這裡的同學安娜·寇普·哈次霍恩（Anna Cope Hartshorne），後來成為幫助小梅完成夢想最重要的幫手。從第一次見面起，安娜就對小梅過人的成熟感到印象深刻。她們是在蘿斯·薔柏琳（Rose Chamberlin）所舉辦的下午茶茶會遇見彼此的。蘿斯是位方下顎、身長六英尺的英國女人，她是位德文老師。「津田小姐是位特別的貴賓，她站在我們高大的主人旁邊，顯得非常嬌小優雅。不過在我印象中，最深刻的不是津田小姐的嬌小，而是薔柏琳小姐意外高大的身材。」安娜寫道。「而且顯然的，她們的關係已經不僅只停留於師生關係，而是像朋友一樣了。」[8]面對茶會的賓客們，小梅講述了關於她在日本的生活與工作，並且態度非常自然：「就像一位公主般，因為已經習慣成為眾人注目的焦點，所以一點都不會感到尷尬。」[9]

雖然小梅這第二趟的留學，名義上是要學習更多關於美國學校與教學方法的知識，不過她在布林莫爾學院所選擇的主修卻是生物，而非英語。其實不難猜想是她那不服輸的競爭心態促使她這樣做。因為明治政府所派遣的男性留學生，大部分都選擇科學或工程學作為主修，回國後就可以獲得極具聲望的工作——比她們三個女孩的待遇好上太多了。而現在有一個機會可以證明，女性也能在男性的領域裡表現得很好，而她也的確做到了。[10]她後來和一位教授合寫了一篇文章刊登在《顯微鏡科學季刊》（*Quarterly Journal of Microscopical Science*），題目是〈青蛙卵簡介〉（The Orientation of the Frog's Egg）。

但小梅在科學方面的成就，也沒有讓她在本來的任務上分心。第一年的暑假，她與艾麗絲在維吉尼亞州的漢普頓學院（Hampton Institute）合寫了一份文稿，探討日本女性的日常生活，從出生到老年、貴族到平民，也從城市到鄉村。這本《日本女孩與女人》（*Japanese Girls and Women*）是第一本完整討論此主題的作品，也很快就找到出版商願意出版。「我今天把手稿交給斯古德（Horace E. Scudder）先生了，他是《大西洋月刊》的編輯，也是米夫林出版社（Houghton, Mifflin & Co.,）的重要人士之一。」艾麗絲寫信給小梅時提到，那時小梅已返回布林莫爾學院，預備開始一八九〇年秋天的新學期。「我不想過分抱持期待，但是我想他將會好好幫我們處理這件事的。」[11]

一八九一年夏天，這本書出版了。雖然小梅也為此書盡了很大的心力，但是封面上卻只出現了艾麗絲的名字。但艾麗絲並不自私：相反的，她甚至出面協商確保當她自己去世後，本書的版權會歸給小梅。她也非常謹慎地將版權費分成兩半，並將書本每份收入的一半都寄給小梅。而雖然小梅是很有企圖心的，但她對於作者欄沒出現自己的名字並不在意。因為只放上艾麗絲的名字是經過深思熟慮的結果，並不是因為出錯。

《日本女孩與女人》這本書，雖然對日本女性的未來抱持樂觀的態度，但對日本現狀卻不甚滿意。「應該要讓婦女享有更多的法律保障和更多的教育，還要改變社會大眾對此議題的看法（而要達成此目的，必須讓男性到歐洲與美國接受關於西方家庭文化的教育），如此才能使日本女性的地位獲得提升，讓她們的智識才能與道德情操能夠有良好的發揮。」[12]這本書如此寫道。然而日本政府對於本書並不非常樂見。就連熱中改革創新的津田仙，也不想看到自己女兒的名字竟然與這麼直率批判日本社會的書籍有關。他女兒身為職業婦女的身分，就已經夠前衛了。

這本書被獻給了捨松，「紀念我們童年時的友誼，願它不受年長後分離所影響與改變。」此外，在序言中也感謝了小梅，「一位親密的老朋友」，她做了「許多珍貴的貢獻」。[13]美國的新聞媒體也發現艾麗絲對這個主題非常的了解。「她一點也不迴避，並把所知的一切都告訴我們。」[14]《紐約時報》寫道。「她很勤勉的找出許多事情背後的原因，並且很聰明的將這本書交給日本小姐們進行評論。」

而當時日本因為保守派勢力持續的高漲，因此對本書的反應並不熱烈。就在不到一年前，天皇才剛頒布《教育勅語》，並宣揚儒家思想的教條：包括階級制度、合一與順從等等。「這些是我們日本帝國的基本特質，因此也存在於我們的教育基礎中。」[15]勅語中如此提到。日本的每間學校，牆上都掛著這份裱框文件，而且每當遇到國定假日，學生們都要恭敬的朗誦這份宣示。現在，日本國民最尊崇的人物已經不再是班傑明．富蘭克林或是山謬爾．斯麥爾斯，而是日本天皇。而在他們口中朗誦的字句中，並沒有留下多少空間給婦女改革運動。

「我不認為這件事有如大家（小梅的父親和其他人）想的那樣，對小梅有什麼負面的影響。」[16]在書本出版的那年夏天，捨松寫信給小梅和艾麗絲時提到。「但目前最好還是謹慎一點，特別是現在保守派的情緒相當高漲，甚至那些受過最高等教育的人也是如此。」艾麗絲甚至想要請出版社將小梅的名字從序言中刪掉。「如果讓他們將矛頭指向我會好一點的話，」[17]艾麗絲進一步建議小梅，「你可以寫一封公開信寄給知名報社，說你的工作本來是要修正我所寫的內容，以免傷害日本人的民族自尊心。但因為我實在是太頑固了，所以沒有接受你的勸導和建議。」（這件事在東京造成的騷動，使得艾麗絲了解到她應該要更懂得保護自己的朋友。幾年後，她出版了一本紀念在東京時期的書信回憶錄，書名叫做《日本回憶錄》〔*A Japanese Interior*〕。這次她為書中的小梅和捨松換上了假名，並將此書獻給自己的兄弟姊妹。因為這些書信當初都是寫給她自己的手足的。）

但小梅選擇不採納艾麗絲的建議。那些遠在東京的保守派人士，對小梅來說並不值得在意，而且這本書也的確有助於她在美國的知名度。她開始更加努力的推廣日本女性教育活動。她曾在麻薩諸塞州的女性大學教育推廣協會（the Massachusetts Society for the University Education of Women）發表了一場演說，主題為「教育與文化——現代日本女性所追求的」（Education and Culture — What Japanese Women Want Now）。[18] 到了一八九二年，小梅甚至說服了她的贊助人瑪莉．哈里斯．莫利斯和布林莫爾學院的瑪莎．凱里．托馬斯，成立了專門提供給日本女性的美國婦女獎學金，讓日本女性可以來到布林莫爾學院留學。這個由十五位富裕的費城婦女組成的委員會，在短短的時間內就籌募到八千美元的資金。

艾麗絲自己也利用了本書獲得的知名度，來推展自己的事業。在一八九一年八月，她和她的某位姊姊到康乃迪克州的諾福克（Norfolk，就在柯爾布魯克的旁邊）度假時，在當地村政廳舉辦了一場「日本茶與筷子的餐會」，會中有穿著和服的女孩為賓客送上茶點。「桌椅都安排和裝飾得很美麗，而飢餓的賓客笨拙的使用筷子享用美食的景象，也非常有趣。順帶一提，若使用其他餐具，將會被罰款。」[19]當地報紙這樣報導。這場餐會為漢普頓學院籌募到了兩百美元。

雖然小梅很努力為女學生們爭取權益，但令人驚訝的，她對女性地位的認知卻是很傳統的。當瑪莎．凱里．托馬斯鼓勵學生們脫離家庭的枷鎖，努力追求更高的學問時，小梅倡導女性教育的目的，卻只是為了讓她們在學術知識方面能夠和男性平等。是的，或許會有少數幾個學生特例（或算幸運）和她一樣繼續念大學，然後成為教育下一代的老師。但是基本上，學生們並不一定要依循老師的步伐。「妻子必須讓自己成為受過教育男子的好伴侶，而母親也要有智慧才能給下一代帶來好的影響。」[20]小梅這樣告訴她的聽眾。「在家庭裡，彼此之間要能有真誠的同理心。」[21]在小梅心目中，女性的目標仍然是要成為好妻子與智慧的母親，就如同明治時代所宣揚的「良妻賢母」一詞般。

事實上，小梅希望將來能夠培育出的日本新女性，就是像捨松這樣（雖然捨松退回家庭生活這件事讓小梅很失望）：擁有能和丈夫匹配的學術知識，成為丈夫的合作者和伴侶，而非唯命是從的僕人，並且還能參與時事與慈善活動，及為國家養育出聰明有智慧的兒女。然而，捨松自己對於《日本女孩與女人》書中提到日本女性美好的未來，並不如此認同。捨松認為，小梅和艾麗絲似乎把日本女性「看得太美好」。「在我看來，你們只看到了日本女性最美好的一面，但（若容許我批評的話）卻忽略了她們同時也有器量狹小、嫉妒和虛假的缺點。」捨松所遇到的挫折，恰恰反駁了小梅的演講內容：捨松雖然接受了良好教育預備達成更高的成就，但卻發現日本家庭是非常封閉的（即便位於她這樣的上流階層）。而另一方面，像小梅這樣完全拋棄了家庭生活的女性，就會發現自己在追尋工作價值的道路上非常孤單。

此外，對於兩位已婚朋友竟然都屈服於日本陋習，小梅感到有點蔑視。她們除了也對丈夫畢恭畢敬之外，還開始抽起了菸管。「你會覺得很可怕嗎？」[22]捨松寫信給瓦薩學院的同學安・索思沃斯（Anne Southworth）時問道。「在日本，幾乎所有的婦女都抽菸管，而我們也毫不掩飾。是瓜生太太（以前的永井繁）先開始抽的，然後我也跟著開始了。津田梅想要勸我們遠離這個糟糕的習慣，但她現在已經放棄了。你都不知道這菸抽起來有多麼放鬆。」或許捨松和繁不需要擔心孤單或是經濟的問題，但是她們所需扮演的多重身分，仍然帶來許多壓力。小梅還能盡量讓自己遠離其他日本女性，但捨松和繁身為高官的夫人，卻無法享有這樣的自由。

雖然事實證明，捨松嫁給大山後過著很幸福的日子，但捨松也發現高知名度開始讓大眾用放大鏡檢視她。身為陸軍大臣的妻子，她有許多繁忙的事務要處理。但除此之外，她現在還擔任「宮廷西式禮儀顧問」的職位[23]。因此她常常必須要到宮廷裡去，可能是給予皇后及貴婦們關於服裝或禮儀的指導，或是擔任外國賓客妻子的口譯。這些她都很願意做，但是宮廷裡某些保守派人士的反對態度讓她很受傷，特別是現在身為華族女學校監督的下田歌子（之前曾是皇后的侍女）。「我對她真的失去耐心了。」[24]捨松難得怒氣沖天的對小梅和艾麗絲抱怨道。「我一點也不遲疑的告訴大家，應該要把她趕出學校，雖然如果被她聽到的話，可能會對我的孩子有所影響。」

下田夫人和捨松雖然都同樣致力於女子教學的工作，但後來卻發現她們的想法大不相同。之前，捨松曾經稱讚下田歌子是個「很有想法的人」[25]，但後來卻發現她無法改變那種根深柢固的保守思想。「你知道她的學生，特別是住宿在她那裡的寄宿生說出什麼話嗎？」捨松憤怒的寫道。「如果穿由外國布料製造的日本服裝，就是不愛國。如果喝牛奶或吃肉就是對日本不忠!!!想想看，是怎樣的老師會把這種觀念灌輸給學生呢？」[26]可惜的是，大部分華族女學校的學生家長，都認同下田夫人的想法。

捨松與皇后的良好關係，並沒有讓她在貴婦圈裡得到好人緣，而他丈夫身為天皇近身顧問的地位也同樣沒什麼幫助。大山家最近剛搬到位於安靜的恩田郊區的新居（靠近今日的流行文化聖地原宿），這個占地數英畝的宅邸正位於皇宮西方兩英里遠左右之處，是由一位德國建築師設計的，並滿足了大山元帥對華麗的歐式風格的喜好：除了磚砌的牆與廣大的空間之外，還有拱形門、屋頂窗與法式家具，以及在角落矗立的尖型塔樓。（雖然捨松的孩子們都是穿著西式服裝長大的，但他們大部分時間都是待在連接於宅邸後面的日式廂房裡。「他們的母親很有智慧，知道不可以把他們扶養成將來被自己同胞排斥的陌生人。」[27]一位外國朋友這樣寫道。）在一八九〇年十一月，當大山家在新居安頓好之後，天皇親自來訪了。

睦仁天皇當時開始採取一種新政策：為了更了解他那群資深幕僚們，他會親自到他們家裡去拜訪。他曾在下午一點時到達大山巖的家裡，而到了當天晚上十點仍在享受他們的招待——天皇欣賞了音樂、能劇還有中國詩詞朗誦。[28]雖然天皇的流連忘返令大山感到榮幸，但另一方面要準備這些娛樂節目也是非常累人，而且一點也無法緩和捨松友人們對她的嫉妒。她們會聚集談論捨松的財富、巴黎的時裝和她享有的高職位。這些幸運的事竟然落在一個像捨松這樣連日文都不太會寫，而且還直呼丈夫名諱的女人身上。

留學期間，小梅贏得了費城贊助人以及大學的好評與敬意，甚至在她原本的兩年留學時間之外，又額外獲得一年的延長。在一八九二年，小梅回到了東京。在她的結業證書上，除了有校長的簽名之外，還讚許她「是位聰明、靈敏與勤奮的學生」，並宣稱「津田小姐在就學期間，展現了許多女性的良好美德，並獲得學校所有職員與學生的敬意和喜愛。」[29]然而，這所有職員與學生中，或許並不包括瑪莎．凱里．托馬斯。因為她無法理解，為什麼小梅決定要回日本繼續教書，而非留在美國追求科學領域的研究發展。布林莫爾學院想要提供給小梅一個研究室助理的職位，但她拒絕了。「我想托馬斯小姐並沒有完全原諒她，因為這舉動似乎有點忘恩負義，以及蔑視了學術研究的真義。」[30]安娜．哈次霍恩這樣寫道。

托馬斯小姐的看法比較注重個人發展，這是較為美國式的想法。然而她沒能理解的是，小梅雖然是在美國長大的，但卻從沒拋棄自己身為日本女兒的身分。留在美國的賓州繼續學術研究的職涯，或許相當吸引人。但對她而言，更重要的是完成從小肩負的任務。小梅或許很追求他人的認同或名聲，但這一切都要在她這份重要使命底下實現，才會有意義。

小梅回到東京後，重拾了在華族女學校的教學工作，並且也開始投身於一項新的計畫，那就是推廣新成立的美國婦女獎學金，鼓勵其他年輕日本女孩也能前往美國留學。當在布林莫爾學院時，她發現自己可以從聽眾中獲取極大的能量。回到東京後，她想要尋求新的聽眾。「我發現當前日本最需要的就是，為將來培養一代能成為好妻子與好母親的女性。您應該不難想到，我現在最希望看到的是，能有一群熱心的本國婦女願意承接這樣的工作，並且能在她們身上看到日本的教育、優雅及文化，與西方文明及宗教做良好的結合。」[31]小梅在《日本週報》上這樣寫道。

我們想要有一些真實的例子，好讓這個愛嘲弄的世界知道，讓女性受教育並不會毀了她們。我們要女人來為女性做辯護。我們需要清楚的頭腦和聰明的舌頭來告訴男人們，女人現在過的生活是多麼不公平。我們要求有更好的教師到學校上課，以及更好的領袖來帶領關於婦女權益的改革運動。

正當小梅為了她的人生新目標而感到興奮時，卻發現回到日本後，捨松和繁仍然設法想要為她說媒。這讓小梅感到特別難堪與惱怒。小梅當時是二十七歲。到底要到什麼時候，她最親密的朋友們才會接受她為自己選擇的道路呢？秋天時，艾麗絲收到一封來自小梅的長信，信中充滿憤怒的心情。艾麗絲以她自己的經驗為例，用智慧的話語回信給小梅。「全世界的已婚婦女都自以為需要照顧未婚女性，並幫助她們能嫁出去。我覺得她們這樣做是錯的。」艾麗絲這樣寫著。「別擔心。當你年紀和我一樣大時，我想就算是捨松和繁也會放棄你了。」[32]

而看到這兩位最親密的好友，現在都缺乏積極改革的決心，也讓小梅同樣感到不悅。此時，她珍貴的好友艾麗絲，再次給予有智慧的見解。「聽到你發現自己與她們之間出現了差異，我覺得很遺憾。也很遺憾聽到她們現在竟然偏向了保守派，隨波逐流。」[33]她這樣寫道。「但是已婚婦女本來就是受到拘束的，且必須考量丈夫的想法和孩子的未來。而像你和我這種未婚的老小姐則可以做自己想做的，就算做錯了決定或熱心過頭，受傷害的也只有自己。」艾麗絲這番安慰的話語，想必發揮了一些功效。那年秋天，小梅為美國獎學金的事情召集了一個日本委員會，成員當中很多人都是曾留過學的。其中一位就是繁。

繁現在已經是五個孩子的母親了，還有第六個即將出生。但她仍然持續著教書的工作，先是在東京音樂學校，後來又到了女子高等師範學校任教。雖然她一直不像捨松或小梅那麼充滿野心，但她卻也一直在教學工作與操持家務中維持了不錯的平衡，這並非一件容易的事。而她現在願意花額外的時間參與小梅的推廣工作，或許也和她最近家庭狀況的改變有點關係。雖然身為母親的責任一直加重，但身為妻子的任務卻可以暫時緩解了。在一八九二年九月，她的丈夫動身前往巴黎，去擔任當地日本大使的海軍隨員的職務。他要四年後才會再回到日本。

在一八九二年，瓜生外吉並不是唯一發現自己的職責變重的軍人。在軍中效勞了十年之後，大山巖才剛剛退役不久，但是沒幾個月後卻又重新被徵召回軍中。因為日本要準備開戰了。

在一八七〇年代，日本一直致力於各方面的改革，從教育、商業到政府組織等等，都經歷了改變。改革一直是首要任務。但是顯然的，西方列國並沒有興趣和一個他們認為發展落後的國家進行協商。而日本的領袖向來非常關注國際情勢，在一八八〇年代他們發現，一直在工業化的歐洲各國開始不停往外搶奪殖民地，這對日本來說是值得在意的事。當明治政府還忙著建立和發展國家時，其他國家則已經發展成大帝國，而他們的觸手也似乎越來越逼近。法國現在占領了印度支那，美國則是夏威夷，俄國和英國則在爭奪中亞地區。世界上那些所謂的「文明」國家正在占領其他「未開化國家」，想藉此證明自己是一個主權國家（sovereignty）。如果日本真正達到了所謂的啟蒙開化，那麼她必須要保護自己不受其他國家的侵略，或許她該像其他國家一樣，證明一下自己的「主權」。在過去幾十年來，日本一直在接納西方的各種理念，而現在帝國主義（雖然西方並不想傳揚此理念）開始成為日本最想要仿效的典範。

韓國很快就成了日本野心拓展的目標。在一八七六年，日本採納了美國海軍准將培里某本書中的「建議」，開始嘗試屬於自己的砲艦外交（gunboat diplomacy）。日本試圖「打開」韓國門戶（就像當初美國「打開」日本門戶一樣）：強迫朝鮮簽訂條約開放通商口岸，並讓日本國民享有治外法權。自那時開始，中國和日本就開始敵對，並非常在意彼此在韓國半島的掌權狀況。

到了一八九〇年代早期，日本領袖已經將控制韓國視為影響日本國安最重要的事。只有使韓國接受已開化國家日本的掌控（而非虛弱的中國），才能讓韓國抵禦西方國家的侵略。明治政府現在已經非常穩固，並將越來越多的經費用於發展軍事建設：不但軍方開始進行大規模的軍事演習，海軍也添購了許多大型軍艦和運輸艦。在一八九四年春天，韓國的一場平民叛亂促使中國和日本都派遣軍隊進駐，並迫使中國與日本正面交鋒。七月的時候，日本武力控制了韓國皇室，並迫使韓國皇帝答應要將中國勢力驅逐出境。

這是自從十六世紀以來，日本首度再次踏上異國土地進行戰爭（上一次是豐臣秀吉進攻韓國）。在八月一日，日本宣布對中國開戰。而大山巖則被指派為第二軍司令官。

「當然我覺得非常焦慮，」那年秋天，捨松寫信給艾麗絲時提到。「但同時，我也深信我們一定會勝利，而我的丈夫雖然會經歷許多困難，但在征服中國之後，他一定會安全的回來。」[34] 戰爭轉移了大家的注意力，也驅散了她常常得承受的一些流言蜚語之苦。她立刻開始為丈夫準備許多在嚴寒的中國冬天可能會用到的物品：外套及靴子用的毛皮襯裡、羊毛襪子與法蘭絨襯衫、墊著絲質填充物的內衣、熱水瓶以及用來暖手的「懷爐」——這是一種用布包裹的錫製小盒子，某一端有孔，裡面則有一條可以燃燒好幾小時的木炭。

當不需要幫助她丈夫時，捨松就將注意力轉移到更大的計畫上。「七月的時候，一個由六十位女士組成的委員會（包括我在內）開始向婦女們募款，相當成功。」她寫道。「你絕對想不到——至少我真無法表達清楚——人們有多麼熱心參與，她們把自己一切所有的都捐出來，以幫助這些士兵們。」[35]以捨松在十年前所發起的慈善活動為原形，東京的上流社會婦女們，這次是全力的積極參與。皇后親自帶領了婦女志願護理協會（Ladies' Volunteer Nursing Association），而捨松則加入紅十字會製作繃帶的任務。「我們都穿上護士的衣服，還用石碳酸消毒手和衣服，就像真正在醫院工作一樣。因為軍隊對於抗菌處理的規定是很嚴格的。」她告訴艾麗絲。「我們已經製作了上百萬的繃帶，但仍然在繼續製作中。」[36]

即使是幾年後，捨松對於她同胞們的表現仍感到印象深刻：「她們原本是穿衣服一定有女僕伺候，手裡從沒拿過比手帕更重的東西，出門一定要有兩三個侍從跟隨的貴婦。但那時卻全都拿著自己的小餐盒，包包裡裝著護士服，單獨來到醫院幫忙。」在元帥夫人光鮮亮麗的外表下，那個當初曾在自己藩國的城堡和大家一起抵禦敵人的會津小女孩，仍然存在於她的內心。當她看到練兵場及火車站為了準備出征而鬧哄哄的景象，她對艾麗絲吐露道，「我覺得自己也好想要成為一名軍人出征。」[37]

中國的軍隊比日本的龐大許多，而且他們的海軍擁有比日本多兩倍的船艦。雖然捨松認為自己丈夫的軍隊可以勝過鄰國龐大的軍力，西方則不如此認同。但是，日本卻證明了自己的實力。在一次決定性的戰役中，日本的海軍擊毀了中國的艦隊，他們訓練有素的軍隊將中國散漫的武力趕出了朝鮮半島。在幾個月內，西方媒體就改變了他們對「這個勇敢的小海島帝國」[38]的看法。在美國，疑慮很快就變成了自我肯定。「在這波想要向日本學習的熱潮背後，我們是否可以自豪的認為，日本之所以會下定決心用此文明的『方式』加諸於中國，是因為受到美國的一些影響呢？」《紐約時報》如此報導。

這場戰爭在八個月內結束了。「我告訴你，」艾麗絲寫信給小梅，「現在在基督教國家的眼裡，日本已經證明了自己的能力，因為她能在文明的標準下打一場勝仗。」[39]當然，她也不忘記冷嘲熱諷一下：「雖然我們公然宣稱篤信基督教，但武力征服似乎仍是獲得各國尊敬與認同的最佳方式。」

這次的勝仗在日本掀起了一波愛國的熱潮。「現在我們可以驕傲的站在世界面前，不再因自己是日本人而感到羞愧。」德富蘇峰（日本第一本新聞雜誌《國民之友》的創辦人）這樣寫道。「在此之前，我們不認識自己，而世界也還不認識我們。但現在我們已證明了自己的能力，我們認識了自己，世界也認識了我們。」[40]（但是在這次勝利的一個月後，這份民族自信卻遭受極大的打擊。因為俄國聯合法國與德國，堅稱日本應該返還中國所放棄的土地。這所謂的三國干涉還遼（Triple Intervention）讓日本的喜悅轉為挫折，並讓她將武力對準新的敵人——俄國。）

正如同這場戰爭讓日本在國際舞台上提高了知名度，它也提升了日本婦女的形象。她們是這些光榮戰勝的士兵們的妻子和母親。大山元帥的名字也常常出現在外國報紙上。很快的，美國媒體就發現大山元帥優秀領導能力的背後，應該有一個特別的原因，那就是他的妻子。大山夫人是由賢明的李奧納德・培根撫養長大的，後來又進入令人尊敬的美國女子大學就讀，因此想必她就是元帥之所以成功的祕密之一。「透過日本的影響，中國應該很快也就會接受文明世界的影響了。而當中國真的改變時，誰又能說山姆大叔（即美國）沒有那麼一點貢獻呢？」《時代》雜誌這樣寫著。「大山夫人是美國訓練出來的門徒，她相信美國信念，且致力於發揚美國的方法和策略，她已經發揮了極大的影響力，且無疑的有助於這革新的精神。」[41]

身處於上流社會中，捨松總是優雅、有教養且從容不迫。她證明了美國的文明已經開化，並且已從一個暴發戶轉型成能指導他人的國家。「捨松非常忠誠於自己的國家，當她離開美國時，內心滿懷了美國信念，並決心要幫助日本的女性同胞提升地位。」另一篇文章這樣寫道。「毫無疑慮的，她早年在美國所受的教育（並且因她不停的應用著這些知識），是促使日本能持續追求婦女自由，並持續接受許多美國政策的主要原因。」[42]

自從在瓦薩的畢業典禮發表致詞以來，捨松終於能再次被世界看見。「無論這場戰爭的影響是什麼，」艾麗絲寫信給小梅時提到，「它帶給捨松的影響都是好的，也給了她正非常需要的鼓勵。」[43]

但是這場中日戰爭帶來的興奮熱潮很快就退去了。小梅在華族女學校的工作仍照常繼續，而且她的想法仍然與下田歌子有所歧異。下田心目中的「好太太與好母親形象」仍然是遵循儒家思想，而不受西方自由主義影響。許多年前在伊藤家那些令人興奮的討論和計畫，還有在瓦薩女子學院及布林莫爾學院時擁有的抱負，都沒有在華族女學院落地生根。「在這所學校念書的學生必須謹記，當她們將來結婚時必須成為好妻子，而之後也必須成為智慧的母親。對待雙親或公婆時，則必須是溫柔良善的主婦。」[44]學校的使命手冊上這樣寫著。要不要結婚或成為母親，向來都不是她們需要懷疑的問題，要考慮的只有何時要做。總之，這些女孩應該要努力「學習各樣品格和美德，以便成為高貴的婦人」，並且絕不能允許自己被「空泛的言詞或奇怪的思想」吸引而偏離正道。禮儀、書法以及對經典書籍的概略知識，或許再加上一點英文或法文，這些就是婦女應該獲取的美德知識。至於科學、歷史和哲學，對於婦女來說都是無用的空想。

根據下田歌子的想法，身為一位日本女性的教育家應該要像園丁一樣，努力讓普通植物在能力範圍內長到最好。「但是若他想要從普通植物身上培育出多餘或是新的東西，例如想要在小黃瓜的藤蔓上培育出茄子，或是期待從柳樹上培育出櫻花，將會徒勞無功。」她這樣寫道。「不只如此，他還可能因此毀壞了這些黃瓜藤或柳樹枝。」[45]

身為一個在外國長大的日本女孩，小梅應該覺得這些觀念難以接受吧。她又再次開始覺得孤單，且更勝以往。艾麗絲遠在國外，當時她正專注於為漢普頓學院建立一間培訓醫院。而布林莫爾學院那些能夠振奮她心情的同學們，也都如此遙不可及。此時，正當整個東京都為戰爭的爆發感到心煩意亂時，小梅的妹妹吹卻因腎臟疾病去世。吹比小梅小了約十歲，對小梅而言就像個女兒一樣：當小梅剛到華族女學校教書時，就是帶著吹跟她一起住，並且為她負擔華族女學校的學費。

「我不敢相信她去世了。」小梅寫信給蘭曼太太時提到。「我們的關係如此深厚，她就像我生命的一部分。」[46]在同一年，小梅又再次失去了親人。查爾斯・蘭曼去世了，享壽七十五歲。她的美國養父，今後再也無法像過去一樣，在她表現優秀時發出自豪的微笑了。喬治城的蘭曼家向來是小梅的精神支柱，如今這堅固的支柱也漸漸崩塌了。

整天聽那些執著於繁文縟節的富家女，像鸚鵡學舌般的學著初級英文，但她們心中卻不是真心欣賞或有心學好英文，這些事都讓小梅感到很沮喪。「我覺得悵然若失，而且似乎無法再振作起來。」她寫信給布林莫爾學院的同學時提到。「這裡的一切都沒有什麼改變，無論是教育或其他方面。我們仍然如同往常一樣，就像靜止的湖水。有時候我真想隨便跳上一艘船，就這樣逃離一切，再也無需操心煩惱，再也不用努力嘗試。」[47]

小梅沮喪的心情，也清楚表現在她對學生的態度上：過去她曾是一位年輕愛玩的老師，喜歡在休息時間教學生玩抓俘虜遊戲（prisoner's base）。[48]但現在卻變成了課堂上令人恐懼的對象，當學生背誦錯誤時，就會氣憤地用拳頭敲打桌子。[49]如往常一樣，艾麗絲仍然試圖安慰振奮她的心情。「親愛的，不要沮喪。」她寫道，「神會給你機會做許多有意義的工作的。祂讓你這樣一個女人誕生到世界上，並非沒有目的。」[50]

捨松同樣也經歷一些悲傷與失望。她最年長的繼女信子在十七歲時出嫁了，雖然捨松個人認為這個年紀仍然太小，但因為這女孩並不是自己的親生孩子，因此捨松順從了大山家人的想法。新郎三島彌太郎是一位有為的青年（且極為英俊），身為某位子爵的兒子，他剛從美國留學歸國，並即將接受一份在農商務省的職位。雖然這兩個地位顯赫家庭的聯姻看似非常傳統，但其實這份婚姻也有現代化的一面：這兩年輕人是彼此吸引的。他們在一八九三年舉辦了婚禮，這樁喜事讓大家暫時忘記了戰爭威脅的愁煩。但是信子婚後的第一年是辛苦的：當時流行性感冒侵襲了整個東京，而為了照顧整個夫家，信子變得過度勞累。因為她本身並不是非常健壯，因此後來也生病了且復元得很慢。夫家把信子送回大山家療養，因為她似乎轉變成結核病了。

三島彌太郎是家中的獨子，因此身負傳宗接代的責任。但是信子卻無法懷孕，而且她的結核病，如果傳染給三郎該怎麼辦？三郎那身為寡婦的母親要求兒子盡到自己的責任：與現任妻子離婚，並重新娶一個健康的妻子。當面對傳統的孝道責任時，現代的愛情只好讓步了。

面對女兒的遭遇，大山巖雖然感到很憤怒，但在知道抗議必然無效的狀況下，只能接受離婚的要求。信子當時正在親戚位於鄉間的宅邸休養，對此事全然不知。她和三島來往的信件都被僕人從中拿走了。只有一次，當一位女僕不小心漏拿了三島的信，才讓信子知道事情真相。在一八九五年秋天，這段婚姻結束了。「因為必須為我的家庭負責，所以我自己的意見再也不重要了。」三島寫信給捨松時，抱著極度的歉意。「我知道這聽起來像是懦弱的藉口，但我想或許是我前世做錯了什麼，才會有這樣的懲罰。」艾麗絲仍如同以往般務實，她試圖從社會學的角度（而非因果關係）來看這件事。「我很遺憾聽到這樁離婚的消息。」她寫信給小梅時提到，「這正好證明了我的看法，除非日本的婚約能夠更有約束力，否則日本社會仍有很多需要改善的地方。」[51]

信子絕望的心情更加影響到她的健康。大山將她帶回了位於恩田的大宅邸修養，在這裡她的繼母用了曾在康乃迪克護理訓練學校學過的一切，盡力的照顧她。大山家為信子特地蓋了一個廂房，以免結核傳染給其他孩子。他們還特別注意她的飲食，並盡量在天氣舒適時讓她出外走走。但這些努力卻都白費了：在一八九六年五月，信子去世了，年僅二十歲。她的悲劇證明了，雖然日本尊崇美國文化，但日本女性的處境並沒有改變。信子擁有日本最富裕、且受過最良好教育的父母，但因為日本社會認為妻子應該屈就於丈夫與夫家的利益，才使得信子的心破碎。捨松雖然盡自己所能地照顧她，卻也只引來閒言閒語：是怎樣狠心的繼母才會把生病的孩子趕到房子的角落廂房，並且不讓其他家人接近呢？

信子去世後，有一本以她和三島彌太郎間的愛情故事為原型寫成的小說出版了，並成為了當時頗受歡迎的暢銷書。書名是《不如歸》（日文念法和杜鵑一樣），因為杜鵑鳥在日本的詩中象徵悲傷的戀情，而牠哀戚的鳴叫聲則像是在懷念逝去的配偶。有些傳說甚至認為，杜鵑鳥會一直啼哭，到從喉嚨流出血為止——特別適合用來比喻染上結核的女主角。在這本小說中，雖然這對年輕戀人和大山元帥都被描寫成感情豐富的好人，但捨松則沒有這麼好的待遇。故事中的繼母從小就被送到英國留學，回到日本後成了一個「比任何人都更了解英語的人」，[52]但這優點只用來滿足她個人的自尊心，並為她丈夫的家庭帶來不幸。「她來到這個家庭後，首要任務就是改變或拋棄家裡一切會讓人想起上一任夫人的事。」[53]雖然小說主要仍是在描寫年輕人的愛情故事，但作者也很明確地表示，像捨松這樣的女人是過分沉迷於西方事物了。「她身上總是穿著時髦的歐洲衣服，還散發著奇怪的香水味。」[54]在這本小說中，捨松是個「缺乏優雅氣質、自我本位主義、愛賣弄學問且絲毫沒有魅力的女人」。

這樣的批評，光是在貴婦之間耳語相傳就已經夠惱人了，現在竟然印成書讓大眾閱讀，真是令人難以接受。然而這些讀者中應該不包括捨松自己。閱讀日文文章對她來說仍是個困難的挑戰，因此她自己可能沒有看過這本書。

在心有餘力之際，繁很願意向她煩惱中的朋友表達支持和關懷，但是因為有六個小孩加上教學工作，因此她自己也常常是筋疲力盡。在一八九六年八月，當大山家仍然在懷念信子時，瓜生家則正慶祝一項喜訊：瓜生外吉終於結束巴黎的任務，要回家團圓了。繁抱著他們最小的女兒榮枝來迎接他，這是這個四歲小女孩第一次見到爸爸。

然而這團聚是短暫的。第二年年初，瓜生又被指派一項海上任務去指揮一艘巡洋艦。丈夫這麼快又離家，已經讓繁覺得難過了，但不久又發生了一件事情：在一次軍事演習中，瓜生的船艦與其他船隻相撞並擱淺了。因為身為船長的緣故，瓜生必須負起這次事件的責任。海軍方面決定將他拘留監禁。

繁心裡非常煩惱。[55]瓜生正被拘禁在位於百里之遠的四國（是日本本土四島中最小的一個），而繁自己則是在東京和六個孩子在一起，而且長子武雄正好也生病。繁的哥哥益田孝向來身兼父親的角色，他勸繁暫時搬回來與他同住，或是他願意出錢讓她去四國探望丈夫。但就和她勇敢的丈夫一樣，繁選擇留在家裡。軍事法庭後來宣判瓜生拘禁三個月。旁觀者們認為，既然海軍的上層人士大多是出身於薩摩，因此大概很難為出身德川幕府派的瓜生舉辦公正的審判，然而判決結果沒有改變。

後來證明，大眾對於瓜生的坦白與謙虛表示非常讚賞，因此在被釋放之後，他的名聲竟然毫無受損。他又重新回到職位上，也因此使他離家的時間變得更長了。「難怪繁會說，她不希望自己的女兒再嫁給海軍！」[56]小梅寫信給蘭曼太太時提到。

隨著十九世紀接近尾聲，似乎每件成功的事都伴隨著些許遺憾。永井繁有成群的兒女及操守高尚的丈夫，也對自己的教學工作引以為豪，但要努力在這許多事物中取得平衡，也讓她壓力越來越大。小梅的第二次留學成功地提升了聲譽，使她能成為一位教育改革者，但卻也因此讓小梅更難以忍受封閉保守的華族女學校。而在中日戰爭期間，勝利的興奮讓捨松覺得重拾活力，也讓她丈夫的官階不停升高。在戰爭勝利後，天皇將他的官階從伯爵升到侯爵，並指派他負責王儲的教育。雖然捨松的才智顯然高於她的兩位朋友，但卻因受限於地位與家務責任影響，使她鮮少參與教育方面的工作。美國人或許很喜歡她，但是在日本卻不是如此。這矛盾的狀況讓捨松非常煩心。

對艾麗絲而言，捨松曾是那個寄宿在她家裡的好姊妹，她們曾一起夢想要建立屬於自己的家、保持單身，並為日本女孩創辦學校，希望藉此對日本社會有所助益。然而，最近捨松的來信中，語氣總是消極多過熱情：「我的丈夫越來越胖，而我卻越來越瘦了。」[57]

第十四章　女子英學塾

這是一八九七年二月某個下著雪的午後。一列火車正從東京開往葉山（某沿海度假勝地），車裡雖然沒有暖氣，但是小梅和安娜有一個自己的小包廂。她們把鞋子脫掉，將腳縮到椅子上，並用旅行毯子蓋著。雖然外面是大風雪，包廂內卻是溫暖舒適的。窗外能見度不高，她們聊著彼此的未來。這個月月初，安娜的父親在東京去世了，所以她不得不定了船票準備回到賓夕法尼亞州。為了安慰安娜以及振奮一下自己，小梅邀請她一起到葉山共度週末。

在小梅離開布林莫爾學院後，安娜曾和她那鰥夫的父親來過日本兩次。亨利・哈次霍恩（Henry Hartshorne）是貴格會的一位醫師，也曾編寫過一本知名的醫學教科書。他曾被邀請到日本發表演說，而他的獨生女安娜就在一所貴格會學校教導英國文學（這所學校是小梅的父親幫忙建立的）。後來，他們又再次回到日本傳福音。小梅很喜歡安娜，而安娜也認為她們的友情是「人類史上最快樂的友誼」。[1]此外，她們也覺得彼此的相識不是偶然的：早在一八六七年，當小梅的父親被幕府派遣到舊金山時，他買回來的其中一本書就是亨利．哈次霍恩寫的《醫學實務與原理摘要》（*Essentials of the Principles and Practice of Medicine*）。

針對日本婦女當前的狀況，小梅和安娜其實已經討論過無數次，不過當火車行駛到東京郊區時，小梅告訴了安娜一個她鮮少與他人分享的想法。雖然日本政府現在允許婦女參加英文師資證照考試，但事實上真正有能力參加此考試的女性並不多。就讀宣教士學校的女孩雖然念過英文，但對其他科目的涉獵卻不多。而女子高等師範學校的畢業生雖然接受過教師訓練，但卻沒上過較高等級的英文課。（華族女學校的學生都是出身富裕家庭，她們永遠不需要自己賺錢維生，所以不在小梅的考慮範圍內。）「目前確實非常需要提升女性的英文能力，」安娜回憶道，「此外，根據津田小姐的說法，若能提升學生的英文能力，津田小姐將能引導她們去接觸各種西方思想。這些是受過教育的男子目前已經享有的領域，但對同樣受過教育的女孩而言卻仍然是一個封印的世界。」

當時因為保守勢力興起的緣故，政府所營運的學校（特別是女子學校）對於西方思想的追求熱潮漸趨減退，但是學習英文的需求仍然存在。若能創辦私立學校，小梅不但能滿足大眾學習英文的需求，還能為祖國的女性同胞們打開通往西方思想的一扇窗。她告訴安娜，她相信自己的名聲能夠吸引許多學生與支持者，讓她足以實現這個想法。雖然不是現在，但是等到開始著手進行的那天，安娜是否願意回到日本幫助她呢？安娜當時三十七歲，沒有家庭的牽絆並且擁有極高的學術知識。就和艾麗絲・培根一樣，她也已經高分通過了哈佛的女性入學考試，而且她和小梅之間的羈絆是如此珍貴。「因著感激與熱情，」安娜後來寫道，「我承諾一定會回來幫忙。」[2]

小梅現在已經三十幾歲了，是一位受到肯定的職業婦女，也不再有朋友急於幫她介紹對象（就如艾麗絲所說的一樣）。而小梅所關心的事物，也從過去的華族女學校與美國婦女獎學金，更進一步擴展到關心整個日本的教育政策。她將自己的各樣經驗與意見，發表在一些英文媒體上：例如她曾在《芝加哥紀錄報》（*Chicago Records*）上發表了一篇記述兒時到美國留學的文章，還為《遠東》（*Far East*）寫了一篇論婦女教育重要性的長篇論文。這《遠東》是德富蘇峰創辦的新聞雜誌的英文版。《遠東》上另一篇文章則呼籲政府應制定更完善的法律保障婚姻與離婚相關事項，並認為應該禁止男子納妾。受過教育的女性，一定不願意繼續與其他女人分享自己的丈夫。「未來有件令人擔憂的事情是，」小梅寫道，「如果婦女們的智識發展後，是否會導致她們對於家中現況感到不滿，進而使她們忘記自己最重要的任務是要維持家庭平和呢？這並非我們所樂見的。而且這樣一來，她們其實也犧牲了自己的幸福。」[3]

小梅的想法一直沒有改變。她認為女人之所要受教育，不是為了挑戰男人，而是為了更有效的幫助他們。「若缺乏文化教養、教育和經驗，」小梅寫道，「女人就只能與男人分享最低層面的生活體驗，而且一定無法成為好妻子和好母親。」[4]除此之外，她還建議每個女性都應該學習一技之長，以便能夠自力更生，以備不時之須。「只要符合個人的興趣與能力，任何一種技能都可以，例如教書、寫作、護理、烹調或縫紉。」[5]小梅這樣解釋道，並舉出了範圍很有限的一些例子。（其實在一八九〇年代，已有日本女性開始將才能發揮到極致。荻野吟子是日本近代第一位女醫師，她於一八八五年通過考試並獲得公認資格，而當時日本私立醫學大學也開始接受女學生旁聽。）

取得專業技能，並非鼓勵女性從此以後無須踏入婚姻。相反的，「一項專業技能可以取代（甚至更勝於）高額的嫁妝」。小梅或許是想到繁了吧。繁教書所獲得的薪水，使她的家庭能度過丈夫生病的那段時間。然而，小梅從來不認為其他女性應該像她自己一樣，成為單身不婚的職業婦女。雖然聽起來很矛盾，但小梅在教育方面的努力，是為了讓她同胞們的家庭生活更圓滿。

小梅的信念向來走比較中庸的路線，且贊成明治政府所偏好的良妻賢母理念，因此她沒有受到保守派的攻擊。現在她發表的理念、文章，下面都署上自己的名字，而不再是艾麗絲的。她也開始注意到一般大眾的評論。「我看到有一、兩則批評，」她寫信給蘭曼太太，討論登在《遠東》的文章，「但沒什麼特別的，我也很願意聽取各方意見。而且你知道的，日本婦女只要願意做些什麼，都是非常不容易的事。」[6]現在，小梅多年來的辛勞似乎終於有了回報。在一八九八年的春天，除了華族女學校之外，政府又指派她到女子高等師範學校教書——這讓小梅的薪水和自信都再度上升，而且證明了日本的掌權人士，現在至少願意讓她這個日本女人開始真正做些事情。

另外一件事則發生在當年的五月。一位來自麻薩諸塞州名為愛麗絲·艾弗斯·布利德（Alice Ives Breed）的女士來到東京訪問（「是一位相當美麗的女性，擁有健美身材與極具魅力的氣質。」[7]某位仰慕的記者這樣寫道）。她是美國婦女聯盟（Federation of Women's Club）的副主席，而她希望夏天在丹佛舉辦的會議上，自己能被選為主席。在她停留日本的期間，幾位日本政治家也對她留下了很深刻的印象。布利德女士熱切的希望日本能派遣一位代表到丹佛參加會議。在布利德女士超凡魅力與身形的影響下，政治家們被說服了，而且他們知道有一位不錯的人選可以前往。

「您知道發生了什麼事嗎？」[8]在經過了匆忙的兩個星期後，小梅從輪船奧林匹亞號（Olympia）上寫信給蘭曼太太。「有一件非常棒的事情！」在某個星期五，文部省大臣將布利德女士的邀約告知小梅，而在接下來那個星期五，小梅就和一位華族女學校的同事一起搭船出發了。政府以飛快的速度，批准了她們長達五個月的休假。

六月底時，小梅就抵達了丹佛。她站在一群婦女聽眾前，感謝她們溫暖的歡迎與鼓勵。「就這樣，教育工作的發展與婦女地位的提升，將會從一個國家傳遞到另一個國家。」小梅這樣告訴聽眾們，「一步一步的，婦女們將會在在全世界興起，從野蠻時代的奴隸與苦工身分，以及不久之前的玩物與洋娃娃身分，轉變為男人真正的好幫手，並享有與男人同樣的地位。」[9]美國女性已對她們在日本的姊妹伸出了援手，而接著日本也會繼續把這光明帶給其他國家的女性，就是亞洲其他尚未開化的國家。

來到丹佛對小梅而言，是一個新階段的開始。會議結束後，小梅立刻趕往東部去與蘭曼太太相聚，她現在已經是一位年紀老邁的寡婦了。小梅還拜訪了一些六年沒見的老朋友，當然也包括艾麗絲．培根在內，另外還有布林莫爾學院的瑪莎．凱里．托馬斯。小梅與她們分享了曾告訴安娜的那個夢想。她還參觀了幾間學校，並在旅程途中遇到一位十八歲的女孩。這個女孩從孩童時代起就又聾又啞，當時正在為了進入哈佛大學拉德克利夫學院（Radcliffe College）而苦讀中。「津田小姐，我很高興遇見您，這是言語難以表達的。我祝您能夠成功並且過得愉快。」[10]為了紀念她們的相遇，海倫．凱勒（Helen Keller）手寫了一張字條給小梅，這張紙條正是海倫．凱勒傑出成就的證明。小梅把它保留下來當作紀念。還有什麼比這個案例更能證明，教育的確有幫助婦女走出黑暗的力量呢？

當五個月的休假快結束時，讓小梅訝異的是，她又收到了第二份邀請。這次是幾位卓越的英國女性，透過駐在倫敦的日本大使所提出的邀約。津田小姐是否願意橫渡大西洋，到這邊來看看婦女教育的發展狀況呢？很快的，從東京傳來了政府許可的消息：小梅的休假將可以延到隔年夏天，此外還加上一千日圓的津貼。十一月時，小梅搭船前往利物浦，她幾乎不敢相信自己如此幸運。「我一直在想，這次來到美國的經驗真的是太美好、太美好了。」她從船上寫信給蘭曼太太時提到。「我覺得這次旅程真的是沒有一點瑕疵。這次體驗是如此美好，真是太美好了，以至於我感到有點害怕。現在竟然還有這麼好的機會等在我面前……我只能抱著自己並不配得的謙卑心情，好好的享受。」[11]

這也是小梅第一次以非學生的身分到國外。這次她的身分是一個獨立成人和教育學者。此外，她也代表了日本這個國勢日益增強的國家，成為各國媒體爭相訪問諮詢的對象。這趟旅程對小梅來說也是個喘息的機會——讓她在繁忙的教學生活中有一段休息和放鬆的時間。到了倫敦之後，她不僅買了一件雨衣，常常搭乘地鐵，到各地餐廳去吃飯，還去了劇院看戲。她還到許多旅遊景點朝聖，當她走在西敏寺那些偉人的墓碑上時，覺得自己似乎非常不敬。「放鬆下來不再匆匆忙忙，反而讓我感覺有些奇怪。」小梅寫道，「我這輩子從來沒這麼享受過。」[12]

招待她來到英國的是幾位主教長的妻子，以及幾間大學的女校長們，她們都是以自己的學術成就自豪的女性。在切爾漢姆女子學院（Cheltenham Ladies' College），她遇見了傑出的桃樂西·貝爾（Dorothea Beale）女士，她是一位「非常有能力的女性」[13]，曾將一間小小的學校培養成擁有超過九百名學生的教育機構。「看到英國的教育如此進步，讓人感到非常受激勵。」小梅在她的日記中寫道，「因為當初貝爾女士剛開始致力於教育改革活動時，她面臨的景況並沒有比日本好到哪裡去。」小梅還花了好幾個星期時間停留在牛津的聖希爾達學院（St. Hilda's Hall），旁聽莎士比亞的課程，閱讀艾狄生（Addison）和蒲柏（Pope）的作品，另外也受邀參加了許多的下午茶會和款待。她還遇到了丁尼生（Tennyson）的外甥女以及華滋華斯（Wordsworth）的一些親戚。小梅把這些人的頭銜仔細的記錄了下來，並對她受到的特別禮遇感到心滿意足。「我就像一位出身高貴的女士搭著馬車到各地去，且不論到哪都受到極大的禮遇。」她寫道，「我有點難以想像，真的是我自己正在經歷這些事。」[14]

再次回到倫敦之後，她很興奮自己竟然有機會可以訪問到佛蘿倫斯・南丁格爾（Florence Nightingale）。「我想要見到南丁格爾女士，更勝於見到皇室成員。」[15]小梅寫道，「我想我暫時不會忘記那張蒼白、睿智又柔弱的臉龐。雖然她已年過七旬躺在床上，但卻能感受到她清晰的心智與年輕的活力。」雖然體力已日漸衰退，但躺在白色枕頭上、蓋著紅色絲被的南丁格爾，讓小梅留下了很深的印象：這位女性劃時代的貢獻為她贏得全世界的讚賞，而且她不曾偏離了女性所屬的世界。和教育一樣，護理工作也是有助於美滿家庭的專業。這次的訪問，更加深了小梅對於自己所肩負使命的信心。當她離開南丁格爾床邊時，對這位偉大的女性既景仰又感激。「我很想跟她要親筆簽名，或是要個東西做紀念，但是我不敢開口。」她在日記裡吐露到。要離開時，女僕拿了一束紫羅蘭花給她當作贈禮。小梅小心翼翼地將花束抱在懷裡。

雖然桃樂西・貝爾和佛蘿倫斯・南丁格爾都是很激勵人心的女性典範，但是在這次的旅程中，小梅還認識了一位頗具地位的男性，與他的談話同樣也讓小梅獲得許多激勵。這種形象的男性長輩曾在小梅生命中出現過好幾次。例如查理斯・蘭曼向來很寵愛小梅，且與她關係很好，他也一直很欣賞小梅的機智聰明。另一位是深具魅力的伊藤博文，他也在小梅成年後的日子裡扮演一個重要的角色。當小梅住在他家裡的那幾個月，伊藤一直很喜歡與小梅討論各種時事話題。這次在英格蘭，小梅又遇到了另外一位同樣具父親形象的男人，且願意認真聆聽她的意見：那就是威廉·戴倫坡·麥克拉根（William Dalrymple Maclagan），他是一位約克大主教。小梅當時被邀請到畢夏索普宮（Bishopthorpe Palace）作客幾天，並在好幾個場合裡都受到這位主教的注意，讓她受寵若驚。「他是一位很慈善的紳士，有單純和聖潔的個性，令人敬畏。」小梅寫道。「他對我很好，我真的感到很榮幸。」[16]

因為感到麥克拉根似乎真心對她所做的工作有興趣，所以她也忍不住對他說出心裡的疑問。「我告訴他，我真心希望能做一些事並能在恩典裡成長。我曾享受了很多的祝福與幫助，現在我必須把它們分享傳遞給別人，這是一份很重大的責任。與我國其他女性同胞比較起來，我真的不配獲得這麼多上帝的祝福。有時候我會想，若我沒見聞過這麼多事情，是不是會比較快樂呢？」[17]她像是要告白般一口氣寫了許多。她的野心是不是一種自我膨脹？會不會不夠女性化或太具侵略性呢？一個女人真能在「做了些什麼事」後仍然保持謙遜嗎？但主教以肯定的語氣告訴她，這些為了社會所做的貢獻都是好的。「他為我祝福，並為我將來的工作禱告。他的話語和建議是如此的富同理心、如此充滿智慧和良善，讓我受益匪淺。」

讓小梅感到驚訝的是，她發現自己竟然有點想念日本的那些例行工作。像個貴婦一樣到各處接受款待的生活，「只要享受個一年半載就足夠了。撇開辛苦的日子、錢不夠多和煩人的工作不談，我喜歡忙碌的生活，那種自己正在努力做事的感覺讓我很享受。」[18]她這樣寫道。或許這種滿足感是必要的——因為自從她決定保持單身後，就失去了成為「無所事事的貴婦」[19]的機會——而且這對她而言的確是一種滿足。她從來沒表示過想永遠離開日本而留在西方——就連寫給蘭曼太太的信中也不曾提到。

一八九九年五月，在離開東京將近一年之後，小梅終於準備要回國了。在她橫跨美國大陸到西岸去之前，還有點時間能夠拜訪一下費城的朋友和位於華盛頓的蘭曼太太。「離開了日本這麼長一段時間，並在這裡重拾對生活的熱情與盼望之後，現在真的要回去了，反而又覺得有點奇怪。」[20]小梅從溫哥華寫信給蘭曼太太。「無論我身在何處，請您一定要記得我是多麼想念您，還有我是多麼愛您，並對您的悲傷與孤單感同身受。即使您不認為或真感覺我是如此在乎。」這次，小梅沒有提到她渴望回到喬治城的爐火邊。這一年的旅外經驗和受到的專業肯定已改變了她。「請不用為我擔憂，」在準備啟航回到日本之前，她又寫了一封信。「中國皇后號（Empress of China）是一條很棒、很穩的船，我確信我將會受到各種應有的照料，兩個星期後我就能再度回到家了。」

小梅不在日本的期間，捨松非常想念她。捨松最小的孩子現在已經十二歲了，因此她有時常覺得閒得發慌。與此同時，繁則是變得比以往更忙碌：除了六個小孩之外（年紀從六歲到十四歲），她還幫小梅在女子高等師範學校的班級代課。一八九九年一月四日，此時正值新年假期，這天小梅正忙著到大英博物館參觀，坐在一輛雙層巴士的上層到處觀光，以及準備繼續前往巴黎的行程。而捨松則在這天邀請繁到她家作客，並留宿一晚。對這兩個老朋友而言，這是一次難得的相聚。

繁除了與捨松分享一些女子高等師範學校的八卦和消息之外，還告訴她一個好消息。女子高等師範學校的校長高嶺秀夫，有意在校內提倡更多的西方思想。多年前，高嶺與捨松的哥哥在會津的藩學校曾是同學。[21] 後來健太郎到耶魯念書，高嶺則是到了紐約州北方的奧斯威戈師範學校（Oswego Normal School）就讀。他不僅是一位老友，而且也同樣注重思想體系的建立。因為他曾在美國念書，所以他也很了解，所謂的教育並不僅只是在課堂裡背誦書本上的文字而已。

自從艾麗絲・培根十年前離開日本後，日本的好友們一直希望她能再回來。而現在她們覺得機會來了。捨松請繁去打探一下高嶺的想法，幾天之後，高嶺就到大山的宅邸登門拜訪。當天晚上，捨松就寫了封信給艾麗絲。「看來他想要為學校找的就是像你這樣的人，」她告訴這位過去的好姊妹：他需要「一位合適的美國女性」來擔任這樣的職位，不論在課堂上或課堂外都能成為好榜樣。「我想這間學校需要一位個性堅決的外國老師，能夠用正面的方式影響學生，」她繼續寫道。「當然，或許不可能凡事都按照你的意思。不過高嶺先生是位思想非常新潮的人，我想他一定會非常支持你的工作的。」[22]

在下一封信裡，捨松繼續勸說艾麗絲。雖然這間師範學校沒辦法付很高的薪水，但是艾麗絲一天只要教書兩個小時，因此有許多時間可以做別的事——例如幫忙小梅完成夢想（她已經把那項自豪的計畫告訴艾麗絲了）。「他們非常仰慕你，也很希望能獲得你的幫助。」捨松在信中提到高嶺和他的同事們。在稱讚完艾麗絲之後，她又採取了苦肉計的攻勢：「他們希望你能盡快來日本，而我則希望你能給我一個好答覆。如果你不來的話，這責任就會落在我肩上。他們會說因為我在信中寫得不夠好，所以沒辦法吸引你來接受這份職位。」

在師範學校教書，將會比艾麗絲之前在華族女學校教書來得更吸引人。因為繁將會成為她的同事，而捨松猜想小梅回到日本後，可能也會到師範學校教書，「因為她不喜歡其他學校，而且那邊有很多老師不喜歡她，因此到那教書的話將不太愉快。」[23] 如果艾麗絲、繁和小梅都能在同一所學校教書，還有捨松在背後參與一些事務的話，那麼就彷彿她們以前希望在日本共同建立學校的夢想快實現了一樣。

但是由於艾麗絲在漢普敦仍然身負一些重任，因此無法立刻回應捨松的邀約。她當時才剛完成關於漢普敦的護士訓練醫院的建設，並被指派了另外一項任務：在一八九七年，她開設了帝普哈芬（Deephaven），這是一個供學者或知識分子做暑修的地方，地點位於新罕布夏的斯誇姆湖（Squam Lake）。艾麗絲在美國的生活很充實也很令她滿足，不過她也覺得有一天或許會再回到日本。畢竟，艾麗絲的養女光也期待將來能把美國所學的帶回祖國。艾麗絲寫了一封信給在英國的小梅，而小梅又寫了一封信到喬治城。「她似乎正認真考慮是否要回到日本，如果她真的來了，我會很高興。」小梅寫信給蘭曼太太時提到，「她有非常美好又實在的品格，值得身邊的人信靠。我也很讚賞她這位朋友。」[24]當小梅開始想到人生的下一階段時，可靠的朋友似乎變得比以前更加重要了。

在一八九九年的盛夏時分，小梅結束了美好的旅程回到了日本。才剛抵達沒幾天，她就被召入宮中（其他一起前往丹佛會議的代表們也同樣被召見），親自向皇后報告這次出國的各項體驗。「這是個不錯的結尾。」[25]小梅告訴蘭曼太太。親自被皇后召見，是她自從一八八二年首次回到東京後就一直很渴望的。現在，這表示她身為女性教育專家的地位已被認可了，也完成了一八七一年皇后召見五個女孩時所指派的任務──「你們要完成學業，好在將來建立女子學校時，能夠成為女性同胞的榜樣。」現在，小梅已經完成了她的學業。她已經預備要成為一個好榜樣。

事實上，進宮謁見的過程向來都沒想像中那麼華麗。小梅對自己的新衣感到很滿意──那是用日本布料加上西式剪裁製成的──但是日本八月濕熱的天氣，讓小梅的帽子、緊身西式上衣和蕾絲衣領顯得有點不合適，幸好謁見的時間並不長。小梅和她的同事在一位官員的帶領下，進入了謁見室。在行了幾次鞠躬禮之後，她們就站在皇后面前（她身穿優雅的粉紅色晨袍，上面有白色鑲邊），當面回答她一些問題。但是小梅在過去一年內都是講英文。「當然這是一份無比的榮耀，」小梅寫道，「但要在皇后面前說話也是一項大挑戰，我害怕可能會說錯話。」[26]之後又行了幾次鞠躬禮（一直拉扯到她的緊身衣），接著就走到外面的接待室，那裡備有許多茶和蛋糕，以及和往常一樣由皇后賜予的白色絲綢禮物。

當秋天來臨時，小梅獲得的肯定也越來越多。一位記者來拜訪她，並表示因為正在製作一系列知名女性人物的報導，所以希望能訪問她。「我對他說，現在做這種報導還言之過早，我一點也不想要這麼做。」小梅告訴蘭曼太太，「我想，面對我的拒絕，他大概覺得很新奇。」[27]看到報紙上出現報導她回國的消息，小梅感到很開心，但是對於「過去這一年可能就是她事業的高峰了」的說法，則感到非常不悅。

之後，小梅繼續回到華族女學校與女子高等師範學校教書。然而因為還不適應要講這麼多話，所以她的聲音變得有些沙啞。[28]雖然日子很忙碌，但她的心思其實早已飄到別處了。十二月時，她開始動筆將她的計畫告訴一些人。「親愛的莫利斯夫人，」她寫信給位於費城的幾位女性資助人們，「最近我一直想要寫信給您，告訴您在這個學期結束時，我將會辭去在華族女學校的工作，然後開始著手籌畫去年夏天跟您提過的新學校計畫。」同時她也寄了一封給瑪莎．凱里．托馬斯，信中同樣提到自己的計畫，並請求她能為新的校舍募款。

現在已經沒有回頭路了，不過目前還要等這個學年過完。小梅在每封信結尾時，都謹慎地提出一個要求。「我不希望國外會出現誇張的報導或消息，而東京也是個很愛傳播流言蜚語的地方，」她寫道，「所以請告訴那些可能會知道這件事的相關人士，務必小心行事。因為我對政府應盡的責任還沒完全結束。」[29]

最謹慎的人，其實就是小梅自己。在華族女學校或女子高等師範學校內（當然除了繁以外），沒有人發現她的心思已經不在這裡。一月的時候，政府提升了小梅的官階，還幫她加薪，這些都顯示了政府對她的肯定。小梅很感激自己能獲得額外的薪水，但並沒有為這件事特別感到興奮。甚至在升官後一個月內，她都沒在信中提到此事。當時，正值新的一世紀即將來到。「現在要將年分改寫成一九〇〇真的好不習慣！」她嚷嚷著。「我一直寫錯，會先寫成一八，然後又必須改掉。」[30]

這似乎是個幸運的開始。在一八九九年，日本仍享受在中日戰爭勝利的喜悅餘韻中時，明治政府通過了《高等女學校令》，明令國內各府縣必須開放至少一所高中給女孩就讀，且其程度水準必須與既存的男子中學相等。因為日本需要受過教育的女性來扶養有智慧的下一代，以便繼續為日本的未來奮戰。不久，政府又發布了另一條法令，規定傳教士學校不得提供宗教方面的課程。整體看來，這些新規定除了拓展了女性受教育的權利之外，也將此權利牢牢的掌握在政府的控制當中。

撇開這些政治意圖不談，至少有兩件事是肯定的：有了新學校就會需要更多新老師，而且這些學校的畢業生中，一定有些人會想要繼續深造。到了一九〇〇年，日本共新開辦了五十二所新學校，供一萬兩千名中學女學生就讀。然而，若有人想要繼續往上深造的話，唯一的選擇就是位於東京的女子高等師範學校。[31]

對於小梅的計畫而言，再也沒有比這更好的時機了。每件事似乎都準備就緒。「我收到來自艾麗絲·培根的信了，她說很快就能動身前來日本。」[32]小梅在二月時寫信告訴蘭曼太太。到了三月，艾麗絲前往費城與小梅的資助者們（分別是安娜·哈次霍恩、瑪莎·凱里·托馬斯、莫利斯夫人和其他人等）見面，討論關於小梅構想中的英文學校的事宜。她們組成了一個「津田小姐日本學校募款委員會」，並且很快就募得了兩千美元。一個月後，艾麗絲就準備動身前往日本。高嶺先生所提供的女子高等師範學校的職位，固然讓艾麗絲覺得很有保障，但她前往日本的真正動機是要幫助小梅實現夢想。

艾麗絲並非單獨回到日本的。在一八八九年與她一起回到美國的五歲小女孩渡邊光，現在已經長成一位年輕女性了。就跟十八年前的小梅一樣，當光從橫濱港口再次踏上日本土地時，她對日本僅有的印象已經很模糊了。但她不用像當初的小梅一樣，必須掙扎著思考如何為祖國做出貢獻。因為在幾個月內，很快就會有一所新學校急需光貢獻才能。

在一九〇〇年七月，當學期結束後，小梅提出了辭呈。她放棄了官階、薪水，以及與當時日本最優秀女子學校長達十五年的合作關係。這消息造成了一陣騷動。「當我提出辭呈時，沒有人願意相信。因此我費了一番力氣才讓辭呈能傳到上面去，而且到現在還是有些人不同意。」[33]小梅寫信給布林莫爾學院的朋友時提到，語氣十分愉快。「但我現在自由了（她在自由底下畫了兩條下底線），而且已經斷了所有退路。」能夠脫離皇室的管轄，似乎能讓推展女性教育工作的目標變得更單純明確。「我想要脫離舊生活中一切的保守主義和常規。現在我只是個平民了，可以做任何想做的事。」和她父親一樣，她也選擇了拋棄官階頭銜，去追求一個新的夢想。

她寫給瑪莎·凱里·托馬斯的信，語氣則比較認真。「離開學校是一項很困難的決定，這或許是身在美國這個民主國家的人們無法理解的。但是我做到了，而且覺得很光榮。只是在最近這兩、三年內，關於這個計畫，我可能還無法向日本的親朋好友尋求幫助。」[34]即使東京的菁英人士們可能已經猜測到她有這樣的計畫，但是他們不太可能在金錢上資助她。儘管曾經辦過頗為成功的慈善活動，但是畢竟慈善事業在日本仍不是很普遍的事情。如果小梅的計畫想要成功，必須尋求外國人的資助。在認真投入新工作之前，小梅和艾麗絲一起去了山上某個溫泉度假區做短暫的休息。「請寫信給我，並鼓勵我讓我有勇氣。」[35]小梅懇求她在布林莫爾學院的朋友們。

小梅首先要做的是找一個房子。她夢想中的學校，不是只有教室和課桌椅而已，而要能夠成為學生們的家，老師們和許多學生將會住在同一個屋簷下。而且教學內容不只來自於課本或是課堂內的指導，同樣也來自於課後的師生互動。主要的科目會是英文，但整體規劃將會注重品格教育更勝於學術教育。在小梅看來，這間學校的目標不只是想要培養出能夠說英語的人或英文老師，還希望學生們可以吸收西方的思想文化，以及了解關於婦女教育的重要性，無論她們將來是否還會再踏進教室一步。

一九〇〇年九月十四日星期五，在一間租來的小房子裡，有十四位學生聚集在此舉辦了「女子英學塾」*的開學典禮。[36]其中有十位女孩已經註冊了小梅學校的三年課程，而其他四位則是舊學生，她們現在想要準備英文證照考試。她們的老師分別是小梅、艾麗絲和鈴木歌子（當鈴木還是華族女學校的學生時，曾與小梅住在一起）。[37]艾麗絲的女兒光雖然是個十幾歲的少女，但將會擔任她們的助教。而捨松（現在已經是大山侯爵夫人）當天也以資助者和官方顧問的身分出席了典禮，為這不甚起眼的地方帶來了一些華麗的光彩。

典禮一開始時，首先有人朗誦了《教育勅語》。雖然小梅辭掉華族女學校令眾人相當震驚，但是小梅卻也無意要與這些當權者劃清界線。然而，這份《教育勅語》裡的儒家保守思想，仍與小梅自己發表的開學致詞內容有些矛盾（小梅是用日文發表致詞的，但帶著自己做的英文小抄）。

小梅用手指著她們身處的狹小空間，並提醒這些新學生們：對一間成功的學校而言，最重要的並非舒適的教室或是大型的圖書館，而是「教師的素質，還有學生與老師雙方的熱誠、耐心與勤勉。另外追求學問的態度也很重要。」[38]這間學校的狹小環境，就是她們目前最大的優勢，小梅繼續說道：「雖然在人數眾多的大課堂裡，也能在短時間內傳授學生們一些知識。但是真正的教育應該是能把每個學生當作不同個體來對待。就像每個人的臉長得都不一樣，每個人的心理和精神層面特質也都不同。」在小梅的學校裡，將著重於培養能獨立思考的學生，而不是只會背誦文章的洋娃娃。這些女性將學會自己思考和推理，無需倚賴老師或丈夫。

小梅的想法和儒家思想裡為女性設定的地位大不相同，而她也深刻的了解到，女子英學塾的學生們將會是一群先鋒，她們必須努力抵擋那些反對的人。就小梅看來，日本的女性高等教育目前正面臨重要關頭。「將來可能會出現的批評，大部分應該不會是針對我們的課程內容或學習方法，而會在一些只須稍加注意就能表現好的地方，這也是一位淑女必備的條件。」[39]她告訴這些女孩，「也就是你們說話的用語，以及與他人相處的態度等等——淑女們應該要能時時注意自己的儀態。」雖然她的教學方法很先進，但她卻也希望學生們行事能合乎分寸。「我希望你們無論做什麼事，都不要故意想引人注目，應該要常常保持溫和、順服和有禮的態度，就像過去傳統的女性一樣。」雖然小梅曾受到桃樂西・貝爾和瑪莎・凱里・托馬斯的影響，但她仍無法完全拋棄傳統的儒家思想。

*註：「女子英學塾」的英文可以翻譯成Women's English School或是Women's Institute of English Studies。但是因為「塾」這個字在日文裡有「私校」或「補習班」之意，所以當小梅在向外國人介紹這所學校時，通常不會翻譯出「塾」這個字。

這間學校租金只要五十五日圓——雖然不多，但仍然比小梅每個月在華族女學校賺的薪水多。裡面有七個房間，包括廚房和艾麗絲與小梅的臥房。在平常開學的日子，每個房間都當成教室使用。家具擺設則和一間小康家庭差不多，而有許多時候女孩們必須坐在榻榻米上上課。圖書館裡的書都是小梅自己的收藏，而且她的照片則是牆上唯一的裝飾。當大家唱讚美詩時，她會彈鋼琴為大家伴奏，但是因為她們沒有讚美詩集，所以艾麗絲就每個星期為她們打一張新的以備使用。[40]

在前六個月內，註冊入學的人數就已經超過了兩倍。然而入學的限制頗為嚴格，因為小梅知道，不夠優秀的學生無法為她的學校帶來好名聲。艾麗絲每個星期會免費為學校上課八個小時，並且每天都會開一堂講述時事的課程。因為光是英語本身，無法培養出小梅所期待的整體能力：「當你們在某方面努力學習與發展時，」她敦促學生們，「不要忽略了其他方面，因為那些也是成為發展健全的女性所必需的。」[41]除了英文之外，其他課程還包括日文和中國文學、歷史和倫理道德。就像布林莫爾學院擁有足以和哈佛媲美的課程水準（並引以為豪）一樣，小梅的學校也要證明女孩們有能力學習和男孩相同水準的知識。[42]

小梅的學生很驚訝的發現，這間學校不再要求她們必須把老師所講的一切抄寫、背誦起來，然後考試時再寫出來。小梅期待她的學生會做課前預習，在課堂討論時提出意見，而如果與老師意見分歧時也能勇敢提出。在一個非常尊重老師的文化裡（不管多平庸的老師），這種做法是很大膽的。不過，馬虎隨便的態度是絕不允許的。小梅相信基礎非常重要，包括文法、發音和拼字，所以她會不停的要求學生，直到她們正確掌握每個細節為止。「再試一次！再一次！再重複一遍！」[43]

一旦學生們預備好要進階到更高級的學習時，小梅有一份自己編排的課程。她選擇的閱讀作品（包括《小公子西迪》與《織工馬南傳》）[44]似乎都有一種雷同性，就是原本性情活潑的主人公卻遭受命運的捉弄。小梅和艾麗絲兩個人都有在《學生英文誌》（*The English Student*）上投稿，並且也會出版一些知名小說的英文改寫版。在這其中，有一本是由光所寫而艾麗絲修訂的，叫做《大眾通俗童話》（*Popular Fairy Tales*），據推測這書的內容應該是光幼時在美國想出來的。「書中的英文非常出色——簡潔有力且純粹。」[45]《日本週報》這樣寫道。

接下來那年春天，這間小小的校舍裡開始擠滿了人。在還沒法購買到更合適的建築物之前，小梅決定先把學校搬到另外一個租金更便宜的地方，地點位於皇宮附近。這個新校舍不僅空間寬廣，而且還「血統優良」——它曾經是一位貴族的房子——但優點也僅止於此。只要遇到下雨天，這房屋就會漏水，而且都是在不同地方。屋裡沒有暖氣，而且屋梁已經彎曲了，看起來似乎無法再支撐屋頂太久。濕氣導致牆面及門框上出現了裂縫，因此在相鄰接的臥房與課室內，聲音都彼此聽得很清楚——「這是個很大的優點，我們其中一位學生這樣說道。因為若有人身體不適而無法上課的話，她躺在床上仍然可以聽課。」[46]小梅寫著。除了上面那些問題之外，還有人說這個房子鬧鬼，有兩個房間內好像曾發生一些事件。小梅向來不是個想太多的人，她決定把這兩個房間當自己的臥房和起居室。「因為我都沒看到任何鬼怪，所以後來女孩們也停止討論這件事了。」

無論有沒有鬧鬼，總之其寬廣的空間是很棒的優點，現在每個人都能夠享有足夠的空間了。另外，小梅和艾麗絲也開始了每月一次的文學聚會（不禁讓人想起以前捨松和繁在瓦薩女子學院參加的社團活動）。這樣的聚會讓英文脫離了教室的束縛，並讓校外人士也有機會見證學生們的進步。其中一次表演是在五月底，目的是為了慶祝皇后的生日。「女孩們背誦了一些文章和戲劇台詞，然後演出了《小紅帽》。」小梅寫信給蘭曼太太時提到。「我們有一位聲音很美的音樂家來表演唱歌，還有一位日間部學生能拉小提琴，她為我們表演了一段。這是一場非常棒的演出。」[47]晚會以茶、蛋糕和草莓等點心作為結束。

音樂、草莓、老奶奶和大野狼——小梅為學生們安排的，正是她自己在美國時的童年回憶，當時她享有極豐富的社交生活。當第二學年開始時，捨松邀請學校的每個人到她家野餐。整個學校的人一起走路到她位於恩田的大宅邸（她們不需要排成一長列的人力車隊伍），並度過了愉快的一天。捨松帶領女孩們參觀她的家——「我們甚至跑到位於最上層的圓頂閣樓去參觀，」[48]小梅寫道——還招待她們吃三明治和蛋糕。她們在室內玩遊戲，並在草坪上打網球，大山的一位兒子還拿 Vistascope（合成圖像攝影裝置）給她們看，這是一種立體照相鏡，當你從鏡頭看進去，裡面的照片卡就好像會移動一樣。女孩們都被迷住了。「有些人從來沒看過漂亮的西式房子，她們覺得很美。」小梅寫道。「我們回到家時差不多六點了，很累也很開心。」過去日本學生在學習英文時，就像學拉丁文一樣——會研究它的詞性變化或去翻譯，但從來不會用它來交談——但小梅的學生卻試著在生活中使用英文。「我很以她們為榮。」[49]小梅寫道。

如果說小梅因此就感到自豪是有點不禮貌的，因為她的成就感還來自其他方面。那年秋天，也就是學校開辦後第二年，文部省任命小梅成為英語教學證照的主考委員會成員。幾個月後，小梅與其他三位主考官（都是男性）坐在一起，而六十四位進入最終審查的受試者（只有四位是女性）則一一站在他們面前，努力展現自己的口說英語能力。這些受試者「不是男孩，而是成人男性，有些人已經是老師了。」[50]小梅告訴蘭曼太太。「我試著表現出非常從容和有威嚴的樣子。」因為畢竟一個女人——而且是未婚女性——坐在那裡對著面前的男性做評分，是不常見的事。「這真的是個很重大的責任，」她寫道，「這也是值得驕傲的事，而且能在我的人生紀錄添上一筆，因為過去從來沒有任何女人做過這樣的事。」[51]

學校搬到位於麴町元園町的新房子之後，小梅也寫信告訴了蘭曼太太新的地址。「抱歉這麼久才告訴您新地址。不過只要信封上註明東京的話，一定會寄到我這裡的。」[52]這是真的。現在只要在信封上寫著「津田梅，教育家，東京」，[53]那麼就一定會被送到小梅手裡。雖然小梅選擇了單身這條更為艱辛的道路，但至少她現在已經找到了屬於自己的領域。

距離當初三個小女孩圍著披巾、無助困惑的在大雪紛飛的天氣踏上位於華盛頓的火車月台，以及當初一群初出茅廬的日本政治家橫越海洋與大陸，前往美國欲與其總統進行協商，現在已經過了三十年的時間。在一九〇二年三月，岩倉使節團中的部分成員們舉辦了一次聚會。這個聚會是在私人的華族會館舉辦的，不過與會成員仍然記得這棟華麗建築之前的名字：鹿鳴館。鹿鳴館是當時日本熱烈追求西方文化的象徵，也是這種熱潮促使岩倉使節團能夠成行。然而到了一八八〇年代後期，鹿鳴館的奢華形象卻成了明治政府改革的最大絆腳石。後來在鹿鳴館附近又興建了帝國飯店（Imperial Hotel），帝國飯店開始負責接待政府外賓的任務，鹿鳴館因此失去功用後被售出。

捨松、繁和小梅是與會的唯一女性，她們三人結伴來到了會場。「男士們非常親切地對待我們。」小梅報告道，「他們大部分都是年長者，有著灰色頭髮或光禿的頭頂。我是這場聚會中年紀最小的，就像當年搭乘美國號前往美國時一樣。」[54]一如以往，男士們負責發表談話，之後則開始晚餐。「我們女士只要負責聆聽和享受就好了。」後來報紙也報導了這場聚會，並用好幾個星期的篇幅報導與會者過去的各種往事。

他們這群人現在大多在軍隊、企業界或政府裡任職，但他們所記得的往事，並不是那些眾所皆知的消息。相反的，他們當天晚上分享的是一些過往的錯誤或令人尷尬的窘事：[55]在國外時極度渴望能吃上一頓白米加醬瓜；在飯店房間內將不合身的西服換成舒適和服時的解放感；不擅長使用西式餐具的窘態；還有當他們去謁見格蘭特總統時，其中一位副使的頭飾不小心掉到地上，他急忙把東西撿起來放回去等等。當每個人供出自己或同事的糗事時，笑聲響徹了整個大廳。這些二十世紀的現代領袖們回首過去，想起了十九世紀初出茅廬的自己那有趣的一面。

但對這些女孩而言，這些使節團成員們卻是她們人生剛起步時的重要人物。在聚會的這天晚上，大山侯爵和瓜生海軍上將剛好都不在。因此她們三位就一起離開會場，並搭上了等待著捨松的馬車。她們的腦海裡開始湧現了許多回憶。當天晚上，她們一起窩在捨松的外國製床上，把所有關於身分或責任的思緒都暫時拋諸腦後。此時，她們似乎又變回了當初的小女孩，「我們三個人當晚玩得十分盡興。」[56]小梅寫信給蘭曼太太時提到。

這獨特的三人幫又再次相聚了，她們對彼此的了解，遠勝於世界上任何其他人。即使後來選擇了不同的道路，但曾經共有的體驗仍然超越一切將她們緊緊連結在一起：一位是侯爵夫人、一位是職業婦女兼母親、一位則是教育家。她們曾面對不同的挑戰，也找到了不同的安慰，但同時她們也都一直緊緊抓著彼此的手。

在第二次的日本旅居過了一年之後，艾麗絲突然接到哥哥阿弗雷德（Alfred）去世的消息。之後又感染了白喉，使她心情更加低落。雖然她決定要在日本幫助小梅，直到這剛成立不久的學校能穩定進入第二年的營運，但她也知道自己就快要回美國了。在回去之前，她和小梅、捨松及繁一起來到了攝影棚內。她們拍了一張照片——這也是四個人唯一的合照。照片捕捉到了自豪、樂觀以及一點似乎抱歉的情緒。

艾麗絲坐在中間，臉堅定地朝向某處，並沒有看鏡頭。她寬闊的肩膀包裹在樸素的黑色洋裝內，鬢邊出現了一縷灰色頭髮，原本線條堅毅的下巴也因年紀漸長而變得柔和。站在她肩膀旁邊的是穿著和服的小梅，她雖然站著卻沒有比艾麗絲高出太多。小梅的視線看著鏡頭，臉上帶著和煦的微笑。繁則站在艾麗絲的另外一邊，她戴著眼鏡，身穿一件較為內斂的暗色和服。她看著鏡頭的神情少了一點平常活潑歡樂的氣息。捨松和艾麗絲膝對膝坐在一起，完成了照片的構圖。雖然其他三個人背挺得筆直，捨松卻有點彎著腰。她的眼神似乎游移到鏡頭外，神情也比較躊躇，手則隱藏在淺色的和服袖子內。當你看到這張照片時，似乎能感受四個姊妹彼此不同的心境。

「學校方面進展得很不錯。能做的事我都盡量做了，而且現在有六十個學生，夠讓我忙碌了。」[57]小梅在一月時寫道。說是命運的安排也好，或是基於本人意志也罷，總之比起當時日本的任何女性，小梅都是那位曾遊歷海外最遠的人。現在這些豐富的經驗，也到了驗收成果的時候了。「幾天前我突然想到，小時候在您的圖書館裡讀了五花八門的各種書籍，現在竟然派上很大的用場。」她開玩笑地對蘭曼太太說道。她小時候的興趣，看起來和日本同儕們如此不同，但現在回想起來似乎都是有原因的。「我現在很確定自己的工作能對社會有所貢獻，而且我過去的生活體驗和事件，不會是毫無用處的——過去長久以來我都一直如此盼望著，而現在我已經能確信果真是如此。」她寫道。過去曾懷疑自己的選擇是否正確，那種猶豫心情已經消失了，現在這間學校就是她的家。「它帶給我很多快樂以及很多朋友，我相信這真的是我天生的使命。」艾麗絲的離開或許會帶來一些影響，但她相信過不久安娜就會來日本幫助她，完成當初在火車上所許下的承諾。

同一年，小梅正式透過法律步驟建立了自己的戶口，將自己從父親的戶口中轉了出來，這在單身女性身上是前所未聞的事。她還在自己的名字後面加上一個「子」，變成「梅子」，使之聽起來更現代化。她還把自己的身分登記為「士族」，即武士之意。或許她向來都和皇室家族關係很親近，並且也一直致力於推廣西方思想與女性教育，但在內心裡，她仍以祖先流傳下來的身分感到自豪。照片中，小梅臉上充滿了自信的光輝。這光彩似乎是從內心散發出來的，使她的臉龐看起來特別年輕。

而繁則成了女子高等師範學校的重要支柱，因著她的耐心、溫暖與同理心而受到校長及學生們的喜愛。為了瓜生老師，每個人都願意盡力做到最好。自從一八八一年選擇了這條道路以來——成為一個妻子、母親及音樂老師——她從來沒偏離，也不曾徬徨過。不過六個小孩和常常不在家的丈夫，讓她常常覺得疲累。在這一年內，因為精神壓力的關係她將會從教職退休，並且因意外又懷了第七個孩子的緣故（當時四十一歲），將會在家休養。[58]

至於捨松，她當初自瓦薩女子學院畢業時，身上背負了許多榮譽及眾人的期待，只是後來並沒有朝大家期許的方向發展。雖然她發起了不少慈善活動，也支持了許多教育工作，但人生卻大多奉獻給了這個地位顯赫的家庭。當瓦薩女子學院一八八二年畢業生聚集在一起，慶祝第二十次同學會時，捨松曾寫了一封信過去，信中語氣似乎有點懊惱。津田小姐的學校非常成功，她寫道。「至於我的話，有什麼能夠引起你們興趣的事嗎？好像完全沒有」。[59]她寫道。

我的生活與你們相比，是如此平凡無奇……你們會想知道為什麼我辭退了那個僕人嗎？或是我請了新的僕人；或是有一群軍官來我們家吃飯，聊的都是工作上的事；或是我的小兒子很不擅長學習，讓我幾乎快失去耐心了；或是因為天氣冷的關係，我養的蠶狀況不好；或是各種社團、俱樂部和協會不停的寄信給我，讓我覺得很煩……等等。不，這些事情全世界都在發生，因此我想我的生活大概和一般美國婦女沒什麼兩樣。

捨松沒有建立一間學校，也沒有加入「單身貴族」的行列。日本第一位女性大學畢業生，後來卻隱身於名門望族的大宅邸內，現在只剩那仍微捲的劉海，還看得到一點瓦薩女學生青春活潑的氣息。在一九〇〇年時，住在紐哈芬的朋友們來到東京拜訪她，發現她「看起來似乎比應有的樣子還要老」，雖然仍和以往一樣優雅，但給人一種悶悶的感覺。

「我已經好幾年沒這樣大笑了。」在相聚暢談了一個小時之後，捨松這樣告訴她的朋友們。

「在日本，我們老了之後就不太笑了。」[60]她當時四十歲。在三位曾參加岩倉使節團的女孩當中，她是唯一一位再也沒離開過日本的。但是當這位出身會津的女孩，能夠寫出「自己和一般美國婦女沒什麼不同」這句話（雖然是自我嘲弄）時，就已是件很了不起的事了。

一九〇二年四月，艾麗絲開始進行返鄉的準備，而她和三位日本朋友也盡可能的把握時間相處。她們在捨松家共進了午餐，而繁則盡量多花時間待在小梅的學校。到了要出發的那天，一行人聚集在新橋車站為艾麗絲餞行。捨松、繁和小梅則陪她一起搭車到橫濱。在汽船啟航前，她們還有時間能安靜的吃一頓午餐——這四位年屆中年的女子，親密的用英文聊著天，享受這安靜的時刻。二十年前當捨松和小梅剛返回日本時，繁也是和她們在橫濱吃飯，並懷疑她們是否還記得筷子怎麼用。現在這頓午飯，和當時已經有如此大的不同。

「我有一種很奇怪的感覺，」在二十年前橫濱的那頓午餐結束後，小梅曾寫信給蘭曼太太，「就像一棵樹被移植到另一個地方，所以必須花點時間適應新的環境。而且想想看，這塊新的土壤和之前的是如此不同。」[61]這三位岩倉使節團的女孩都曾經歷兩次的「移植」，也都成功地開花結果。她們都以自己的方式完成了被賦予的任務，即便有些成就可能沒被國家政府所注意到。而除了她們自己之外，能夠真正了解其中代價的大概就只有艾麗絲了。她們都已長大，並且成為能用外國眼光檢視自己祖國的成人。她們現在是住在家鄉，然而就更深的層面來看，她們將永遠會抱持著對美國的鄉愁。

吃完飯後，她們陪艾麗絲來到了港口，汽船即將在三點啟程。「我們沒有待在那裡等船開走，」小梅寫道，「如果看著汽船越開越遠，似乎會有種被遺棄的感覺。」[63]

第十五章　尾聲

小梅的學校成長非常快速。在一九〇三年，她們終於搬到了一間設備良好的建築物，就在英國大使館旁邊。這次搬遷所獲得的第一筆贊助金來自於「外遊會」，這是由一些曾在海外居住過的日本女性所組成的俱樂部，成員包括捨松和繁。之後，學校又收到一筆意料之外的捐款，是來自於波士頓的資助者們。這間學校後來在此地營運了二十年之久。後來，該學校又獲得政府認可，正式成為「專門學校」，即職業學校。這是當時私立女子學校能獲得的最高標準。到了一九〇五年，文部省又規定這所學校的畢業生可以不用參加考試，就能取得教師資格。

小梅的姊姊琴把兩個女兒都送進了這裡就讀，捨松的女兒久子也是。繁也說等她的小女兒長大點，也會送到這裡就讀。「您看，女孩們都以這裡為中心聚集在一起了。」[1]小梅語帶自豪的對蘭曼太太說道。那年，她總共有約一百五十五位學生，而且都是從日本各地前來就讀的。安娜．哈次霍恩也的確在艾麗絲離開不久後，就回到日本幫助小梅。她在學校裡擔任教師和行政職位，成為小梅重要的幫手。安娜也是小梅最親密的朋友，她們後來在鎌倉買了一間能看到海景的別墅，當想要暫時休息時就可以過去度假。

此時，學校作為一個能與政府保守勢力相抗衡的角色，其責任也變得越來越重要。戰爭可能會再次爆發，隨之而來的就是民族主義的抬頭——特別是這一次，日本首次與西方國家成為敵人。日本在一八九五年打敗中國後，反而讓俄羅斯有了在此地區發展勢力的機會。到了一九〇四年初，俄羅斯與日本之間的緊張情勢已達到了頂點，而這次也是為了爭奪韓國的控制權。這場從一九〇四年打至一九〇五年的日俄戰爭，為時更久也更為血腥，且情勢比十年前那場戰爭更為複雜。不過，日本仍打敗了俄羅斯的艦隊，並獲得一連串的勝利。而在最後的僵持中，因為羅斯福總統介入斡旋，確認日本獲得勝利，使日本成為世界認可的強權國家之一。

這一次，大山巖也在戰爭中有出色的表現。他這次擔任日本在東北九省地區的總司令，因此當戰爭結束後，天皇再次將他的官階從侯爵晉升到公爵。海軍少將瓜生外吉也在這次戰爭中表現極佳。在最初的戰役中，他帶領的海軍艦隊擊沉了兩艘俄羅斯船艦，因此後來被晉升為男爵。他們的妻子在後方也表現優異：包括募款、為士兵準備「慰問袋」等等。她們還寫信給艾麗絲・培根報告一切狀況，而艾麗絲則進一步把消息轉告美國人，以便請求他們捐款資助。

捨松和繁的長子只相差一歲，他們因為年紀尚幼所以沒參加對俄羅斯的戰爭，但他們也追隨父親的腳步，成為了軍校學生。當捨松收到從海軍學校寄來的成績時，感到相當安慰：「高以前總是給我很多煩惱，現在我可以很高興的說，他進步了非常多。」她寫信給艾麗絲時提到，「對我而言是個很大的安慰。」[2]

捨松和繁總是在差不多的時間點，走到相同的人生里程碑：例如去到紐哈芬、進入瓦薩女子學院、結婚以及長女的出生等等。就連兒子的出生都相差不到一年。然而在一九〇八年四月，她們也同樣面臨了悲劇。當時，大山高和瓜生武雄都被派遣到松島巡洋艦上進行軍事演習（瓜生外吉曾在此船上當過艦長）。當他們某天停靠在澎湖時，天色破曉不久之後，船上彈藥庫卻突然發生意外爆炸。船艦很快就沉沒了，船上幾乎三分之二的人罹難，而高和武雄都在其中。

艾麗絲得知這個消息後，很快就寫信給兩位母親。「能夠收到這樣充滿關懷的信，是很大的安慰。」捨松回覆道。「有時候我會很不服氣的想著，為什麼這麼年輕有前途的生命會被帶走，而其他人卻能活得好好的？……我試著不要太悲傷，因為如果我過度沉溺於情緒當中，也會讓我的丈夫更加難過，還會傷害小久*纖細的心。」[3]繁仍然和往常一樣溫暖和慷慨，她不提自己的損失，反而幫忙安慰捨松。「可憐的捨松，她勇敢的接受了這件事，但她需要你的溫柔的話語和愛的關懷。」她寫信給艾麗絲時提到，「你知道她一直把盼望放在高的身上，他活潑開朗的個性和她很像。我也很想去探望她，但每當我抓著她的手，看到她灰白的頭髮以及努力隱藏的情緒時，

*註：小久是捨松的女兒大山久子的暱稱。

就忍不住落淚。」[4]

或許是為了讓自己散散心，在一九〇九年繁和丈夫一起前往了美國旅遊。行程包括參觀白宮、參加安納波利斯海軍學院的舞會、停留在紐哈芬與老朋友見面，並參加了瓦薩女子學院的畢業典禮。在瓦薩的校友聚會上，繁站起來發表了演說。「她講得很慢很小心，彷彿對英文已經有點不熟悉了。」《波啟浦夕鷹報》如此報導。「在日本我們還沒有像瓦薩這樣的學校，」繁告訴在場的賓客們，「但是女性教育與教育方法都不停的在進步中。」[5]她還帶了一個漂亮的銀碗送給瓦薩，這是皇后為了感謝瓦薩女子學院對日本女子教育的啟發而致贈的。

在一九一二年七月，明治天皇在快要滿六十歲生日的幾天前去世了。這象徵著一個時代的結束。送葬隊伍的人數超過了兩萬人，行列綿延好幾英里。有穿著全套正裝的貴族、有穿著燕尾服的議員，還有各種階級的軍官士兵──在中間的則是天皇的靈車：這是一輛仿製古時的木製牛車，是在以前的首都京都製作的。其周圍則由穿著傳統朝服的侍從圍繞著。出身於不食人間煙火的皇室家族，但睦仁天皇卻願意來到俗世間，並幫助日本這個太陽帝國升到世界舞台的中心。在他在位的四十四年中，有智慧的遠見也有愚蠢的錯誤，有輝煌的成就也有令人沮喪的失敗。他的國家現在已經是世界舞台上重要的一員，而他華麗的葬禮也把日本輝煌的過去與充滿盼望的未來連結了在一起。雖然這是個舉國感傷的時刻，但卻也象徵著過去岩倉使節團領袖們一直盼望著的目標已被達成了：這塊神賜之地已經成為了一個現代化的國家，而她的國民們也共同享有這份民族榮耀。之後將由嘉仁天皇即位，元號大正。

在不到兩年之後，皇后美子也去世了。她是這個世代眾人景仰的好妻子，而且是全民尊崇的母親（雖然她自己沒有生下子嗣）。然而就在這幾個星期前，小梅最親愛的養母也過世了，蘭曼太太享壽將近九十歲。小梅最後一次探訪蘭曼太太是在一九一三年，當時她到美國推廣自己的學校。小梅那時發現蘭曼太太已孤單又體弱，而且那棟位於喬治城的房子也變得殘破。除了幫蘭曼太太處理好經濟問題之外，小梅還找了木匠和漆工來整頓房子。看到房子狀況變得比較舒適之後，小梅才放心離開。然而在那三個月後，蘭曼太太去世了。

現在，小梅已經五十幾歲了，那充滿衝勁的個性也漸漸和緩下來。她的學校（現在已經是所大學）仍在持續發展中。然而當初促使她建立這個夢想的原動力，此時卻有點動搖了。她早期曾教過的一位學生平塚雷鳥創辦了一本文學雜誌，取名為《青鞜》（此詞是從英文*Bluestocking*翻譯過來的，意思是女學者），專為激進的女性主義者發聲。創刊號一開始就出現了這樣的宣言：「當日本剛誕生時，女性就是那太陽，是真正的人類。如今她卻變成了月亮！她必須仰賴另一個星球的光芒而活。她變成了月亮，只有蒼白柔弱的面容。」[6]小梅認為平塚就是那種「新潮而自私的女性」[7]，而這也是日本社會一直擔心的事：就是女性受教育之後，卻忘記了自己應遵守的本分。小梅認為，女性不應該躁動不安或激進。若女性能證明自己在學術上的成就，自然能獲得肯定並產生改變。「真正的做事態度應該是安安靜靜地做，」她寫道，「畢竟這才是屬於東方人的做法。」[8]

捨松的看法和小梅相同。「很遺憾的我必須說，現在的年輕女孩已經和以前不一樣了。」[9]她寫信給艾麗絲時提到。「她們已經失去了日本女性最珍貴的特質」——優雅、忍耐、紀律和責任——「而且也沒有真正獲得外國教育的啟發。或許是我太傳統了，但在我看來，日本的女性教育並沒有朝正確的方向發展。」在比較煩躁的時刻，小梅甚至會稱這些吵鬧的激進分子為「惡魔的使者」[10]。她的健康狀況也開始轉差。在一九一七年她第一次因糖尿病併發症住院。沉重的教學行程以及必須不停為經濟問題煩惱，都開始對她造成一些影響。

唯一不變的是她們三人的友誼——不受時間也不受政治潮流所影響。在一九一六年一個陰天的午後，繁和捨松來到小梅家喝茶。這並不是少見的事，不過這次有一位新客人加入。不久，一輛人力車來到小梅家的門前停下，車上坐著一位年紀她們差不多的女性。她身穿樸素的和服，頭髮緊緊的往後梳攏，露出長型的臉龐。她走下車後，當這四位女性無語的凝視著彼此時，時間彷彿又回到了初到美國徬徨無助的那一刻。

她是上田悌，是當初參與岩倉使節團的第五個女孩。她們三人是最近才獲得上田的消息，原來她嫁給了一位醫生並住在上野，離繁的家不遠。自從和吉益一起先返回日本後，上田就一直從遠處默默看著昔日夥伴們成功的樣子，並對自己的失敗感到羞愧。這天，四位女性暢談了好幾個小時，聊到往日她們只能依靠彼此的那段日子，並試圖把彼此之間失落的回憶修補起來。

這樣的場面並不常見，因此《朝日新聞》特地派了記者前往採訪。無論她們後來曾經歷了什麼樣的掙扎和成功，或是曾締造了什麼傳奇；最特別的仍是她們小時候前往另一個世界所經歷的奇妙旅程。兩天後，報紙上出現這樣的標題——〈自華盛頓別後，昔日老友再聚〉，並寫著「上田夫人被邀請至津田小姐宅邸，四位女性因往日趣事再度展現年輕笑容。」[11]

為了收集寫作資料，艾麗絲．培根在日俄戰爭後不久，又再次造訪日本。但她沒有再重執教鞭。當時她已經從漢普頓機構退休，搬到紐哈芬居住。當時捨松的姪子洵（健次郎的兒子）即將到耶魯念生物化學，因此艾麗絲將可在那裡就近照顧他。艾麗絲的養女光也結婚了，當時住在東京，由捨松她們三人幫忙照顧。此時，艾麗絲又收養了另外一個女兒：一柳滿喜子。她曾是小梅的學生，後來申請獎學金到布林莫爾學院留學，卻因身體不適的緣故中斷。後來艾麗絲在新罕布夏經營一個露營地，滿喜子成為她的得意助手。這個露營地是艾麗絲晚年的重心，裡面蘊含了她人生的兩大熱情：這裡除了收養著十六隻冠軍英國牧羊犬，還有好幾間日式裝潢的建築。每當有訪客來時，艾麗絲總是自豪地說，帝普哈芬（Deephaven）是美國唯一能享受日式溫泉的地方。直到今日，這裡仍然是美國家庭的露營度假勝地。

一九一八年，艾麗絲於六十一歲時去世了。她的葬禮在紐哈芬的中央教堂舉行，這裡也曾是她父親每個星期天講道的地方。她將帝普哈芬的產業留給了兩個養女。而她的去世對日本的朋友們而言是很大的打擊，因為她們常仰賴艾麗絲信中那鼓勵人心的美國式智慧。

特別對捨松而言更是如此，因為她最近又再次陷入了孤獨。在一九一六年年底，也就是大山巖剛獲得第一個繼承姓氏的孫子後兩個月，當他正陪伴年輕的大正天皇巡視軍事演習時，突然病倒了。為此，天皇不但派遣了自己的私人醫生去診治大山，還送了許多慰問品以及煲湯，想要幫助這位他深深倚賴的老顧問恢復健康，但卻仍回天乏術。在大山接受了國葬之後，捨松就完全退出公眾生活，搬到了次子的家中。「我無法告訴你，失去了丈夫之後我心裡有多難過。」[12] 捨松寫信給艾麗絲時提到。她本來還期盼艾麗絲能再次來到日本，以便安慰她心裡的憂傷。

面對第二次世界大戰，日本再次總動員起來，但這次捨松把紅十字會的工作留給了媳婦去處理。不過，她仍然是小梅學校的董事。而因為小梅健康狀況不佳的緣故，為她尋找後繼者的問題就變得越來越迫切。在一九一九年一月，小梅辭職了。捨松本來希望艾麗絲的第二位養女滿喜子（當時她已回到日本）能夠接下小梅的位置，但滿喜子後來選擇嫁給了一位美國建築師。

後來因為流行性感冒肆虐東京，捨松將家人送到了鄉村別墅去躲避疫病，而她自己卻因小梅的問題還沒解決，所以留下來處理。到了二月五日，當辻真風（小梅學校的教職員之一）表示願意接下代理校長一職時，捨松才放下心來。

然而隔天當捨松醒來時，卻發現自己也感冒了。兩個星期後，捨松去世了。「大山夫人有著天生的才智，敏感與謙遜態度。雖然總是體弱，但她的活躍與魅力讓她總是在社交場合閃閃發光。」在某篇訃文中這樣寫道。「她非常機智、風趣，但又太善良所以從來不會嘲諷他人。此外，她也富有責任感及無私的武士精神，或許這也是導致她突然去世的原因。」[13]捨松享壽六十歲。

先是阿德琳·蘭曼，再來是艾麗絲，然後是捨松。小梅生命中極為重要的三位支持者相繼去世了。在捨松去世一個星期後，小梅發生了一次輕微中風；而六個月後又發生了一次更大的中風，導致她的右手癱瘓了。在人生的最後十年，她大多都是待在家裡，並且變得越來越離群索居。一九二三年因為發生了關東大地震，東京許多建築物都被摧毀了，小梅的學校也被燒毀成為廢墟。而安娜·哈次霍恩當時雖已六十幾歲，卻仍然充滿活力。她立刻動身前往美國，為重建校舍募款。她在美國待了兩年，而且募款活動非常成功——總共募得五十萬美元，捐款者包括洛克斐勒基金會與卡內基國際和平基金會。但是小梅非常的想念她。後來安娜也再次回到日本，並且一直堅守教師職位到一九四〇年。第二次世界大戰爆發後，她回到了美國費城，之後就沒有再回日本了。

一九二八年十一月三日，在嘉仁天皇去世後兩年，他的兒子裕仁天皇正式繼承三種神器：劍、鏡和玉，並舉辦即位大禮，家家戶戶都插著太陽旗慶祝。然而在當天下午，繁去世了，享壽六十七歲。當天下午，社團法人東京放送局（簡稱JOAK，是日本第一個廣播電台）為了紀念繁，播放了卡爾・馬利亞・馮・韋伯（Carl Maria von Weber）的〈邀舞〉（Invitation to the Dance）。這是一首華爾滋，不過主要是用來聆聽而非跳舞用。它是繁最愛的曲子，也是最後一首她曾在公眾場合表演的曲子──對於一位曾教導同胞如何出席正式舞會的女性來說，是很恰當的選擇。

瓜生外吉一直是夫妻中身體較不好的那位，但他後來卻比妻子多活了將近十年。他的大舅子益田孝，也就是當初把小妹妹送到美國的那位，也和瓜生一樣悲傷。益田孝現在也是一位男爵，他已經從三井物產貿易公司退休了，轉而將精力放在藝術方面。為了紀念妹妹，他寫了一首短歌[14]：

她孩子氣的臉龐彷彿還在眼前
許久以前，曾遠渡重洋到美國

約莫半個世紀以前，當時七歲的小梅在華盛頓，看著她最親愛的兩個朋友離開她搬到紐哈芬去。現在，這兩位朋友再次拋下她而離去。不過現在她還有安娜。只是過去私交甚篤的堅固友誼關係，現在則變成了強烈的依賴。在小梅去世前不久的日記裡，寫的都是安娜陪伴她的時光。

在繁去世不到一年後的一九二九年八月，小梅也去世了，享壽六十四歲。在她去世後，她的學校改名為「津田英學塾」——在當時是很少見又特別的紀念方式。當地震後的改建工程結束後，小梅的骨灰也被重新安葬在新校園（位於國分寺的西北郊區）一處安靜的角落。在那裡放置著巨大的花崗岩墓碑，周圍種植著象徵她名字的梅樹——而這裡也成為後人懷念她的一個地方。

一直到今天，日本的小學生們仍會在社會課裡念到小梅的名字，但是捨松和繁的名字則較少被提起。津田塾大學（現在的名字）現今仍營運著，每年招收兩千五百位女大學生，主要有英文、數學、資訊科學及國際關係等等科系。這所學校的學生，有時候會自稱是「梅子」。而當遇到困難的考試或重要面試時，她們則會跑到這個盛開著梅花的安靜角落，向小梅祈求幫助。

感謝

大約十年前的某天，我在紐約社會圖書館（New York Society Library）的地下室裡，發現了艾麗絲・培根的著作《日本回憶錄》。而當時，我從沒想過它會帶我經歷這麼一趟奇妙的旅程，也沒想過會因而與這麼多傑出的人士相遇。

幾位書中主角的後代及他們的家人，與我分享了許多的故事以及他們收藏的美麗物品，並讓我彷彿能與過去連結起來。他們分別是：珍・培根・布萊恩特（Jean Bacon Bryant）、久野明子（Akiko Kuno）、津田道夫（Michio Tsuda）、瓜生節子（Setsuko Uriu），以及容應萸（Yvonne Ying-yue Yung）。而藤田家族（他們曾經有三個世代的家人都在津田塾大學念過書）也提供了相關的資料，讓我們更了解這間學校這幾十年來的發展與變化。

當我在東京做相關的調查研究時，田中祥子和高見澤貴子是我的大恩人，她們給了我許多鼓勵和幫助。還有多位圖書館員和檔案保管員為我拿出了許多塵封的古老珍貴信件、資料和照片，特別是津田塾大學的杉浦明和中田友紀，瓦薩學院的迪恩・羅吉斯（Dean M. Rogers）、紐哈芬博物館（New Haven Museum）的詹姆斯・坎貝爾（James W. Campbell）、日本國際文化會館（International House of Japan）的林理惠、羅格斯大學的費南達・裴隆（Fernanda Perrone），以及紐約社會圖書館的布蘭迪・譚巴斯科（Brandi Tambasco）。

另外，還有許多專家（包括朋友與陌生人）都非常慷慨，提供了許多智慧的見解與建議，他們分別是：瑪格麗特・班德洛（Margaret Bendroth）、萊斯利・東爾（Lesley Downer）、伊莉莎白・吉德（Elisabeth Gitter）、羅伯特・葛利格（Robert Grigg）、安・赫夫梅爾（Ann Havemeyer）、詹姆斯・霍夫曼（James Huffman）、詹姆斯・李維斯（James Lewis）、詹姆斯・慕金（James Mulkin）、安・沃索爾（Anne Walthall）、芭芭拉・惠勒（Barbara Wheeler）。還要特別感謝耶魯大學東亞研究協會（Council on East Asian Studies）的會長暨教授丹尼爾・波茲曼（Daniel Botsman），他具深度及廣泛性的評論，讓我獲益匪淺。

我還要感謝潔西卡・法蘭西斯・凱恩（Jessica Francis Kane）、蓋兒・馬可斯（Gail Marcus）、嬋絲・泰勒（Zanthe Taylor）、卡頓・凡恩（Carlton Vann）、以及艾薩克・惠勒（Isaac Wheeler），他們幫助我做了仔細的閱讀，此外也感謝他們美好的友誼。

這個研究計畫若沒有羅伯・麥克金（Rob McQuilkin）的幫助，永遠沒辦法寫成一本書。他承諾要提供許多幫助，也確實做到了。還要感謝艾倫・沙利爾諾・麥森（Alane Salierno Mason），她在編輯方面提供了許多有智慧的建議。也要感謝有耐心的史蒂芬妮・賀伯特

（Stephanie Hiebert）花許多時間幫忙處理細節部分。以及南西・霍威爾（Nancy Howell）所繪製的美麗地圖。

另外，我要深深感謝二村雄三先生，他是一位孜孜不倦的研究者與翻譯家，同時也是我敬愛的公公。若沒有他的幫助，我不可能完成這項任務

不過，真正啟發了這本書的誕生的，是我的丈夫二村陽二。他帶著我來到了地球的另一端，而我們的小孩克萊爾（Clare）和大衛（David），則又帶著我回到了美國。我想，無論你身在何處，只要落地生根那裡就是屬於你的家。

參考書目

除了本書目中分別列出的第一手與第二手資料外，我也從以下的幾項資料庫或檔案庫中獲得了不少信件、日記、照片與書面資料做參考，它們分別是：耶魯大學原稿與資料庫的培根家庭文件資料（Bacon Family Papers, Yale University Manuscripts and Archives）、哈佛大學的霍頓圖書館（Houghton Library, Harverd University）、康乃迪克州歷史協會的泰瑞與培根家庭文件資料（Terry and Bacon Family Papers, Connecticut Historical Society）、瓦薩學院圖書館特別收藏的大山（山川）捨松文件資料（Sutematsu Yamakawa Oyama Papers, Vassar College Library Special Collections）、東京津田塾大學檔案室（Tsuda College Archives, Tokyo）、紐哈芬博物館的惠特尼圖書館（Whitney Library, New Haven Museum）、盧格斯大學的威廉・艾略特・格里菲斯檔案資料（William Elliot Griffis Collection, Rutgers University）。常用的資料來源其縮寫如下：

BFP　培根家庭文件資料（Bacon Family Papers）
SYOP　大山（山川）捨松文件資料（Sutematsu Yamakawa Oyama Papers）
TCA　津田塾大學檔案（Tsuda College Archives）
VSC　瓦薩大學圖書館特別收藏（Vassar College Library Special Collections）
YMA　耶魯大學原稿與資料庫（Yale University Manuscripts and Archives）

那時期的報章雜誌——特別是《大西洋月刊》、《法蘭克・萊斯里新聞畫報》（*Frank Leslie's Illustrated Newpaper*）、《哈潑月刊》、《紐約時報》、《大西洋月刊》、《舊金山紀事報》、華盛頓《明星晚報》、《國家共和黨報》等——都提供了不少女孩們在美國時所見所聞的詳細資訊，以及一八七二年時岩倉使節團各項動態的詳細報導。而明治時期的許多刊物——包括《日本週報》、《大西洋月刊》、《日本廣告報》（*the Japan Advertiser*）、《遠東》和《新聞雜誌》——也為三位女性回日本後的狀況，提供了許多珍貴的資訊與報導。

一手史料

Abbott, John S. C. *The Mother at Home; or The Principles of Maternal Duty.* New York: American Tract Society, 1833.

Alcock, Rutherford. *The Capital of the Tycoon: A Narrative of a Three Years' Residence in Japan.* London: Longman, Green, Longman, Roberts & Green, 1863.

Annual Report of the Board of Education of the New Haven City School District, for the Year Ending August 31, 1874. New Haven, CT: Tuttle, Morehouse & Taylor, 1874.

Bacon, Alice Mabel. *In the Land of the Gods: Some Stories of Japan.* Boston: Houghton Mifflin, 1905.

Bacon, Alice Mabel. *Japanese Girls and Women,* rev. ed. Boston: Houghton, Mifflin, 1902. First published 1891.

Bacon, Alice Mabel. *A Japanese Interior.* Boston: Houghton, Mifflin, 1894.

Black, John Reddie. *Young Japan. Yokohama and Yedo: A Narrative of the Settlement and the City from the Signing of the Treaties in 1858, to the Close of the Year 1879, with a Glance at the Progress of Japan during a Period of Twenty- One Years.* Yokohama, Japan: Kelly, 1880.

Chamberlain, Basil Hall. *Things Japanese: Being Notes on Various Subjects Connected with Japan, for the Use of Travellers and Others*, new ed. London: Kegan Paul, Trench, Trubner, 1892.

Dwight, John. "The Marchioness Oyama." *Twentieth Century Home,* 1904.

(Sutematsu Yamakawa Oyama Papers, Vassar College Archives and Special Collections, Box 2, Folder 3.)

Fourteenth Annual Catalogue of the Officers and Students of Vassar College, Poughkeepsie, N.Y., 1878-79. Poughkeepsie, NY: E. B. Osborne, printer, 1879.

Fukuzawa, Yukichi. *The Autobiography of Yukichi Fukuzawa.* Revised translation by Eiichi Kiyooka. (New York: Columbia University Press, 1980). First published by Jiji Shinposha, 1899.

Furuki, Yoshiko, ed. *The Attic Letters: Ume Tsudas Correspondence to Her American Mother*. New York: Weatherhill, 1991.

Griffis, William Elliot. *The Mikado's Empire.* New York: Harper & Brothers, 1896. First published 1876.

Griffis, William Elliot. *The Rutgers Graduates in Japan: An Address Delivered in Kirkpatrick Chapel, Rutgers College, June 16,*

1885, rev. and enl. ed. New Brunswick, NJ: Rutgers College, 1916.

Griffis, William Elliot. *Townsend Harris, First American Envoy in Japan*. Boston: Houghton, Mifflin, 1895.

Hardy, Arthur Sherburne. *Life and Letters of Joseph Hardy Neesima.* Boston: Houghton, Mifflin, 1891.

Harris, Townsend. *The Complete Journal of Townsend Harris: First American Consul General and Minister to Japan.* New York: Doubleday, Doran, 1930.

Heusken, Henry. *Japan Journal, 1855-1861.* Translated and edited by Jeannette C. van der Corput and Robert A. Wilson. New Brunswick, NJ: Rutgers University Press, 1964.

Jackson, Richard P. *The Chronicles of Georgetown, D.C.: From 1751 to 1878.* Washington, DC: R. O. Polkinhorn, printer, 1878.

"Japan." *Atlantic Monthly,* June i860, 721-33.

Katsu, Kokichi. *Musui's Story: The Autobiography of a Tokugawa Samurai.* Translated by Teruko Craig. Tucson: University of Arizona Press, 1988.

Kingsley, H. C., Leonard Sanford, and Thomas R. Trowbridge, eds. *Leonard Bacon: Pastor of the First Church in New Haven.* New Haven, CT: Tuttle, Morehouse & Taylor, printers, 1882.

Kume, Kunitake. *The Iwakura Embassy, 1871-7 : A True Account of the Ambassador Extraordinary & Plenipotentiary's Journey of Observation through the United States of America and Europe* [*Tokumei zenken taishi Bei- O kairan jikki*]. Edited by Graham Healey and Chushichi Tsuzuki. Chiba, Japan: Japan Documents, 2002.

Kume, Kunitake. *Japan Rising: The Iwakura Embassy to the USA and Europe 1871- 1873* [*Tokumei zenken taishi Bei- O kairan jikki,* abridged translation]. Edited by Chushichi Tsuzuki and R. Jules Young. Cambridge: Cambridge University Press, 2009.

Lanman, Charles. *Haphazard Personalities; Chiefly of Noted Americans*. Boston: Lee and Shepard, 1886.

Lanman, Charles. *Japan; Its Leading Men.* Boston: D. Lothrop, 1886.

Lanman, Charles, ed. *The Japanese in America*. New York: University Publishing, 1872.

Lanman, Charles. *Octavius Perinchief; His Life of Trial and Supreme Faith*. Washington, DC: James Anglim, 1879.

Letters from Old-Time Vassar: Written by a Student in 1869-1870. Poughkeepsie, NY: Vassar College, 1915.

Masaoka, Naoichi, ed. *Japan to America: A Symposium of Papers by Political Leaders and Representative Citizens of Japan on Conditions in Japan and on the Relations between Japan and the United States*. New York: G. P. PutnamJs Sons, 1914.

Masuda, Katsunobu. *Recollections of Admiral Baron Sotokichi Uriu, I. J. N.* Tokyo: privately published, 1938.

Masuda, Takashi. *Jijo Masuda Takashi ou den* [Biography of Takashi Masuda in his old age, told by himself]. Tokyo: Chuokoronsha, 1989.

Mori, Arinori. *Education in Japan: A Series of Letters Addressed by Prominent Americans to Arinori Mori*. New York: Appleton, 1873.

Perry, Matthew C. *The Japan Expedition, 1852-1854: The Personal Journal of Commodore Matthew C. Perry.* Edited by Roger Pineau. Washington, DC: Smithsonian Institution Press, 1968.

Raymond, Cornelia M. *Memories of a Child of Vassar.* Poughkeepsie, NY: Vassar College, 1940.

Shiba, Goro. *Remembering Aizu: The Testament of Shiba Goro.* Edited by Ishimitsu Mahito. Translated by Teruko Craig. Honolulu: University of Hawai'i Press, 1999.

Shimoda, Utako. "The Virtues of Japanese Womanhood." *In Japan to America: A Symposium of Papers by Political Leaders and Representative Citizens of Japan on Conditions in Japan and on the Relations between Japan and the United States*, edited by Naoichi Masaoka, 187-92. New York: G. P. Putnam's Sons, 1914.

Smiles, Samuel. *Self-help: With Illustrations of Character and Conduct*. Boston: Ticknor and Fields, 1866.

Sugimoto, Etsu Inagaki. *A Daughter of the Samurai: How a Daughter of Feudal Japan, Living Hundreds of Years in One Generation, Became a Modern American*. Rutland, VT: Charles E. Tuttle, 1990. First published by Doubleday, 1926.

Tokutomi, Roka. *Hototogisu (The Heart of Nami-San).* Translated by Isaac Goldberg. Boston: Stratford, 1918. First published in serial form in *Kokumin Shimbun,* 1898.

Tsuda, Ume. "The Future of Japanese Women." *Far East* 2, no. 1 (January 20, 1897): 14-18.

Tsuda, Ume. "A Woman's Plea." *Far East* 3, no. 24 (January 20, 1898): 120-24.

Tsuda, Ume. *The Writings of Umeko Tsuda [Tsuda Umeko monjo].* Kodaira, Japan: Tsuda College, 1984.

Twain, Mark, and Charles Dudley Warner. *The Gilded Age: A Tale of Today*. New York: Library of America, 2002. First published

by American Publishing Company, 1873.
Tyler, Moses. “Vassar Female College.” *New Englander*, October 1862, 1-23.
Uriu, Shige. “The Days of My Youth.” *Japan Advertiser,* September 11, 1927.
Whitney, Clara. *Clara's Diary: An American Girl in Meiji Japan.* New York: Kodansha International, 1979.
Yamakawa, Sutematsu. “Recollections of Japanese Family Life.” *Vassar Miscellany,* November 1880, 49-54.

二手史料

Altman, Albert A. *“Shinbunshi:* The Early Meiji Adaptation of the Western-Style Newspaper.” In *Modern Japan,: Aspects of History, Literature, and Society,* edited by William G. Beasley, 52-66. Berkeley: University of California Press, 1975.
Arrington, Leonard. *Brigham Young: American Moses.* New York: Knopf, 1985.
Auslin, Michael R. *Pacific Cosmopolitans: A Cultural History of U.S.-Japan Relations.* Cambridge, MA: Harvard University Press, 2011.
Bacon, Theodore, ed. *Delia Bacon: A Biographical Sketch.* Boston: Houghton, Mifflin, 1888.
Barr, Pat. *The Deer Cry Pavilion: A Story of Westerners in Japan 1868-1905*. London: Macmillan, 1968.
Beasley, William G. *Japan Encounters the Barbarian: Japanese Travellers in America and Europe*. New Haven, CT: Yale University Press, 1995.
Beebe, Lucius. *Mr. Pullman's Elegant Palace Car.* New York: Doubleday, 1961.
Benfey, Christopher. *The Great Wave: Gilded Age Misfits, Japanese Eccentrics, and the Opening of Old Japan*. New York: Random House, 2003.
Bolitho, Harold. “Aizu, 1853-1868.” *Proceedings of the British Association for Japanese Studies* 2 (1977): 1-17.
Bruno, Maryann, and Elizabeth A. Daniels. *Vassar College.* Charleston, SC: Arcadia, 2001.
Collinwood, Dean W., Ryoichi Yamamoto, and Kazue Matsui-Haag, eds. *Samurais in Salt Lake: Diary of the First Diplomatic Japanese Delegation to Visit Utah, 1872.* Ogden, UT: US-Japan Center, 1996.
Davis, Hugh. *Leonard Bacon: New England Reformer and Antislavery Moderate.* Baton Rouge: Louisiana State University Press, 1998.

Dore, R. P. *Education in Tokugawa Japan.* London: Routledge & Kegan Paul, 1965.

Duus, Peter. *The Japanese Discovery of America: A Brief History with Documents*. New York: Bedford/St. Martin's, 1997.

Duus, Peter. *Modern Japan,* 2nd ed. Boston: Houghton Mifflin, 1998.

Furuki, Yoshiko. *The White Plum, a Biography of Ume Tsuda: Pioneer in the Higher Education of Japanese Women*. New York: Weatherhill, 1991.

Hall, Ivan Parker. *Mori Arinori.* Cambridge, MA: Harvard University Press, 1973.

Hammersmith, Jack L. *Spoilsmen in a "Flowery Fairyland": The Development of the U.S. Legation in Japan, 1859-1906*. Kent, OH: Kent State University Press, 1998.

Hanami, Sakumi. *Danshaku Yamakawa sensei den* [The biography of Baron Yamak- awa]. Tokyo: Iwanami Shoten, 1939.

Hopkins, Vivian C. *Prodigal Puritan: A Life of Delia Bacon*. Cambridge, MA: Belknap Press, 1959.

Hoshi, Ryoichi. *Yamakawa Kenjiro den: Byakkotaishi kara Teidaisocho e* [The biography of Kenjiro Yamakawa: From Byakkotai soldier to dean of Tokyo University]. Tokyo: Heibonsha, 2003.

Huffman, James L. *Japan in World History.* New York: Oxford University Press, 2010.

Husband, Joseph. *The Story of the Pullman Car.* Chicago: A. C. McClurg, 1917.

Ikuta, Sumie. *Uryu Shigeko: Mo hitori no joshi ryugakusei* [Uriu Shigeko: One more female foreign student]. Tokyo: Bungei Shunju, 2009.

Iriye, Akira. *Across the Pacific: An Inner History of American-East Asian Relations*. New York: Harcourt, Brace & World, 1967.

Izumi, Saburo. *Meiji yonen no anbassadoru: Iwakura Shisetsudan bunmei kaika no tabi* [The ambassadors of the fourth year of Meiji: The Iwakura Mission's journey of civilization and enlightenment]. Tokyo: Nihon Keizai Shimbunsha, 1984.

James, Edward T., ed. *Notable American Women: A Biographical Dictionary.* Cambridge, MA: Radcliffe College, 1971.

Japan Photographers Association. *A Century of Japanese Photography.* New York: Pantheon, 1980.

Johnson, Joan Marie, ed. *Southern Women at Vassar: The Poppenheim Family Letters, 1882-1916.* Columbia: University of South Carolina Press, 2002.

Keene, Donald. *Emperor of Japan: Meiji and His World, 1852-1912.* New York: Columbia University Press, 2002.

Keene, Donald. *The Japanese Discovery of Europe, 1720-1830.* Stanford, CA: Stanford University Press, 1969.

Keene, Donald. *Modern Japanese Diaries: The Japanese at Home and Abroad as Revealed through Their Diaries*. New York: Henry Holt, 1995.

Knox, Katharine McCook. *Surprise Personalities in Georgetown, D.C.* Washington, DC: author, 1958.

Kuno, Akiko. *Unexpected Destinations: The Poignant Story of Japan's First Vassar Graduate.* Translated by Kirsten McIvor. New York: Kodansha International, 1993. First published as *Rokumeikan no kifujin Oyama Sutematsu: Nihon hatsu no joshi ryugakusei* (Tokyo: Chuo Koronsha, 1988).

Lambourne, Lionel. *Japonisme: Cultural Crossings between Japan and the West*. London: Phaidon, 2005.

Matsuoka, Naomi. "Tsuda Umeko as University Founder and Cultural Intermediary." In *Crosscurrents in the Literatures of Asia and the West,* edited by Masayuki Akiyama and Yiu-nam Leung, 209-23. Newark: University of Delaware Press, 1997.

Meech-Pekarik, Julia. *The World of the Meiji Print: Impressions of a New Civilization*. New York: Weatherhill, 1986.

Mencken, August. *The Railroad Passenger Car: An Illustrated History of the First Hundred Years with Accounts by Contemporary Passengers*. Baltimore: Johns Hopkins University Press, 2000. First published 1957.

Miyoshi, Masao. *As We Saw Them: The First Japanese Embassy to the United States.* New York: Kodansha America, 1994. First published by University of California Press, 1979.

Nish, Ian Hill, ed. *The Iwakura Mission in America and Europe: A New Assessment.* Surrey, UK: Curzon Press (Japan Library), 1998.

Oba, Minako. *Tsuda Umeko.* Tokyo: Asahi Shimbunsha, 1990.

Perrin, Noel. *Giving Up the Gun: Japans Reversion to the Sword, 1543-1879*. Boston: David R. Godine, 1979.

Plum, Dorothy, and George B. Dowell. *The Magnificent Enterprise: A Chronicle of Vassar College.* Poughkeepsie, NY: Vassar College, 1961.

Pyle, Kenneth B. *The Making of Modern Japan.* New York: D. C. Heath, 1996.

Rhoads, Edward J. M. *Stepping Forth into the World: The Chinese Educational Mission to the United States, 1872-81*. Hong Kong:

Hong Kong University Press, 2011.

Rose, Barbara. *Tsuda Umeko and Womens Education in Japan.* New Haven, CT: Yale University Press, 1992.

Rydell, Robert W. *All the World's a Fair: Visions of Empire at American International Expositions, 1876-1916*. Chicago: University of Chicago Press, 1984.

Schlereth, Thomas J. *Victorian America: Transformations in Everyday Life 1876-1915*. New York: HarperCollins, 1991.

Seidensticker, Edward. *Low City, High City: Tokyo from Edo to the Earthquake: How the Shoguns Ancient Capital Became a Great Modern City, 1867-1923*. New York: Alfred A. Knopf, 1983.

Shiba, Ryotaro. *The Last Shogun: The Life of Tokugawa Yoshinobu.* Translated by Juliet Winters Carpenter. New York: Kodansha International, 2004. First published as *Saigo no shogun* (Tokyo: Bungei Shunju, 1967).

Shimoda, Hiraku. *Lost and Found: Recovering Regional Identity in Imperial Japan.* Harvard East Asian Monographs 364. Cambridge, MA: Harvard University Asia Center, 2014.

Stevenson, Louise L. *The Victorian Homefront: American Thought & Culture, 1860- 1880.* Ithaca, NY: Cornell University Press, 2001. First published by Twayne, 1991.

Tillary, Carolyn Quick. *A Taste of Freedom: A Cookbook with Recipes and Remembrances from the Hampton Institute*. New York: Citadel Press, 2002.

Uchiyama, Akiko. "Translation as Representation: Fukuzawa Yukichi's Representation of the 'Others.'" In *Agents of Translation,* edited by John Milton and Paul Bandia, 63-83. Philadelphia: John Benjamins, 2009.

Vassar College. *Life at Vassar: Seventy-Five Years in Pictures.* Poughkeepsie, NY: Vassar Cooperative Bookshop, 1940.

Wood, Frances A. *Earliest Years at Vassar.* Poughkeepsie, NY: Vassar College Press, 1909.

Yamakawa, Kikue. *Women of the Mito Domain: Recollections of Samurai Family Life.* Translated by Kate Wildman Nakai. Stanford, CA: Stanford University Press, 2001. First published as *Buke no josei* (Tokyo: Mikuni Shobo, 1943).

授權

註釋

序章

1. William Elliot Griffis, *The Mikado's Empire* (New York: Harper & Brothers, 1896), 366.
2. Julia Meech-Pekarik, *The World of the Meiji Print: Impressions of a New Civilization* (New York: Weatherhill, 1986), 112.
3. Basil Hall Chamberlain, *Things Japanese: Being Notes on Various Subjects Connected With Japan, For the Use of Travellers and Others*, new ed. (London: Kegan Paul, Trench, Trubner, 1892), 57; Gina Collia-Suzuki, "Beautiful Blackened Smiles," *Andon* 92 (2012): 46–48.
4. Shige Uriu, "The Days of My Youth," *Japan Advertiser*, September 11, 1927.
5. Yoshiko Furuki, *The White Plum, a Biography of Ume Tsuda: Pioneer in the Higher Education of Japanese Women* (New York: Weatherhill, 1991), 11–12.

第一章　武士的女兒

1. Sutematsu Yamakawa, "Recollections of Japanese Family Life," *Vassar Miscellany*, November 1, 1880, 49–54.
2. Teruko Craig, introduction to *Remembering Aizu: The Testament of Shiba Goro*, by Goro Shiba (Honolulu: University of Hawai'i Press, 1999), 4.
3. 同前註，6.

4. Goro Shiba, *Remembering Aizu: The Testament of Shiba Goro* (Honolulu: University of Hawai'i Press, 1999), 34; R. P. Dore, *Education in Tokugawa Japan* (London: Routledge & Kegan Paul, 1965), 105–6.
5. Craig, introduction to *Remembering Aizu*, 7.
6. Basil Hall Chamberlain, *Things Japanese: Being Notes on Various Subjects Connected with Japan, for the Use of Travellers and Others*, new ed. (London: Kegan Paul, Trench, Trubner, 1892), 459–61.
7. Donald Keene, *The Japanese Discovery of Europe, 1720–1830* (Stanford, CA: Stanford University Press, 1969), 124.
8. Noel Perrin, *Giving Up the Gun: Japan's Reversion to the Sword, 1543–1879* (Boston: David R. Godine, 1979), 72.
9. Matthew C. Perry, *The Japan Expedition, 1852–1854: The Personal Journal of Commodore Matthew C. Perry* (Washington, DC: Smithsonian Institution Press, 1968), 91.
10. Henry Heusken, *Japan Journal, 1855–1861* (New Brunswick, NJ: Rutgers University Press, 1964), 183.

第二章 龍年之戰

1. Peter Duus, *Modern Japan* (Boston: Houghton Mifflin, 1998), 80.
2. Goro Shiba, *Remembering Aizu: The Testament of Shiba Goro* (Honolulu: University of Hawai'i Press, 1999), 42.
3. Shiba, *Remembering Aizu*, 44.
4. Teruko Craig, introduction to Shiba, *Remembering Aizu*, 17.
5. Shiba, *Remembering Aizu*, 51.
6. Sakumi Hanami, *Danshaku Yamakawa Sensei Den* [The biography of Baron Yamakawa] (Tokyo: Iwanami Shoten, 1939), chap. 2.
7. 白虎隊的故事後來從會津地方傳揚了出去，從原本只是個古老的日本歷史故事，成為了在日本海內外都能鼓舞軍隊士氣的有名傳說。在一九二八年，因為深深被這些年輕勇士誓死效忠的精神所感動，貝尼托・墨索里尼（Benito Mussolini）致贈了一個龐貝城的圓柱，並將之豎立在白虎隊墓地旁（位於俯瞰鶴城的飯盛山）。這個紀念碑到目前仍存在著，且上面用義大利文刻著「法西斯年代第六年」（year VI of the Fascist Era）字樣。
8. John Dwight, "The Marchioness Oyama," *Twentieth Century Home*, 1904.
9. Harold Bolitho, "Aizu, 1853–1868," *Proceedings of the British Association for Japanese Studies* 2 (1977): 16.
10. Akiko Kuno, *Unexpected Destinations: The Poignant Story of Japan's First Vassar Graduate*, trans. Kirsten McIvor (New York: Kodansha International, 1993), 46.

11. Shiba, *Remembering Aizu*, 91.
12. Hiraku Shimoda, *Lost and Found: Recovering Regional Identity in Imperial Japan* (Cambridge, MA: Harvard University Asia Center, 2014), 59.
13. Shiba, *Remembering Aizu*, 89.
14. 同前註，91–92.
15. Akiko Uchiyama, "Translation as Representation: Fukuzawa Yukichi's Representation of the 'Others,'" in *Agents of Translation* (Philadelphia: John Benjamins, 2009), 67–68.
16. Basil Hall Chamberlain, *Things Japanese: Being Notes on Various Subjects Connected with Japan, for the Use of Travellers and Others*, new ed. (London: Kegan Paul, Trench, Trubner, 1892), 397.

第三章　酵母的力量

1. Sakumi Hanami, *Danshaku Yamakawa Sensei Den* [The biography of Baron Yamakawa] (Tokyo: Iwanami Shoten, 1939), chap. 2.
2. Charles Lanman, ed., *The Japanese in America* (New York: University Publishing, 1872), 46.
3. Walt Whitman, "The Errand-Bearers," *New-York Times*, June 27, 1860.
4. Yukichi Fukuzawa, *The Autobiography of Yukichi Fukuzawa*, trans. Eiichi Kiyooka (1899; New York: Columbia University Press, 1980), 113.
5. Masao Miyoshi, *As We Saw Them: The First Japanese Embassy to the United States* (New York: Kodansha America, 1994), 65.
6. Edward Seidensticker, *Low City, High City: Tokyo from Edo to the Earthquake: How the Shogun's Ancient Capital Became a Great Modern City, 1867–1923* (New York: Alfred A. Knopf, 1983), 47; Julia Meech-Pekarik, *The World of the Meiji Print: Impressions of a New Civilization* (New York: Weatherhill, 1986), 86.
7. Donald Keene, *Emperor of Japan: Meiji and His World, 1852–1912* (New York: Columbia University Press, 2002), 105.
8. 同前註，201.
9. Japan Photographers Association, *A Century of Japanese Photography* (New York: Pantheon, 1980), 7.
10. Japan Photographers Association, *Century of Japanese Photography*, 9.
11. Albert A. Altman, "*Shinbunshi*: The Early Meiji Adaptation of the Western-Style Newspaper," in *Modern Japan: Aspects of History, Literature, and Society* (Berkeley: University of California Press, 1975), 63.

12. Five Young Girls Leave for Study in America," *Shinbun Zasshi*, November 1871.

第四章 使節團遠征

1. Charles Lanman, ed., *The Japanese in America*, (New York: University Publishing, 1872), 6–7.
2. Yoshiko Furuki, *The White Plum, a Biography of Ume Tsuda: Pioneer in the Higher Education of Japanese Women* (New York: Weatherhill, 1991), 6.
3. 在這些女性當中，其中一位的墓碑至今仍矗立在那裏。這是一位叫做阿圭（音譯，おけい）的女性，身份是一位保母。一般認為這是美國境內第一座日本女性墓碑。
4. Ume Tsuda, "Japanese Women Emancipated," *Chicago Record*, February 27, 1897. Reprinted in Ume Tsuda, *The Writings of Umeko Tsuda* [*Tsuda Umeko monjo*] (Kodaira, Japan: Tsuda College, 1984), 77.
5. Kunitake Kume, *The Iwakura Embassy, 1871–73: A True Account of the Ambassador Extraordinary & Plenipotentiary's Journey of Observation through the United States of America and Europe*, ed. Graham Healey and Chushichi Tsuzuki (Chiba, Japan: Japan Documents, 2002), 30.
6. 同前註。
7. Ume Tsuda, *The Writings of Umeko Tsuda* (Kodaira, Japan: Tsuda College, 1984), 475; Barbara Rose, *Tsuda Umeko and Women's Education in Japan* (New Haven, CT: Yale University Press, 1992), 18.
8. Shige Uriu, "The Days of My Youth," *Japan Advertiser*, September 11, 1927.
9. Tsuda, *Writings of Umeko Tsuda*, 475.
10. Uriu, Uriu, "Days of My Youth."
11. Kume, *Iwakura Embassy, 1871–73*, 31.
12. Kunitake Kume, *Japan Rising: The Iwakura Embassy to the USA and Europe 1871–1873*, ed. Chushichi Tsuzuki and R. Jules Young (Cambridge: Cambridge University Press, 2009), 8.
13. 同前註，8–9.
14. Uriu, "Days of My Youth."
15. Akiko Kuno, *Unexpected Destinations: The Poignant Story of Japan's First Vassar Graduate*, trans. Kirsten McIvor (New York: Kodansha International, 1993), 60.

16. 另一位姓長野的是長野文炳，他是理事官佐佐木高行的秘書。有些學者認為騷擾吉益亮的，其實有可能是長野文炳。因為長野文柄的出身是南方武士，因此也很有可能會去騷擾這些屬於戰敗方的女孩。而且他和佐佐木的關係比較密切，正好也可解釋為什麼佐佐木會如此極力反對舉行審判的原因。可惜的是，因為佐佐木在他的紀錄中都只提到長野這個姓氏，所以後人無法得知實際上作出此行為的究竟是哪位長野。
17. Masao Miyoshi, *As We Saw Them: The First Japanese Embassy to the United States* (New York: Kodansha America, 1994), 43.
18. “Tommy Polka” (Philadelphia: Lee & Walker, 1860), Lester S. Levy Collection of Sheet Music, Sheridan Libraries, Johns Hopkins University.
19. Furuki, *White Plum*, 7.
20. 同前註。
21. Kume, *Iwakura Embassy, 1871–73*, 35.

第五章　有趣的陌生人

1. 在期待著使節團們到訪美國的同時，《舊金山紀事報》也諄諄勸導它的讀者們，務必要給予這些日本訪客溫暖的歡迎：「這些日本人對於我國而言是非常重要的存在。他們將自己的年輕人送到這裡接受教育，而且和中國人不同的是，他們願意接納我們的服裝和習俗。而將來他們也會將許多在我國習得的文化風俗等帶回位於東方的家鄉……因此當他們抵達時，我市官員和各位領袖們應該要立即採取一些必要手段，以便給予這些特別的貴客與迪隆先生恰如其分的歡迎。」
2. Donald Keene, *Modern Japanese Diaries: The Japanese at Home and Abroad as Revealed through Their Diaries* (New York: Henry Holt, 1995), 93.
3. “The Japanese,” *New-York Times*, January 17, 1872.
4. Kunitake Kume, *The Iwakura Embassy, 1871–73: A True Account of the Ambassador Extraordinary & Plenipotentiary’s Journey of Observation through the United States of America and Europe*, ed. Graham Healey and Chushichi Tsuzuki (Chiba, Japan: Japan Documents, 2002), 64.
5. Kume, *Iwakura Embassy, 1871–73*, 65.
6. Keene, *Modern Japanese Diaries*, 93–94.
7. The Orientals,” *San Francisco Chronicle*, January 17, 1872.
8. 同前註。

9. Kunitake Kume, *Japan Rising: The Iwakura Embassy to the USA and Europe 1871–1873*, ed. Chushichi Tsuzuki and R. Jules Young (Cambridge: Cambridge University Press, 2009), 16.
10. "Orientals," *San Francisco Chronicle*, January 17, 1872.
11. Cullen Murphy, "A History of the *Atlantic Monthly*" (from a presentation given in 1994), Atlantic Monthly Group, 2001, http://www.theatlantic.com/past/docs/about/atlhistf.htm.
12. "Japan," *Atlantic Monthly*, June 1860, 722.
13. "Iwakura's Head," *San Francisco Chronicle*, January 19, 1872.
14. "The Japanese," *San Francisco Chronicle*, January 18, 1872.
15. "The Orientals," *San Francisco Chronicle*, January 25, 1872.
16. 同前註，Ibid.
17. "Ume Tsuda, *The Writings of Umeko Tsuda* [*Tsuda Umeko monjo*] (Kodaira, Japan: Tsuda College, 1984), 81–82.
18. 同前註，82.
19. 女孩們並不是唯一對這些外國女人的服裝打扮感到困惑的人。在一八七〇年代早期，有位在日本學習英文的年輕男子，就在他的一篇文章〈我對外國人士的第一印象〉（*My First Impression of Foreigners*）中，坦白表達了對穿著束腹的看法：「有件讓我非常在意的事情是，外國女性的腰身為什麼會如此纖細。因此我問了一位對於外國風俗習慣略知一二的友人，她們是否從一出生就是如此呢？令我驚訝的是，她們竟然是自願如此做的，而且認為腰肢越纖細就表示越美麗。我到現在仍不能了解，為什麼像歐洲或美國這種文明國家還保留這麼愚蠢的習俗呢？因為這樣做很可能會造成傷害，至少我敢說這絕對不會帶來一丁點好處。而且，我認為這行為甚至比日本女性修除眉毛和塗黑牙齒的習俗更糟糕。在中國，女性有綁小腳的習俗，好讓她們必須在他人攙扶下才能走路，而穿著束腹或許能與之相提並論吧。」
20. "Japanese Wonders," *San Francisco Chronicle*, January 21, 1872.
21. "Photographs of the Embassy," *San Francisco Chronicle*, February 9, 1872.
22. "Our Japanese Visitors," *Harper's Weekly*, March 16, 1872, 209.
23. Kume, *Japan Rising*, 17.
24. "The Japanese Embassy," *Daily Alta California*, January 20, 1872.
25. "The Orientals," *San Francisco Chronicle*, January 24, 1872.
26. "Banquet to the Japanese Embassy and United States Minister C. E. DeLong at the Grand Hotel," *Daily Alta California*, January 24, 1872.

27. Newton Booth, quoted in "Orientals," *San Francisco Chronicle*, January 24, 1872.
28. Hirobumi Ito, quoted in "Orientals," *San Francisco Chronicle*, January 24, 1872.
29. Horatio Stebbins, quoted in "Orientals," *San Francisco Chronicle*, January 24, 1872.
30. "The Orientals," *San Francisco Chronicle*, January 26, 1872.
31. Kume, *Japan Rising*, 30.
32. "The Orientals," *San Francisco Chronicle*, January 31, 1872.
33. Tsuda, *Writings of Umeko Tsuda*, 82.
34. "Legislative Banquet," *San Francisco Chronicle*, February 2, 1872.
35. "The Orientals," *San Francisco Chronicle*, February 3, 1872.
36. Kume, *Japan Rising*, 32.
37. 同前註，36.
38. Dean W. Collinwood, Ryoichi Yamamoto, and Kazue Matsui-Haag, eds, *Samurais in Salt Lake: Diary of the First Diplomatic Japanese Delegation to Visit Utah, 1872* (Ogden, UT: US-Japan Center, 1996), 42.
39. Leonard Arrington, *Brigham Young: American Moses* (New York: Knopf, 1985), 372.
40. "Why Iwakura Declined to See Brigham Young," *San Francisco Chronicle*, February 13, 1872.
41. Collinwood, Yamamoto, and Matsui-Haag, *Samurais in Salt Lake*, 47.
42. The Orientals," *San Francisco Chronicle*, February 14, 1872.
43. Kume, *Japan Rising*, 40.
44. 同前註，37.
45. Collinwood, Yamamoto, and Matsui-Haag, *Samurais in Salt Lake*, 43.
46. Shige Uriu, "The Days of My Youth," *Japan Advertiser*, September 11, 1927.
47. Kume, *Japan Rising*, 42–43.
48. Tsuda, *Writings of Umeko Tsuda*, 83.
49. "Our Oriental Visitors," *Chicago Tribune*, February 27, 1872.
50. 同前註。
51. "Our Japanese Visitors," *Chicago Tribune*, February 26, 1872.

52. Kume, *Japan Rising*, 48.
53. 崔蒙特旅館和芝加哥市一樣受到大火的摧殘，而她能生存下來完全是個奇蹟。事實上，這間旅館也在大火中被燒毀了。不過在大火熊熊燃燒之時，崔蒙特的所有者約翰．德瑞克（John B. Drake）卻大膽預測位於附近的密西根大道旅館（Michigan Avenue Hotel）不會遭到波及，並很鎮定的將之買了下來。而密西根大道旅館當時的擁有者因為不看好前景，所以很高興能將之出售。這也是南區唯一存留下來的旅館。德瑞克將之改名為新崔蒙特旅館，直到舊的崔蒙特旅館兩年後在原址被重建起來為止。
54. "Our Oriental Visitors," *Chicago Tribune*, February 27, 1872.
55. [No title], *Chicago Tribune*, February 29, 1872.
56. "The Views of Young Japan," *San Francisco Chronicle*, February 28, 1872.
57. Kume, *Japan Rising*, 54.
58. Ivan Parker Hall, *Mori Arinori* (Cambridge, MA: Harvard University Press, 1973), 1.
59. "Our Japanese Visitors," *Evening Star*, February 29, 1872.
60. Katharine McCook Knox, *Surprise Personalities in Georgetown, D.C.* (Washington, DC: author, 1958), 17–18.
61. "Georgetown Affairs," *Daily National Republican*, March 2, 1872.
62. 很巧的是，赫本太太的大伯正是傳教士醫生詹姆斯．柯蒂斯．赫本（James Curtis Hepburn）。他當時住在橫濱，並在那裡開了一間診所和英文學校。日文中的赫本式羅馬拼音就是以他命名的。
63. Kume, *Japan Rising*, 56.
64. "Our Oriental Visitors," *Evening Star*, March 1, 1872.
65. Kume, *Japan Rising*, 63.
66. Mark Twain and Charles Dudley Warner, *The Gilded Age: A Tale of Today* (1873: New York: Library of America, 2002), 274.
67. 67"The Japanese Embassy," *Evening Star*, March 4, 1872..
68. "The Japanese Embassy," *Daily National Republican*, March 5, 1872.
69. "De Temporibus et Moribus," *Vassar Miscellany*, April 1872, 47.
70. "The Japanese Embassy," *Evening Star*, March 6, 1872.
71. "Japanese Embassy," *Daily National Republican*, March 5, 1872.
72. "Our Japanese Visitors," *Evening Star*, February 29, 1872.
73. Adeline Lanman to Hatsuko Tsuda, March 4, 1872, in Yoshiko Furuki, *The White Plum, a Biography of Ume Tsuda: Pioneer in the Higher*

Education of Japanese Women (New York: Weatherhill, 1991), 20.

74. Hatsuko Tsuda to Adeline Lanman, April 17, 1872, in Furuki, *White Plum*, 20.
75. Joseph Niijima to Mr. and Mrs. Hardy, March 5, 1872, in Arthur Sherburne Hardy, *Life and Letters of Joseph Hardy Neesima* (Boston: Houghton, Mifflin, 1891), 122.
76. "The Japanese Ladies," *New-York Times*, May 20, 1872.
77. [No title], *Daily National Republican*, May 21, 1872.
78. Ume Tsuda to Hatsuko Tsuda, May or June 1872, TCA, LT0002.

第六章　尋找寄宿家庭

1. "Farewell Entertainment to the Japanese Embassy," *Evening Star*, July 27, 1872.
2. Charles Lanman, unpublished manuscript for a biography of Ume Tsuda, TCA, IV-6-1.
3. Kenjiro Yamakawa to Charles Lanman, June 8, 1872, TCA, IX-C-1.
4. Edward J. M. Rhoads, *Stepping Forth into the World: The Chinese Educational Mission to the United States, 1872–81* (Hong Kong: Hong Kong University Press, 2011), 49–50.
5. "The Japanese Girls," *San Francisco Chronicle*, October 20, 1872.
6. Rebecca Bacon to Leonard Bacon, July 1872, BFP, Box 9, Folders 162 and 164, YMA.
7. Charles Lanman, unpublished manuscript for a biography of Ume Tsuda, TCA, IV-6-1.
8. Rebecca Bacon to Leonard Bacon, July 1872, BFP, Box 9, Folder 162, YMA.
9. 同前註。
10. Rhoads, *Stepping Forth*, 64.
11. Leonard Bacon to Addison Van Name, August 12, 1872, BFP, Box 9, Folder 162, YMA.
12. Kenjiro Yamakawa to Addison Van Name, August 17, 1872, BFP, Box 9, Folder 162, YMA.
13. "The Returning Japanese Young Women," *New-York Times*, November 9, 1872.
14. Ume Tsuda to Adeline Lanman, 1872, TCA, I-B-2.
15. Leonard Bacon, date book, October 31, 1872, BFP, Box 2, Folder 6, YMA.
16. Leonard Bacon to Arinori Mori, October 31, 1872, BFP, Box 9, Folder 163, YMA.

17. Theodore Bacon, ed., *Delia Bacon: A Biographical Sketch* (Boston: Houghton, Mifflin, 1888), 310.
18. Leonard Bacon to Arinori Mori, October 31, 1872, BFP, Box 9, Folder 163, YMA.
19. Leonard Bacon to Leonard W. Bacon, December 9, 1872, BFP, Box 9, Folder 163, YMA.

第七章　在美國長大

1. Leonard Bacon to Leonard W. Bacon, December 9, 1872, BFP, Box 9, Folder 163, YMA.
2. Leonard Bacon to Catherine Bacon, April 26, 1873, BFP, Box 9, Folder 165, YMA.
3. Carolyn Quick Tillary, *A Taste of Freedom: A Cookbook with Recipes and Remembrances from the Hampton Institute* (New York: Citadel Press, 2002), 59.
4. Marian P. Whitney, "Stematz Yamakowa, Princess Oyama," *Vassar Quarterly*, July 1919, 265.
5. Marian P. Whitney, "Stematz Yamakowa, Princess Oyama," *Vassar Quarterly*, July 1919, 265.
6. Yew Fun Tan to Catherine Bacon, September 18, 1874, BFP, Box 9, Folder 172, YMA.
7. *Annual Report of the Board of Education of the New Haven City School District, for the Year Ending August 31, 1874* (New Haven, CT: Tuttle, Morehouse & Taylor, 1874), 54–55.
8. John S. C. Abbott, *The Mother at Home; or The Principles of Mater- nal Duty* (New York: AmericanTract Society, 1833), 2.
9. "Private Day School for Young Ladies and Children," pamphlet, 1876–77, New Haven Museum.
10. Sumie Ikuta, *Uryu Shigeko: Mo hitori no joshi ryugakusei* [Uriu Shigeko: One more female foreign student] (Tokyo: Bungei Shunju, 2009), 51–61.
11. 同前註，56.
12. 同前註，66.
13. Katsunobu Masuda, *Recollections of Admiral Baron Sotokichi Uriu, I. J. N.* (Tokyo: privately published, 1938), 3–6.
14. Ikuta, *Uryu Shigeko*, 68.
15. Sutematsu Yamakawa to Catherine Bacon, December 20, 1874, BFP, Box 9, Folder 174, YMA.
16. Ume Tsuda to Adeline Lanman, 1872, TCA, I-B-3.
17. Ume Tsuda to Hatsuko Tsuda, 1872, TCA, I-A-4.
18. Hatsuko Tsuda to Adeline Lanman, March 22, 1873, Dorothea Lynde Dix Additional Papers, 1866–87 (MS Am 2157), Houghton Library,

Harvard University.
19. Richard P. Jackson, *The Chronicles of Georgetown, D.C.: From 1751 to 1878* (Washington, DC: R. O. Polkinhorn, printer, 1878), 230.
20. Katharine McCook Knox, *Surprise Personalities in Georgetown, D.C.* (Washington, DC: author, 1958), 19
21. Charles Lanman, unpublished manuscript for a biography of Ume Tsuda, TCA, IV-6-1.
22. "The Collegiate Institute of Georgetown," *Daily National Republican*, June 27, 1874.
23. Knox, *Surprise Personalities*, 34.
24. 同前註，21.
25. Charles Lanman to Sen Tsuda, June 11, 1873, TCA, I'-1; Hatsuko Tsuda to Adeline Lanman, March 22, 1873, Dorothea Lynde Dix Additional Papers, 1866–87 (MS Am 2157), Houghton Library, Harvard University.
26. Ume Tsuda to Hatsuko Tsuda, January 20, 1875, TCA, I-A-7.
27. Charles Lanman, unpublished manuscript for a biography of Ume Tsuda, TCA, IV-6-1.
28. Ume Tsuda to Charles Lanman, May 21, 1875, TCA, I-B-4.
29. Octavius Perinchief to Charles Lanman, July 12, 1873, in Charles Lanman, *Octavius Perinchief; His Life of Trial and Supreme Faith* (Washington, DC: James Anglim, 1879), 148.
30. Sen Tsuda to Charles Lanman, July 10, 1875, TCA, I'-2.
31. Koto Tsuda to Ume Tsuda, January 11, 1875, TCA, II-2-1.
32. Charles Lanman, unpublished manuscript for a biography of Ume Tsuda, TCA, IV-6-1.
33. Ume Tsuda, *The Writings of Umeko Tsuda* [*Tsuda Umeko monjo*] (Kodaira, Japan: Tsuda College, 1984), 510.
34. "Exhibition Facts," Centennial Exhibition Digital Collection, Free Library of Philadelphia, 2001, http://libwww.freelibrary.org/CenCol/exhibi tionfax.htm.
35. William Dean Howells, "A Sennight of the Centennial," *Atlantic Monthly*, July 1876, 92.
36. "The Centennial: The Government Exposition," *New-York Times*, March 29, 1876.
37. Pamela H. Simpson, "Butter Cows and Butter Buildings," *Winterthur Portfolio*, Spring 2007, 4.
38. Howells, "Sennight," 96.
39. John Greenleaf Whittier, "Hymn Written for the Opening of the International Exhibition, Philadelphia, May 10, 1876," *Atlantic Monthly*, June 1876, 744–45.

40. "The Great Exposition," *Hartford Courant*, May 18, 1876.
41. "Characteristics of the International Fair V," *Atlantic Monthly*, December 1876, 733.
42. Robert W. Rydell, *All the World's a Fair: Visions of Empire at American International Expositions, 1876–1916* (Chicago: University of Chicago Press, 1984), 30.
43. Edward J. M. Rhoads, *Stepping Forth into the World: The Chinese Educational Mission to the United States, 1872–81* (Hong Kong: Hong Kong University Press, 2011), 109–13.
44. Fukui Makoto, *Harper's Weekly*, July 15, 1876, quoted in "Exhibition Facts—Period Testimony: Quotations & Random Thoughts," Centennial Exhibition Digital Collection, Free Library of Philadelphia, 2001, http://libwww.library.phila.gov/CenCol/exh-testimony.htm.
45. Ume Tsuda to Miss Marion, July 18, 1876, TCA, I-C-1.
46. Hillhouse High School graduation program, April 1877, Dana Collection 109, New Haven Museum.
47. Rebecca Bacon to Catherine Bacon, July 8, 1877, BFP, Box 9, Folder 195, YMA.
48. Saburo Takaki to Leonard Bacon, August 2, 1877, BFP, Box 9, Folder 195, YMA.

第八章　瓦薩學院

1. Stranger, "Japanese Children," *Gleaner*, February 21, 1878.
2. Catherine Bacon to Leonard Bacon, June 5, 1872, BFP, Box 9, Folder 161, YMA.
3. Moses Tyler, "Vassar Female College," *New Englander*, October 1862, 8.
4. 同前註，5.
5. Catherine Bacon to Leonard Bacon, June 5, 1872, BFP, Box 9, Folder 161, YMA.
6. 在將近二十年後的一八九七年，校園中發生了一件醜聞。一位叫做阿妮塔・福羅倫斯・懷明的學生（她表現出色，且曾被選為班花），她的雙親竟然是黑人，而過去四年來都冒充是白人。她的身份是在畢業前幾個禮拜被發現的，但後來學校仍然把畢業證書頒發給她了。雖然從一九一二年開始，就陸續有日本女性在瓦薩學院就讀，但是一直要到一九四〇年才開始正式接受黑人學生。
7. Dorothy Plum and George B. Dowell, *The Magnificent Enterprise: A Chronicle of Vassar College* (Poughkeepsie, NY: Vassar College, 1961), year 1865 on time line.
8. *Fourteenth Annual Catalogue of the Officers and Students of Vassar College, Poughkeepsie, N.Y., 1878–79* (Poughkeepsie, NY: E. B.

Osborne, printer, 1879), 47.
9. Twenty minutes of quiet privacy: Ibid., 46.
10. Cornelia M. Raymond, *Memories of a Child of Vassar* (Poughkeepsie, NY: Vassar College, 1940), 36–37.
11. *Letters from Old-Time Vassar: Written by a Student in 1869–1870* (Poughkeepsie, NY: Vassar College, 1915), 58.
12. 同前註，116–17.
13. 同前註，17–18.
14. 同前註，116.
15. 同前註，56.
16. Frances A. Wood, *Earliest Years at Vassar* (Poughkeepsie, NY: Vassar College Press, 1909), 86.
17. 同前註，85.
18. Maryann Bruno and Elizabeth A. Daniels, *Vassar College* (Charleston, SC: Arcadia, 2001), 20.
19. Wood, *Earliest Years*, 97.
20. "Japanese Vassar Girls," *Sunday Advertiser*, October 1, 1893.
21. Sheet music, Ritter Papers, Box 13, Folder 19, VSC.
22. "Japanese Vassar Girls," *Sunday Advertiser*.
23. Helen Hiscock Backus, "A Japanese Lady of High Degree," *Vassar Miscellany*, February 1901, 201.
24. Akiko Kuno, *Unexpected Destinations: The Poignant Story of Japan's First Vassar Graduate*, trans. Kirsten McIvor (New York: Kodansha International, 1993), 117.
25. "History of the Class of 1882, Vassar College, Prepared for Their Fiftieth Anniversary, June, 1932," SYOP, Box 2, Folder 4, p. 114, VSC.
26. Ume Tsuda to Hatsuko Tsuda, June 15, 1879, TCA, I-A-8.
27. Marian P. Whitney, "Stematz Yamakowa, Princess Oyama," *Vassar Quarterly*, July 1919, 265.
28. "Home Matters," *Vassar Miscellany*, November 1, 1880, 73.
29. Sutematsu Yamakawa, "Recollections of Japanese Family Life," *Vassar Miscellany*, November 1, 1880, 49–54.
30. "Block Island," *Hartford (CT) Courant*, August 5, 1881.
31. Ume Tsuda to Hatsuko Tsuda, September 7, 1880, TCA, I-A-11.
32. Ume Tsuda to Adeline Lanman, June 23, 1881, TCA, I-B-5.

33. "Commencement at Vassar," *New-York Times*, June 23, 1881.
34. Ume Tsuda to Adeline Lanman, June 23, 1881, TCA, I-B-5.
35. "Off for Japan," *New-York Times*, October 24, 1881.
36. "The Japanese Girl Disposed Of," *New-York Tribune*, August 24, 1881.
37. "Wakayama's Daughter," *New-York Times*, August 19, 1881.
38. "Off for Japan," *New-York Times*.
39. Sutematsu Yamakawa to Ume Tsuda, October 9, 1881, TCA, II-6-1.
40. Ume Tsuda to Hatsuko Tsuda, June 15, 1879, TCA, I-A-8.
41. Ume Tsuda, *The Writings of Umeko Tsuda* [*Tsuda Umeko monjo*] (Kodaira, Japan: Tsuda College, 1984), 511.
42. Sutematsu Yamakawa to Ume Tsuda, October 9, 1881, TCA, II-6-1.
43. Shige Nagai to Adeline Lanman, 1881–82, TCA, IX-C-6.
44. "History of the Class of 1882, Vassar College, Prepared for Their Fiftieth Anniversary, June, 1932," SYOP, Box 2, Folder 4, p. 114, VSC.
45. Sutematsu Yamakawa, "De Temporibus et Moribus," *Vassar Miscellany*, December 1, 1881, 128.
46. H. C. Kingsley, Leonard Sanford, and Thomas R. Trowbridge, eds., *Leonard Bacon: Pastor of the First Church in New Haven* (New Haven, CT: Tuttle, Morehouse & Taylor, printers, 1882), 224.
47. Yew Fun Tan to Catherine Bacon, January 3, 1882, BFP, Box 9, Folder 210, YMA.
48. Sutematsu Yamakawa to Catherine Bacon, January 28, 1882, BFP, Box 9, Folder 210, YMA.
49. 同前註。
50. Class Day prophecies, 1882, SYOP, Box 2, Folder 4, VSC.
51. Scrapbook 1, Jessie F. Wheeler Papers, Box 1, VSC.
52. Commencement program, 1882, SYOP, Box 2, Folder 3, VSC.
53. Kuno, *Unexpected Destinations*, 104–6.
54. Scrapbook 1, Jessie F. Wheeler Papers, Box 1, VSC.

第九章　返「鄉」之路

1. Sutematsu Yamakawa to Alice Bacon, August 2, 1882, SYOP, Box 1, Folder 5, VSC.

2. Edward T. James, ed., *Notable American Women: A Biographical Dictionary* (Cambridge, MA: Radcliffe College, 1971), 78.
3. Sutematsu Yamakawa to Alice Bacon, August 2, 1882, SYOP, Box 1, Folder 5, VSC.
4. 同前註。
5. 同前註。
6. Sutematsu Yamakawa to Jessie Wheeler, September 17, 1882, SYOP, Box 1, Folder 7, VSC.
7. Sutematsu Yamakawa to Jessie Wheeler, September 22, 1882, SYOP, Box 1, Folder 7, VSC.
8. Sutematsu Yamakawa to Jessie Wheeler, September 26, 1882, SYOP, Box 1, Folder 7, VSC.
9. Yoshiko Furuki, *The White Plum, a Biography of Ume Tsuda: Pioneer in the Higher Education of Japanese Women* (New York: Weatherhill, 1991), 33.
10. "Society," *Evening Critic*, October 6, 1882.
11. Sutematsu Yamakawa to Alice Bacon, October 1882, SYOP, Box 1, Folder 5, VSC.
12. 同前註。
13. Furuki, *White Plum*, 39–40.
14. Sutematsu Yamakawa to Jessie Wheeler, October 25, 1882, SYOP, Box 1, Folder 7, VSC.
15. Ume Tsuda to Adeline Lanman, October 22, 1882, TCA, I-B-7 (1).
16. Ume Tsuda to Adeline Lanman, October 25, 1882, TCA, I-B-7 (2).
17. 同前註。
18. Ume Tsuda to Adeline Lanman, November 9, 1882, TCA, I-B-8 (3).
19. Ume Tsuda to Adeline Lanman, October 30, 1882, TCA, I-B-7 (4).
20. J. H. C. Bonte to Charles and Adeline Lanman, November 1, 1882, TCA, IX-C-2.
21. Ume Tsuda to Adeline Lanman, October 30, 1882, TCA, I-B-7 (4).
22. Sutematsu Yamakawa to Alice Bacon, November 18, 1882, SYOP, Box 1, Folder 5, VSC.
23. Ume Tsuda to Adeline Lanman, November 6, 1882, TCA, I-B-8 (2).
24. Sutematsu Yamakawa to Alice Bacon, November 18, 1882, SYOP, Box 1, Folder 5, VSC.
25. Ume Tsuda to Adeline Lanman, November 6, 1882, TCA, I-B-8 (2).
26. Ume Tsuda to Adeline Lanman, October 25, 1882, TCA, I-B-7 (2).

27. Ume Tsuda to Adeline Lanman, November 12, 1882, TCA, I-B-8 (3).
28. Sutematsu Yamakawa, "Recollections of Japanese Family Life," *Vassar Miscellany*, November 1, 1880, 49–50.
29. 同前註，51.
30. Sutematsu Yamakawa, "De Temporibus et Moribus," *Vassar Miscellany*, December 1, 1881, 131.
31. Sutematsu Yamakawa to Alice Bacon, November 18, 1882, SYOP, Box 1, Folder 5, VSC.
32. Ume Tsuda to Adeline Lanman, November 19, 1882, TCA, I-B-8 (4).
33. 同前註。
34. Sutematsu Yamakawa, draft manuscript, December 24, 1882, SYOP, Box 1, Folder 5, VSC.

第十章　兩場婚禮

1. Ume Tsuda to Adeline Lanman, November 21, 1882, in Yoshiko Furuki, ed., *The Attic Letters: Ume Tsuda's Correspondence to Her American Mother* (New York: Weatherhill, 1991), 13–14.
2. Sutematsu Yamakawa, draft manuscript, December 24, 1882, SYOP, Box 1, Folder 5, VSC.
3. Ume Tsuda to Adeline Lanman, November 21, 1882, in Furuki, *Attic Letters*, 13–14.
4. Sutematsu Yamakawa, draft manuscript, December 24, 1882, SYOP, Box 1, Folder 5, VSC.
5. Ume Tsuda to Adeline Lanman, November 21, 1882, in Furuki, *Attic Letters*, 13–14.
6. Ume Tsuda to Adeline Lanman, November 23, 1882, in Furuki, *Attic Letters*, 14–19.
7. Akiko Kuno, *Unexpected Destinations: The Poignant Story of Japan's First Vassar Graduate*, trans. Kirsten McIvor (New York: Kodansha International, 1993), 115.
8. Sutematsu Yamakawa to Alice Bacon, December 11, 1882, SYOP, Box 1, Folder 5, VSC.
9. Sutematsu Yamakawa, draft manuscript, December 24, 1882, SYOP, Box 1, Folder 5, VSC.
10. 同前註。
11. 同前註。
12. Sutematsu Yamakawa to Alice Bacon, December 11, 1882, SYOP, Box 1, Folder 5, VSC.
13. Ume Tsuda to Adeline Lanman, November 23, 1882, in Furuki, *Attic Letters*, 14–19.
14. 同前註。

15. 同前註。
16. 同前註。
17. 同前註。
18. 同前註。
19. 同前註。
20. 同前註。
21. 同前註。
22. Ume Tsuda to Adeline Lanman, November 19, 1882, TCA, I-B-8 (4).
23. Ume Tsuda to Adeline Lanman, December 1882, in Furuki, *Attic Letters*, 22–23.
24. Ume Tsuda to Adeline Lanman, November 23, 1882, in Furuki, *Attic Letters*, 14–19.
25. 同前註。
26. Ume Tsuda to Mattie, Maggie, and Mamie, February 20, 1883, TCA, I-C-6.
27. Ume Tsuda to Adeline Lanman, November 23, 1882, in Furuki, *Attic Letters*, 14–19.
28. 同前註。
29. Ume Tsuda to Adeline Lanman, November 29, 1882, in Furuki, *Attic Letters*, 21.
30. 同前註。
31. Sutematsu Yamakawa to Alice Bacon, December 29, 1882, SYOP, Box 1, Folder 5, VSC.
32. Ume Tsuda to Adeline Lanman, December 1882, in Furuki, *Attic Letters*, 22–23.
33. Ume Tsuda to Adeline Lanman, November 23, 1882, in Furuki, *Attic Letters*, 14–19; Sutematsu Yamakawa to Jessie Wheeler, December 28, 1882, SYOP, Box 1, Folder 7, VSC.
34. Ume Tsuda to Adeline Lanman, December 1882 in Furuki, *Attic Letters*, 22–23.
35. Ume Tsuda to Adeline Lanman, November 27, 1882 in Furuki, *Attic Letters*, 19–20.
36. 同前註。
37. 同前註。
38. Sutematsu Yamakawa to Alice Bacon, December 11, 1882, SYOP, Box 1, Folder 5, VSC.
39. Ume Tsuda to Adeline Lanman, November 29, 1882, in Furuki, *Attic Letters*, 21.

40. Ume Tsuda to Adeline Lanman, December 23, 1882, in Furuki, *Attic Letters*, 26–28.
41. Ume Tsuda to Adeline Lanman, January 16, 1883, in Furuki, *Attic Letters*, 33–34.
42. Sutematsu Yamakawa to Alice Bacon, January 8, 1883, SYOP, Box 1, Folder 5, VSC.
43. 同前註。
44. Sutematsu Yamakawa to Jessie Wheeler, December 28, 1882, SYOP, Box 1, Folder 7, VSC.
45. Sutematsu Yamakawa to Alice Bacon, January 16, 1883, SYOP, Box 1, Folder 5, VSC.
46. Sutematsu Yamakawa to Alice Bacon, January 18, 1883, SYOP, Box 1, Folder 5, VSC.
47. Sutematsu Yamakawa to Alice Bacon, January 24, 1883, SYOP, Box 1, Folder 5, VSC.
48. 同前註。
49. 同前註。
50. Ume Tsuda to Adeline Lanman, January 29, 1883, in Furuki, *Attic Letters*, 36–37.
51. Sutematsu Yamakawa to Alice Bacon, February 20, 1883, SYOP, Box 1, Folder 5, VSC.
52. Sutematsu Yamakawa to Alice Bacon, January 28, 1883, SYOP, Box 1, Folder 5, VSC.
53. Sutematsu Yamakawa to Alice Bacon, February 20, 1883, SYOP, Box 1, Folder 5, VSC.
54. 同前註。
55. Sutematsu Yamakawa to Alice Bacon, February 3, 1883, SYOP, Box 1, Folder 5, VSC.
56. Sutematsu Yamakawa to Alice Bacon, February 20, 1883, SYOP, Box 1, Folder 5, VSC.
57. Sutematsu Yamakawa to Alice Bacon, March 18, 1883, SYOP, Box 1, Folder 5, VSC.
58. Ume Tsuda to Adeline Lanman, March 27, 1883, in Furuki, *Attic Letters*, 52–57.
59. Kuno, *Unexpected Destinations*, 143.
60. Sutematsu Yamakawa to Alice Bacon, April 5, 1883, SYOP, Box 1, Folder 5, VSC.
61. 同前註。
62. Ume Tsuda to Adeline Lanman, March 27, 1883, in Furuki, *Attic Letters*, 52–57.
63. 同前註。
64. Sutematsu Yamakawa to Alice Bacon, July 2, 1883, SYOP, Box 1, Folder 5, VSC.
65. Ume Tsuda to Adeline Lanman, April 11, 1883, in Furuki, *Attic Letters*, 58–60.

66. Sutematsu Yamakawa to Alice Bacon, July 2, 1883, SYOP, Box 1, Folder 5, VSC.
67. Ume Tsuda to Adeline Lanman, November 11, 1883, in Furuki, *Attic Letters*, 103–6.
68. Wedding announcement, SYOP, Box 2, Folder 7, VSC.
69. Ume Tsuda to Adeline Lanman, November 11, 1883, in Furuki, *Attic Letters*, 103–6.
70. 同前註。

第十一章　獨自前行

1. Ume Tsuda to Adeline Lanman, June 6, 1883, in Yoshiko Furuki, ed., *The Attic Letters: Ume Tsuda's Correspondence to Her American Mother* (New York: Weatherhill, 1991), 74–75.
2. Ume Tsuda to Adeline Lanman, March 18, 1883, in Furuki, *Attic Letters*, 50–51.
3. Clara Whitney, *Clara's Diary: An American Girl in Meiji Japan* (New York: Kodansha International, 1979), 256-57.
4. 同前註，260.
5. Julia Meech-Pekarik, *The World of the Meiji Print: Impressions of a New Civilization* (New York: Weatherhill, 1986), 107.
6. Samuel Smiles, *Self-help: With Illustrations of Character and Conduct* (Boston: Ticknor and Fields, 1866), 15.
7. "Preamble to the Fundamental Code of Education" (1872), in William Theodore de Bary, Carol Gluck, and Arthur E. Tiedemann, eds., *Sources of the Japanese Tradition, 1600 to 2000: Part Two, 1868–2000*, abridged (New York: Columbia University Press, 2006), 95.
8. Smiles, *Self-help*, 15.
9. Nagazane Motoda, "Great Principles of Education" (1879), in De Bary, Gluck, and Tiedemann, *Sources of the Japanese Tradition*, 97.
10. Ume Tsuda to Adeline Lanman, September 21, 1883, in Furuki, *Attic Letters*, 95–96.
11. Ume Tsuda to Adeline Lanman, October 13, 1883, in Furuki, *Attic Letters*, 97–100.
12. Ume Tsuda to Adeline Lanman, May 23, 1883, in Furuki, *Attic Letters*, 69–70.
13. Ume Tsuda to Adeline Lanman, April 27, 1883, in Furuki, *Attic Letters*, 62–67.
14. Charles Lanman, *Japan; Its Leading Men* (Boston: D. Lothrop, 1886), 34–39.
15. Yoshiko Furuki, *The White Plum, a Biography of Ume Tsuda: Pioneer in the Higher Education of Japanese Women* (New York: Weatherhill, 1991), 107.
16. Shige Uriu to Adeline Lanman, 1883, TCA, IX-C-7.

17. Ume Tsuda to Adeline Lanman, February 1, 1883, in Furuki, *Attic Letters*, 38.
18. Ume Tsuda to Adeline Lanman, May 26, 1883, in Furuki, *Attic Letters*, 71–73.
19. Sutematsu Yamakawa to Alice Bacon, April 12, 1883, SYOP, Box 1, Folder 5, VSC.
20. Ume Tsuda to Adeline Lanman, May 26, 1883, in Furuki, *Attic Letters*, 71–73.
21. Ume Tsuda to Adeline Lanman, April 27, 1883, in Furuki, *Attic Letters*, 62–67.
22. Ume Tsuda to Adeline Lanman, December 17, 1882, in Furuki, *Attic Letters*, 24–26.
23. Barbara Rose, *Tsuda Umeko and Women's Education in Japan* (New Haven, CT: Yale University Press, 1992), 61.
24. Ume Tsuda to Adeline Lanman, May 25, 1883, in Furuki, *Attic Letters*, 70–71.
25. Ume Tsuda to Adeline Lanman, June 6, 1883, in Furuki, *Attic Letters*, 74–75.
26. Ume Tsuda to Adeline Lanman, June 18, 1883, in Furuki, *Attic Letters*, 77–79.
27. Ume Tsuda to Adeline Lanman, July 15, 1883, in Furuki, *Attic Letters*, 83.
28. Ume Tsuda to Adeline Lanman, June 6, 1883, in Furuki, *Attic Letters*, 74–75.
29. Ume Tsuda to Adeline Lanman, November 2, 1883, in Furuki, *Attic Letters*, 101–2.
30. Ume Tsuda to Adeline Lanman, October 31, 1883, in Rose, *Tsuda Umeko*, 62.
31. Ume Tsuda to Adeline Lanman, November 5, 1883, in Furuki, *Attic Letters*, 102–3.
32. 同前註。
33. Ume Tsuda, "Personal Recollections of Prince Ito," in *The Writings of Umeko Tsuda* [*Tsuda Umeko monjo*] (Kodaira, Japan: Tsuda College, 1984), 489–90.
34. Ume Tsuda to Adeline Lanman, November 5, 1883, in Furuki, *Attic Letters*, 102–3.
35. Ume Tsuda to Adeline Lanman, December 4, 1883, in Furuki, *Attic Letters*, 108–10.
36. Ume Tsuda to Adeline Lanman, November 20, 1883, in Furuki, *Attic Letters*, 106–8.
37. Furuki, *White Plum*, 61.
38. Ume Tsuda to Adeline Lanman, December 4, 1883, in Furuki, *Attic Letters*, 108–10.
39. Ume Tsuda to Adeline Lanman, December 18, 1883, in Furuki, *Attic Letters*, 113–16.
40. Ume Tsuda to Adeline Lanman, December 4, 1883, in Furuki, *Attic Letters*, 108–10.
41. Sutematsu Yamakawa to Alice Bacon, January 18, 1883, SYOP, Box 1, Folder 5, VSC.

42. Ume Tsuda to Adeline Lanman, December 4, 1883, in Furuki, *Attic Letters*, 108–10.
43. 同前註。
44. Ume Tsuda to Adeline Lanman, December 18, 1883, in Furuki, *Attic Letters*, 113–16.
45. 同前註。
46. Ume Tsuda to Adeline Lanman, December 9, 1883, in Furuki, *Attic Letters*, 110–13.
47. 同前註。
48. 同前註。
49. Meech-Pekarik, *World of the Meiji Print*, 148.
50. John Dwight, "The Marchioness Oyama," *Twentieth Century Home*, 1904.
51. Akiko Kuno, *Unexpected Destinations: The Poignant Story of Japan's First Vassar Graduate*, trans. Kirsten McIvor (New York: Kodansha International, 1993), 154–55.
52. Dwight, "Marchioness Oyama."
53. Ume Tsuda to Adeline Lanman, December 18, 1883, in Furuki, *Attic Letters*, 113–16.
54. Ume Tsuda to Adeline Lanman, February 29, 1884, in Furuki, *Attic Letters*, 139–40.
55. Ume Tsuda to Adeline Lanman, December 21, 1883, in Furuki, *Attic Letters*, 116–17.
56. Ume Tsuda to Adeline Lanman, January 4, 1884, in Furuki, *Attic Letters*, 121–24.
57. 同前註。
58. Ume Tsuda to Adeline Lanman, January 13, 1884, in Furuki, *Attic Letters*, 125–28.
59. Ume Tsuda to Adeline Lanman, January 27, 1884, in Furuki, *Attic Letters*, 131–32.
60. Ume Tsuda to Adeline Lanman, March 27, 1884, in Furuki, *Attic Letters*, 146–47.
61. Ume Tsuda to Adeline Lanman, February 29, 1884, in Furuki, *Attic Letters*, 139–40.
62. Ume Tsuda to Adeline Lanman, February 26, 1884, in Furuki, *Attic Letters*, 135–37.
63. Ume Tsuda to Adeline Lanman, January 4, 1884, in Furuki, *Attic Letters*, 121–24.
64. Sutematsu Yamakawa to Alice Bacon, March 1884, SYOP, Box 1, Folder 5, VSC.
65. Ume Tsuda to Adeline Lanman, February 26, 1884, in Furuki, *Attic Letters*, 135–37.
66. Sutematsu Yamakawa to Alice Bacon, March 1884, SYOP, Box 1, Folder 5, VSC.

67. Ume Tsuda to Adeline Lanman, February 26, 1884, in Furuki, *Attic Letters*, 135–37.
68. Sutematsu Yamakawa to Alice Bacon, March 1884, SYOP, Box 1, Folder 5, VSC.
69. "Our Roots—To Serve the Suffering Poor," The Jikei University School of Medicine, 2004, http://www.jikei.ac.jp/eng/our.html.
70. Ume Tsuda to Adeline Lanman, April 5, 1884, in Furuki, *Attic Letters*, 147–50.
71. Ume Tsuda to Adeline Lanman, June 15, 1884, in Furuki, *Attic Letters*, 160–63.
72. 同前註。
73. "Notes," *Japan Weekly Mail*, June 14, 1884.
74. Ume Tsuda to Adeline Lanman, June 15, 1884, in Furuki, *Attic Letters*, 160–63.
75. "The Opening of the Charity Bazaar," *Japan Weekly Mail*, June 14, 1884. (Translated from *Mainichi & Choya Shimbun*.)
76. "Notes," *Japan Weekly Mail*, June 28, 1884.
77. 同前註。
78. 同前註。
79. Ume Tsuda to Adeline Lanman, July 17, 1884, in Furuki, *Attic Letters*, 166.
80. Ume Tsuda to Adeline Lanman, June 23, 1884, in Furuki, *Attic Letters*, 163–65.
81. Ume Tsuda to Adeline Lanman, December 21, 1884, in Furuki, *Attic Letters*, 171–72.
82. Ume Tsuda to Adeline Lanman, September 25, 1885, in Furuki, *Attic Letters*, 219–22.
83. 同前註。
84. 同前註。
85. Ume Tsuda to Adeline Lanman, November 10, 1885, in Furuki, *Attic Letters*, 229–30.
86. Ume Tsuda to Adeline Lanman, September 15, 1885, in Furuki, *Attic Letters*, 218–19.
87. Ume Tsuda to Adeline Lanman, November 20, 1885, in Furuki, *Attic Letters*, 230–32.
88. 同前註。
89. Ume Tsuda to Adeline Lanman, July 14, 1884, in Furuki, *Attic Letters*, 165–66.
90. Ume Tsuda to Adeline Lanman, November 20, 1885, in Furuki, *Attic Letters*, 230–32.
91. Miki Yamaguchi, "The Education of Peeresses in Japan," *Far East*, January 20, 1898, 406.
92. Ume Tsuda to Adeline Lanman, November 9, 1885, in Furuki, *Attic Letters*, 227–28.

第十二章　艾麗絲來訪東京

1. Ume Tsuda to Adeline Lanman, August 9, 1886, in Yoshiko Furuki, ed., *The Attic Letters: Ume Tsuda's Correspondence to Her American Mother* (New York: Weatherhill, 1991), 257.
2. Ume Tsuda to Adeline Lanman, September 10, 1886, in Furuki, *Attic Letters*, 260–61.
3. Ume Tsuda to Adeline Lanman, September 23, 1886, in Furuki, *Attic Letters*, 263.
4. Ume Tsuda to Adeline Lanman, November 23, 1886, in Furuki, *Attic Letters*, 268–69.
5. Ume Tsuda to Adeline Lanman, April 22, 1887, in Furuki, *Attic Letters*, 283–85.
6. Ume Tsuda to Adeline Lanman, May 1, 1887, in Furuki, *Attic Letters*, 285.
7. Ume Tsuda to Adeline Lanman, January 29, 1887, in Furuki, *Attic Letters*, 276–77.
8. Ume Tsuda to Adeline Lanman, September 22, 1886, in Furuki, *Attic Letters*, 261–62.
9. Ume Tsuda to Adeline Lanman, September 25, 1885, in Furuki, *Attic Letters*, 219–22.
10. Ume Tsuda to Adeline Lanman, October 20, 1885, in Furuki, *Attic Letters*, 224–26.
11. Ume Tsuda to Adeline Lanman, October 20, 1886, in Furuki, *Attic Letters*, 266.
12. Miki Yamaguchi, "The Education of Peeresses in Japan," *Far East*, January 20, 1898, 408.
13. Barbara Rose, *Tsuda Umeko and Women's Education in Japan* (New Haven, CT: Yale University Press, 1992), 71.
14. Ume Tsuda to Adeline Lanman, July 20, 1887, in Furuki, *Attic Letters*, 292–94.
15. Alice Bacon to Ume Tsuda, October 12, 1887, TCA, II-3-4 (1).
16. Ume Tsuda to Adeline Lanman, September 5, 1887, in Furuki, *Attic Letters*, 297–98.
17. Ume Tsuda to Adeline Lanman, September 9, 1888, in Furuki, *Attic Letters*, 316–17.
18. Alice Mabel Bacon, *A Japanese Interior* (Boston: Houghton, Mifflin, 1894), 5.
19. Ume Tsuda to Adeline Lanman, September 9, 1888, in Furuki, *Attic Letters*, 316–17.
20. Ume Tsuda to Adeline Lanman, September 18, 1888, in Furuki, *Attic Letters*, 317–18.
21. Bacon, *Japanese Interior*, 3–4.
22. 同前註，10.
23. 同前註，13.
24. 同前註，15.

25. Ume Tsuda to Adeline Lanman, February 19, 1886, in Furuki, *Attic Letters*, 240–42.
26. Akiko Kuno, *Unexpected Destinations: The Poignant Story of Japan's First Vassar Graduate*, trans. Kirsten McIvor (New York: Kodansha International, 1993), 168.
27. Ume Tsuda to Adeline Lanman, August 27, 1887, in Furuki, *Attic Letters*, 296–97; Kuno, *Unexpected Destinations*, 166.
28. Ume Tsuda to Adeline Lanman, May 2, 1887, in Furuki, *Attic Letters*, 285–86.
29. Ume Tsuda to Adeline Lanman, December 7, 1887, in Furuki, *Attic Letters*, 304–5.
30. Sutematsu Oyama to Elizabeth Howe, 1886 SYOP, Box 1, Folder 8, VSC.
31. Bacon, *Japanese Interior*, 81–82.
32. Ume Tsuda to Adeline Lanman, December 6, 1888, in Furuki, *Attic Letters*, 321.
33. Bacon, *Japanese Interior*, 82–83.
34. 同前註，50–51.
35. 同前註，88.
36. 同前註。
37. Ume Tsuda to Adeline Lanman, January 5, 1889, in Furuki, *Attic Letters*, 325–26.
38. Bacon, *Japanese Interior*, 89–90.
39. 同前註，134.
40. 同前註，145.
41. Ume Tsuda to Adeline Lanman, February 15, 1889, in Furuki, *Attic Letters*, 326–28.
42. Bacon, *Japanese Interior*, 189–92.
43. 同前註，193–94.
44. 同前註，194–95.
45. 同前註，195.
46. 同前註。
47. 同前註，197.
48. 同前註，197–98.
49. 同前註，199.

50. 同前註，232.
51. 同前註，224–25.
52. 同前註，234.
53. 同前註，236.
54. Julia Meech-Pekarik, *The World of the Meiji Print: Impressions of a New Civilization* (New York: Weatherhill, 1986), 119.
55. Meech-Pekarik, *World of the Meiji Print*, 119–20.
56. Bacon, *Japanese Interior*, 237.
57. 同前註，228.
58. "Passengers: Departed," *Japan Weekly Mail*, September 28, 1889.

第十三章　前進與後退

1. Ume Tsuda to Adeline Lanman, August 1889, in Yoshiko Furuki, ed., *The Attic Letters: Ume Tsuda's Correspondence to Her American Mother* (New York: Weatherhill, 1991), 332–33.
2. Ume Tsuda to Adeline Lanman, May 6, 1886, in Furuki, *Attic Letters*, 248–50.
3. Ume Tsuda to Adeline Lanman, July 10, 1888 and August 5, 1888, in Furuki, *Attic Letters*, 314, 315–16.
4. Ume Tsuda to Adeline Lanman, March 9, 1889, in Furuki, *Attic Letters*, 328–29.
5. Ume Tsuda to Adeline Lanman, May 26, 1889, in Furuki, *Attic Letters*, 331.
6. Ume Tsuda to Adeline Lanman, June 13, 1889, in Furuki, *Attic Letters*, 331–32.
7. Barbara Rose, *Tsuda Umeko and Women's Education in Japan* (New Haven, CT: Yale University Press, 1992), 82.
8. Anna C. Hartshorne, "The Years of Preparation: A Memory of Miss Tsuda," in Ume Tsuda, *The Writings of Umeko Tsuda* [*Tsuda Umeko monjo*] (Kodaira, Japan: Tsuda College, 1984), 513.
9. Rose, *Tsuda Umeko*, 84.
10. 同前註，94.
11. Alice Bacon to Ume Tsuda, September 26, 1890, TCA, II-3-4 (2).
12. Alice Mabel Bacon, *Japanese Girls and Women*, rev. ed. (Boston: Houghton, Mifflin, 1902), 115.
13. 同前註，viii.

14. “New Publications,” *New-York Times*, August 17, 1891.
15. “The Imperial Rescript on Education,” Children and Youth in History, Item 136, 1996–2014, http://chnm.gmu.edu/cyh/primary-sources/136.
16. Sutematsu Oyama to Alice Bacon and Ume Tsuda, August 6, 1891, TCA, II-6-1 (3).
17. Alice Bacon to Ume Tsuda, August 9, 1891, TCA, II-3-4 (4).
18. Rose, *Tsuda Umeko*, 89.
19. *Norfolk (CT) Tower*, August 13, 1891.
20. Ume Tsuda, “The Education of Japanese Women,” in *Writings of Umeko Tsuda*, 31.
21. Sutematsu Oyama to Alice Bacon and Ume Tsuda, August 6, 1891, TCA, II-6-1 (3).
22. Sutematsu Oyama to Anne Southworth Wyman, May 30, 1893, SYOP, Box 1, Folder 8, VSC.
23. Akiko Kuno, *Unexpected Destinations: The Poignant Story of Japan's First Vassar Graduate*, trans. Kirsten McIvor (New York: Kodansha International, 1993), 178.
24. Sutematsu Oyama to Alice Bacon and Ume Tsuda, August 6, 1891, TCA, II-6-1 (3).
25. Sutematsu Yamakawa to Alice Bacon, March 8, 1884, SYOP, Box 1, Folder 5, VSC.
26. Sutematsu Oyama to Alice Bacon and Ume Tsuda, August 6, 1891, TCA, II-6-1 (3).
27. Marian P. Whitney, “Stematz Yamakowa, Princess Oyama,” *Vassar Quarterly*, July 1919, 270.
28. Kuno, *Unexpected Destinations*, 180.
29. Yoshiko Furuki, *The White Plum, a Biography of Ume Tsuda: Pioneer in the Higher Education of Japanese Women* (New York: Weatherhill, 1991), 86.
30. Furuki, *White Plum*, 85.
31. “Questions to Specialists,” *Japan Weekly Mail*, July 22, 1893.
32. Alice Bacon to Ume Tsuda, October 19, 1892, TCA, II-3-4 (6).
33. 同前註。
34. Sutematsu Oyama to Alice Bacon, October 28, 1894, SYOP, Box 1, Folder 5, VSC.
35. 同前註。
36. Sutematsu Oyama, “War Work of Japanese Ladies,” *Collier's*, April 1, 1905.

37. Sutematsu Oyama to Alice Bacon, October 28, 1894, SYOP, Box 1, Folder 5, VSC.
38. "Noted Vassar Graduate," *New-York Times*, December 2, 1894.
39. Alice Bacon to Ume Tsuda, October 6, 1894, TCA, II-3-4 (10).
40. Kenneth B. Pyle, *The Making of Modern Japan* (New York: D. C. Heath, 1996), 138.
41. "Noted Vassar Graduate," *New-York Times*.
42. "A Remarkable Japanese Woman," *New-York Times*, April 19, 1896.
43. Alice Bacon to Ume Tsuda, July 22, 1895, TCA, II-3-4 (12).
44. Furuki, *White Plum*, 101.
45. Utako Shimoda, "The Virtues of Japanese Womanhood," in Naoichi Masaoka, ed., *Japan to America: A Symposium of Papers by Political Leaders and Representative Citizens of Japan on Conditions in Japan and on the Relations between Japan and the United States* (New York: G. P. Putnam's Sons, 1914), 187–88.
46. Ume Tsuda to Adeline Lanman, August 9, 1894, in Furuki, *Attic Letters*, 335.
47. Ume Tsuda to Abby Kirk and Emily Bull, August 31, 1894, in Tsuda, *Writings of Umeko Tsuda*, 371–74.
48. Ume Tsuda to Adeline Lanman, October 20, 1885, in Furuki, *Attic Letters*, 224–26.
49. Rose, *Tsuda Umeko*, 117.
50. Alice Bacon to Ume Tsuda, October 6, 1894, TCA, II-3-4 (10).
51. Alice Bacon to Ume Tsuda, May 10, 1894, TCA, II-3-4 (8).
52. Roka Tokutomi, *Hototogisu (The Heart of Nami-San)*, trans. Isaac Goldberg (Boston: Stratford, 1918), 62.
53. 同前註，13.
54. 同前註，15.
55. Sumie Ikuta, *Uryu Shigeko: Mo hitori no joshi ryugakusei* [Uriu Shigeko: One more female foreign student] (Tokyo: Bungei Shunju, 2009), 196.
56. Ume Tsuda to Adeline Lanman, November 25, 1899, in Furuki, *Attic Letters*, 354–55.
57. Sutematsu Oyama to Alice Bacon, August 5, 1899, SYOP, Box 1, Folder 5, VSC.

第十四章 女子英學塾

1. Anna C. Hartshorne, “The Years of Preparation: A Memory of Miss Tsuda,” in Ume Tsuda, *The Writings of Umeko Tsuda* [*Tsuda Umeko monjo*] (Kodaira, Japan: Tsuda College, 1984), 514.
2. 同前註，515.
3. Ume Tsuda, “A Woman’s Plea,” *Far East*, January 20, 1898, 124.
4. Ume Tsuda, “The Future of Japanese Women,” *Far East*, January 20, 1897, 16.
5. 同前註，17.
6. Ume Tsuda to Adeline Lanman, April 24, 1898, in Yoshiko Furuki, ed., *The Attic Letters: Ume Tsuda’s Correspondence to Her American Mother* (New York: Weatherhill, 1991), 339.
7. “Among Maine Women’s Clubs,” *Lewiston (ME) Saturday Journal*, January 1, 1898.
8. Ume Tsuda to Adeline Lanman, June 10, 1898, in Furuki, *Attic Letters*, 339–40.
9. Ume Tsuda, “Speech Given at the Denver Convention of the General Federation of Women’s Clubs,” June 24, 1898, in *Writings of Umeko Tsuda*, 484.
10. Yoshiko Furuki, *The White Plum, a Biography of Ume Tsuda: Pioneer in the Higher Education of Japanese Women* (New York: Weatherhill, 1991), 92.
11. Ume Tsuda to Adeline Lanman, November 4, 1898, in Furuki, *Attic Letters*, 341.
12. Ume Tsuda, “Journal in London,” in *Writings of Umeko Tsuda*, 276.
13. 同前註，287.
14. 同前註，300–301.
15. 同前註，337.
16. 同前註，292–93.
17. 同前註，295–96.
18. 同前註，277.
19. 同前註，276.
20. Ume Tsuda to Adeline Lanman, July 9, 1899, in Furuki, *Attic Letters*, 347–48.
21. Akiko Kuno, *Unexpected Destinations: The Poignant Story of Japan’s First Vassar Graduate*, trans. Kirsten McIvor (New York:

Kodansha International, 1993), 190.
22. Sutematsu Oyama to Alice Bacon, January 7, 1899, SYOP, Box 1, Folder 5, VSC.
23. Sutematsu Oyama to Alice Bacon, March 4, 1899, SYOP, Box 1, Folder 5, VSC.
24. Ume Tsuda to Adeline Lanman, February 16, 1899, in Furuki, *Attic Letters*, 346.
25. Ume Tsuda to Adeline Lanman, August 3, 1899, in Furuki, *Attic Letters*, 349–50.
26. Ume Tsuda to Adeline Lanman, August 11, 1899, in Furuki, *Attic Letters*, 350.
27. Ume Tsuda to Adeline Lanman, August 28, 1899, in Furuki, *Attic Letters*, 351.
28. Ume Tsuda to Adeline Lanman, October 19, 1899, in Furuki, *Attic Letters*, 353.
29. Ume Tsuda to Mary Harris Morris, December 28, 1899, in *Writings of Umeko Tsuda*, 382–85.
30. Ume Tsuda to Adeline Lanman, February 5, 1900, in Furuki, *Attic Letters*, 359–60.
31. The Women's Higher Normal School would later become Ochanomizu Women's University, today one of two national women's universities in Japan.
32. Ume Tsuda to Adeline Lanman, February 16, 1900, in Furuki, *Attic Letters*, 360.
33. Ume Tsuda to Abby Kirk and Emily Bull, August 6, 2000, in *Writings of Umeko Tsuda*, 374–78.
34. Ume Tsuda to Martha Carey Thomas, August 9, 2000, in *Writings of Umeko Tsuda*, 389–91.
35. Ume Tsuda to Abby Kirk and Emily Bull, August 6, 2000, in *Writings of Umeko Tsuda*, 374–78.
36. 同前註。Barbara Rose, *Tsuda Umeko and Women's Education in Japan* (New Haven, CT: Yale University Press, 1992), 137.
37. Furuki, *White Plum*, 103.
38. Furuki, *White Plum*, 104.
39. Rose, *Tsuda Umeko*, 129.
40. Ume Tsuda, "Introductory," *Alumnae Report of the Joshi-Eigaku-Juku*, June 1905, in *Writings of Umeko Tsuda*, 104.
41. Furuki, *White Plum*, 105.
42. Rose, *Tsuda Umeko*, 130.
43. Furuki, *White Plum*, 123.
44. Rose, *Tsuda Umeko*, 131.
45. "The Bookshelf," *Japan Weekly Mail*, May 3, 1902.

46. Ume Tsuda, "Teaching in Japan," *Bryn Mawr Alumnae Quarterly*, August 1907, in *Writings of Umeko Tsuda*, 94.
47. Ume Tsuda to Adeline Lanman, June 1, 1901, in Furuki, *Attic Letters*, 367–68.
48. Ume Tsuda to Adeline Lanman, October 28, 1901, in Furuki, *Attic Letters*, 376–77.
49. Ume Tsuda to Adeline Lanman, June 1, 1901, in Furuki, *Attic Letters*, 367–68.
50. Ume Tsuda to Adeline Lanman, January 22, 1902, in Furuki, *Attic Letters*, 378–79.
51. Ume Tsuda to Adeline Lanman, February 3, 1902, in Furuki, *Attic Letters*, 379–80.
52. Ume Tsuda to Adeline Lanman, April 6, 1901, in Furuki, *Attic Letters*, 365.
53. William Elliot Griffis to Ume Tsuda, December 18, 1920, envelope, William Elliot Griffis Collection, Box 160, Folder 2, Special Collections and University Archives, Rutgers University Libraries.
54. Ume Tsuda to Adeline Lanman, March 22, 1902, in Furuki, *Attic Letters*, 380–81.
55. "Yoko no yume" [A dream of travel to the West], *Yomiuri Shimbun*, March 22 to April 11, 1902.
56. Ume Tsuda to Adeline Lanman, March 22, 1902, in Furuki, *Attic Letters*, 380–81.
57. Ume Tsuda to Adeline Lanman, January 22, 1902, in Furuki, *Attic Letters*, 378–79.
58. Sumie Ikuta, *Uryu Shigeko: Mo hitori no joshi ryugakusei* [Uriu Shigeko: One more female foreign student] (Tokyo: Bungei Shunju, 2009), 203–4.
59. Sutematsu Oyama, "Stematz Yamakawa Oyama," *Records of the Class of '82: 1882–1902*, SYOP, Box 2, Folder 4, VSC.
60. Marian P. Whitney, "Stematz Yamakowa, Princess Oyama," *Vassar Quarterly*, July 1919, 269.
61. Ume Tsuda to Adeline Lanman, November 23, 1882, in Furuki, *Attic Letters*, 14–19.
62. Ume Tsuda to Adeline Lanman, April 21, 1902, in Furuki, *Attic Letters*, 382.

第十五章　尾聲

1. Ume Tsuda to Adeline Lanman, September 27, 1904, in Yoshiko Furuki, ed., *The Attic Letters: Ume Tsuda's Correspondence to Her American Mother* (New York: Weatherhill, 1991), 417–18.
2. Sutematsu Oyama to Alice Bacon, January 10, 1907, SYOP, Box 1, Folder 5, VSC.
3. Sutematsu Oyama to Alice Bacon, June 8, 1908, SYOP, Box 1, Folder 5, VSC.
4. Shige Uriu to Alice Bacon, July 7, 1908, SYOP, Box 1, Folder 12, VSC.

5. "Brilliant Features Mark the Vassar Class Day Exercises," *Poughkeepsie (NY) Eagle*, June 9, 1909.
6. Barbara Rose, *Tsuda Umeko and Women's Education in Japan* (New Haven, CT: Yale University Press, 1992), 142.
7. Ume Tsuda, "To the Members of the Doso-Kwai," *Alumnae Report of the Joshi-Eigaku-Juku*, July 1908, in *The Writings of Umeko Tsuda* [*Tsuda Umeko monjo*] (Kodaira, Japan: Tsuda College, 1984), 119.
8. Rose, *Tsuda Umeko*, 150.
9. Sutematsu Oyama to Alice Bacon, March 12, 1912, SYOP, Box 1, Folder 5, VSC.
10. Rose, *Tsuda Umeko*, 146.
11. "Washinton irai no natsukashiki danran" [A circle of friends missed since Washington], *Asahi Shimbun*, October 22, 1916.
12. Sutematsu Oyama to Alice Bacon, March 10, 1917, SYOP, Box 1, Folder 5, VSC.
13. "Influenza Fatal to Noted Princess," *Japan Advertiser*, February 20, 1919.
14. Sumie Ikuta, *Uryu Shigeko: Mo hitori no joshi ryugakusei* [Uriu Shigeko: One more female foreign student] (Tokyo: Bungei Shunju, 2009), 269.

國家圖書館出版品預行編目資料

武士的女兒：少女們的明治維新之旅／ Janice P. Nimura著；鄭佩嵐譯. -- 初版. -- 臺北市：麥田, 城邦文化出版：家庭傳媒城邦分公司發行, 民107.01
面；　公分. --（歷史選書；66）
譯自：Daughters of the Samurai : a journey from East to West and back
ISBN 978-986-344-530-2（平裝）
1. 女性傳記　2. 日本
783.12　　106023668

歷史選書66

武士的女兒：少女們的明治維新之旅

Daughters of the Samurai: A Journey from East to West and Back

作　　者／Janice P. Nimura
譯　　者／鄭佩嵐
校　　對／吳美滿
主　　編／林怡君

國際版權／吳玲緯　蔡傳宜
行　　銷／艾青荷　蘇莞婷　黃家瑜
業　　務／李再星　陳美燕　杻幸君
編輯總監／劉麗真
總 經 理／陳逸瑛
發 行 人／凃玉雲
出　　版／麥田出版
10483臺北市民生東路二段141號5樓
電話：(886)2-2500-7696　傳真：(886)2-2500-1967
發　　行／英屬蓋曼群島商家庭傳媒股份有限公司城邦分公司
10483臺北市民生東路二段141號11樓
客服服務專線：(886) 2-2500-7718、2500-7719
24小時傳真服務：(886) 2-2500-1990、2500-1991
服務時間：週一至週五09:30-12:00・13:30-17:00
郵撥帳號：19863813　戶名：書虫股份有限公司
讀者服務信箱E-mail：service@readingclub.com.tw
麥田網址／https://www.facebook.com/RyeField.Cite/
香港發行所／城邦（香港）出版集團有限公司
香港灣仔駱克道193號東超商業中心1樓
電話：(852)2508-6231　傳真：(852)2578-9337
E-mail：hkcite@biznetvigator.com
馬新發行所／城邦（馬新）出版集團【Cite(M) Sdn. Bhd. (458372U)】
41, Jalan Radin Anum, Bandar Baru Sri Petaling, 57000 Kuala Lumpur, Malaysia.
電話：(603)9057-8822　傳真：(603)9057-6622
電郵：cite@cite.com.my

封面設計／廖勁智
印　　刷／前進彩藝有限公司

■2018年（民107）1月1日　初版一刷　　Printed in Taiwan.

定價：450元

ISBN 978-986-344-530-2